영혼들의 땅

사후세계로부터 전해진 한 영혼의 감동 오디세이

영혼들의 땅

프란체쏘 지음 | 김성진 옮김

정신세계사

A WANDERER IN THE SPIRIT LANDS
by Franchezzo

Transcribed by A. FARNESE.
W. J. Sinkins, London, 1896.

영혼들의 땅

프란체쏘 구술하고, 파네즈 받아적고, 김성진 옮긴 것을 정신세계사 정주득이 2015년 11월 20일 처음 펴내다. 이균형과 김우종이 다듬고, 김윤선이 꾸미고, 한서지업사에서 종이를, 영신사에서 인쇄와 제본을, 김영수가 기획과 홍보를, 하지혜가 책의 관리를 맡다. 정신세계사의 등록일자는 1978년 4월 25일(제1-100호), 주소는 03965 서울시 마포구 성산로4길 6 2층, 전화는 02-733-3134, 팩스는 02-733-3144, 홈페이지는 www.mindbook.co.kr, 인터넷 카페는 cafe.naver.com/mindbooky이다.

2025년 1월 15일 펴낸 책(초판 제3쇄)

ISBN 978-89-357-0395-1 03290

이 도서의 국립중앙도서관 출판시도서목록(CIP)은 서지정보유통지원시스템 홈페이지(http://seoji.nl.go.kr)와 국가자료공동목록시스템(http://www.nl.go.kr/kolisnet)에서 이용하실 수 있습니다. (CIP제어번호: CIP20150029998)

차례

추천사

이 책은 최근에 쓰인 책이 아니라 백수십 년 전인 1896년에 영국 런던에서 간행되어 베스트셀러가 됐던 책이다. 일본에서는 10여 년 전에 《스피릿 랜드》란 제목으로 번역되어 화제가 되었고 지금까지도 꾸준히 읽히고 있다. 때늦은 감은 있지만 이제라도 우리말로 번역이 되어 다행이다.

이 책의 주인공인 프란체쏘는 19세기 후반에 태어났다가 20세기가 되기 직전에 세상을 떠난 이태리 귀족 집안의 청년이다. 평소에 "만약에 죽음이 찾아온다면 당당히 맞이할 것이다. 죽음이란 존재의 소멸을 의미한다"고 단언하던, 세상에서 흔히 만날 수 있었던 물질주의자이고 합리주의자였다. 생전의 그는 어떤 종교도, 사후의 세계도, 아무것도 믿지 않았다.

그러나 일단 그가 죽게 되어서 죽음의 문턱을 넘어서자 거기서 그를 기다리고 있던 것은 그때까지 그가 상상조차 할 수 없었던 새로운 세계였다. 이 세상에 대한 집착을 버리지 못해 지표의 영계에 머물러 있으면서 다양한 영계를 떠돌고 있는 다른 영체들과 마찬가지로, 그도 갖가지의 영역(영계)들을 경험한다.

이 같은 영역들을 몸소 경험하게 된 프란체쏘는 그 경험을 세상 사람들에게 전하기 위해 A. 파네즈라는 뛰어난 실력을 가진 영매의 힘을 빌렸다. 파네즈는 19세기에 영국에서 살았던 영매이다. 파네즈는 프란체쏘가 이야기한 내용을 《A Wanderer in the Spirit Land》라는 제목의 책으로 19세기 말에 출판했는데, 이는 당시 영국 내에서 심령주의 운동(spiritualism)이 활발하게 퍼지고 있던 시대적 흐름과도 관련이 있을 것이다.

나는 40여 년 전부터 영계에 관한 연구를 해오고 있는데, 죽음이 존재의 끝이 아님을 확신한 이후부터는 영계의 존재여부가 아니라 영계의 구조를 알아내는 데 노력을 쏟아왔다. 지금껏 내가 살펴본 영계의 구조에 관한 다양한 주장과 학설들 중에서 중요한 몇 가지를 꼽자면 다음과 같다.

1. 실버 버치와 화이트 이글의 가르침
2. 미국 로버트 먼로의 '포커스'로 구분되는 영계 계층들
3. 여러 가지 임사체험과 체외이탈 체험담들
4. 일본 모리타 켄의 중국 '환생자 마을' 취재기
5. 하늘을 여행하는 수잔 웰스의 메시지
6. 유체이탈 전문가 사카모토 마사미치의 일련의 저서들
7. 지그발트의 영계통신
8. 산 채로 저세상을 다녀올 수 있는 중국 도교의 관음락關陰落
9. 사트완트 파스리차 박사의 인도인들의 환생 연구
10. 브루스 모엔의 사후탐색 매뉴얼 등

그런데 나는 프란체쏘의 통신을 통해서, 위 목록의 학설들에는 담겨 있지 않았던 몇 가지 새로운 지식을 얻었고 그로 인해 인생의

의미에 관해서도 새로운 인식을 얻게 되었다. 특히 마약중독자들이 가는 '잠의 동굴'에 관한 이야기가 그러하다.

'잠의 동굴'은 마약중독으로 세상을 떠난 사람들이 있는 곳이라 한다. 잠의 동굴에서 비참한 잠을 자는 영체들은 꿈도 희망도 없는 채로 한없이 잠만 자고 있다. 게다가 마침내 잠을 깨는 때가 올지라도 거의 백치와 같은 상태라서 수백 년에 걸쳐 노력해야 겨우 유아 정도의 의식상태를 다시 갖출 수 있고, 그런 후에는 또 자신이 타락했던 때와 비슷한 환경의 삶 속으로 환생하여 유혹을 스스로 이겨내야만 한다. 요컨대 마약은 지상의 육체뿐만 아니라 영계에서의 정신마저 망가뜨린다는 것이다. 프란체쏘의 영계통신은 사람이 마약중독에 빠진다는 것은 지상의 생활과 영계의 생활을 아우르는 반생명적인 범죄행위라는 것을 우리에게 분명하게 알려준다.

로버트 먼로의 포커스 이론 등에도 마약중독에 빠졌거나 특정 종교에 집착하는 사람들이 영계로 상승해가지 못하고 유계幽界에 발이 묶여 방황한다는 설명이 있긴 하지만, 프란체쏘의 통신처럼 사후의 모습을 이처럼 생생하게 묘사하는 자료는 참으로 보기 드물다. 더구나 책의 일부만 그런 것이 아니라 책 전체가 이와 같은 교훈적 내용들로 가득 차 있다.

번역자 김성진 씨는 평소 영계에 관한 연구를 깊게 해오고 있기에 어려운 텍스트임에도 읽기 쉽게 번역을 잘 해낼 수 있었다는 생각이 든다. 그 노고를 격려하며 많은 독자들에게 일독을 권한다.

저술가, 번역가, 현대 생활레이키 연구회 회장,
박희준

옮긴이의 말

"헌금을 많이 하면 천국에 갈 수 있다"는 식의 의심스러운 믿음이 불문곡직 강요될 때 종교는 그야말로 아편 비슷한 어떤 것이 된다. 아편은 중독자를 돌보는 시설이라도 있다지만 그런 게 있을 리 없는 종교는 아편보다 오히려 위험할지도 모른다. "내가 천국에 가봤더니 그거 다 거짓말입니다. 괜히 헛돈 쓰지 마시고 차라리 어려운 분들을 도우세요"라고 속 시원히 말해주는 사람이 있다면 세상이 지금보다 조금이라도 밝은 곳이 되지 않을까.

이 책은 사망한 이탈리아 화가가 영매를 통해 저승의 체험을 구술한 것으로, 사후세계를 다룬 책 중 백미로 꼽힐 만한 고전이다. 출간된 지 백여 년이 지난 오늘날(영매를 통해 전달됐다는 이 이야기가 얼마만큼의 신빙성을 갖고 있는지에 대해서는 후기를 참조하시기 바란다)의 시점에서도 감탄이 나올 정도로 깊이 있는 내용을 담고 있다. 이 책은 기독교권에서 민감하게 받아들일 만한 윤리적 문제를 계속 건드리고 있다. 예수를 팔아 부와 권력을 누리며 악행을 일삼는 성직자들이 사후에 어떤 고초를 겪는지에 대한 묘사는 골수 신자가 아닌 다음에야 일견 당연한 귀결처럼 보일 것이다. 그러나 엄혹한 금욕주의에 빠져 인간을 사랑해본 적 없는 성직자와 수도자들 또한 지옥은 아니더라도, 사실상 지옥이나 다름없어 보이는 곳으로 간다는 이야기는 시사하는 바가 크다. 다소 윤리적인 결함을 안고 있더라도 인간미가 넘치는 사람에게 차라리 희망이 있다는 이야기는, 교조화된 기독교의 근간을 뒤흔드는 메시지가 될 수도 있다.

그렇다고 기독교 비판에 목적을 두고 있는 글은 결코 아니며, 영계를 포함한 우주의 실상을 전하려다 보니 기독교에 의해 왜곡된 부분에서 자연스레 충돌이 일어나는 것으로 봐야 할 것이다. 사실상 이 책은 종교에 대해 우호적인 관점을 취하고 있다. 인류가 이성의 시대로 접어들면서 종교를 구시대의 산물로 낙인찍고 무신론을 외치는 것은, 성장기의 아이가 부모에게 반항하는 것과 비슷한 과정이었다는 것이다. 그러나 그 아이가 성인이 되어 이성의 단맛과 쓴맛을 두루 경험한 뒤에는 신앙 안에도 나름의 가치가 있다는 것을 인식하게 된다고 한다. 실제로 영계에서는 의식수준이 성장할수록 신앙과 이성이 조화를 이루고 융합되어 동등한 비중을 갖게 된다고 한다.

이 책에는 비단 기독교뿐만 아니라 세속적이고 물질주의적인 통념을 무너뜨리는 이야기들도 많이 나오기 때문에 읽다 보면 세상을 보는 관점이 조금씩 달라질 수 있는데, 뭔가 정상적이고 건강한 세계관을 회복한 느낌을 받게 될 사람들이 많으리라 여겨진다. 예컨대 투쟁의 영적인 의미를 설명한 다음의 대목은 무한경쟁의 시대를 살면서 패자의 대열에 들 수밖에 없는 많은 이들에게 치유의 힘을 발휘할 수 있을 것이다.

"보다 고결하고 선한 것에 대한 동경이 적에게 무자비한 힘으로 해를 입히는 짓을 주저하게 만들어 결국 싸움에 패하게 된다. 그러나 이들을 패배로 몰아넣은 바로 그것이 이들을 구할 것이다."

영적인 차원에서는 패배가 더 높은 차원으로 끌어올려질 계기로 작용할 수 있는 반면, 세속적인 승리의 대가는 간혹 참담한 결과로 이어질 수도 있다는 점을 이 책은 역설적으로 보여주고 있다. 올곧게 살아가려 애쓰는 사람들이 곧잘 현대사회의 전도된 가치관으로 인해 무력감과 소외감에 빠지곤 하지만, 끝까지 희망을 잃어서는 안 된다는 메시지를 그들에게 전하고 있는 것이라 하겠다.

이처럼 다양한 메시지들을 하나로 담아내는 그릇이 흔히들 종교에서 '세속적'이라 폄하되곤 했던 남녀 간의 사랑이란 점도 이채롭다. 타락한 예술가에 불과했던 주인공을 숱한 위험으로부터 보호하고, 더 높은 차원으로 올라갈 수 있도록 끌어주는 힘은 돈이나 권력이 아닌 사랑이다. 진정한 사랑이야말로 우주에 존재하는 그 어떤 힘보다 위대하고 강력하다는 사실을 한 편의 애절한 러브스토리처럼 드라마틱하게 보여주고 있는 점이 이 책의 가장 인상적이면서도 매력적인 부분이다. 젊은이들이 연애를 부담스러워 하거나 포기하는 것이 오늘날 일종의 사회현상으로 자리 잡은 것은, 사랑의 가치가 그만큼 과소평가되어 왔기 때문이라고도 할 수 있다. 병적으로 도착된 물질주의적 세계관이 인간의 의식을 짓누르는 암울한 시대에 모쪼록 이 책이 치유의 울림이 되어 잔잔하게 퍼져나갈 수 있기를 바란다.

필사자 서문

이 이야기는 1년 전에 써진 것으로, 공개를 하기에 앞서 나는 그 저자가 아니라는 사실을 밝혀둔다. 내 주변엔 나를 통해 영계의 체험을 공개하고 싶어하는 영혼들이 몇 있는데 나는 그중 한 명의 이야기를 받아 적은 것일 뿐이다. 물론 가급적 꼼꼼하고 정확하게 쓰려고 만전을 기했다. 이 책을 쓰는 동안 나는 구술되는 내용을 받아내기 위해 가능한 한 펜을 빨리 놀리는 법을 익혀야 했다.

이 책에서 묘사된 내용은 내가 영계에 대해 평소에 갖고 있던 믿음들과는 꽤 상반된 것들이다. 나는 저자인 프란체쏘의 영혼이 물질화된 모습을 종종 보아왔으며, 생존해 있는 그의 친구들로부터 본인이 맞다는 것을 여러 차례 확인받은 바 있다. 이 책에 서술된 내용에 대한 모든 책임은 원저자에게 있다.

1896년 런던에서,
파네즈A. Farnese

▶ 읽으시기 전에

저자는 우리말로 영혼을 뜻하는 spirit와 soul을 전혀 다른 뜻으로 쓰고 있습니다. spirit은 영계에 거주하는 인간의 몸을 의미합니다. 인간은 불멸의 존재라 물질계에서든 영계에서 든 몸을 지니고 있습니다. 영계도 물질계의 일종이지만, 진동수가 서로 달라 물질계의 인간에겐 보이거나 만져지지 않을 뿐입니다. 물질계에서 죽음을 맞은 인간은 거친 육체의 허물을 벗고 좀더 영묘한 차원의 몸을 지니는데 이를 spirit이라 합니다. 반면에 soul은 물질과 대비되는 정신적이고 비물질적인 요소로서의 영혼을 뜻합니다. 영계의 인간들도 그 몸 안에 신으로부터 부여받은 생명의 본질인 soul을 갖고 있습니다. 그러므로 물질계의 인간은 육신과 spirit, soul을 모두 갖고 있으며, 영계의 인간은 육신을 제외한 spirit과 soul만 갖고 있다 할 수 있습니다. 이 글에서는 spirit을 영, soul을 영혼으로 번역했습니다.

1
나의 죽음

나는 지상의 사람들에겐 이름도, 위치도 알려져 있지 않은 아득히 먼 곳에서 온 방랑자입니다. 장차 그곳에 가실 분들이 어떤 일을 겪을지 미리 알 수 있도록 내 방랑의 기록을 간략히 남겨놓을까 합니다.

지상에 살아 있을 동안 나는 오로지 나 자신의 만족감만을 추구한 사람이었습니다. 내가 누군가에게 친절하거나 관대했다면, 그건 그 사람이 내 이익에 보탬이 된다고 생각했기 때문입니다. 그런 이들에게 사랑과 인정을 받을 수 있는 일이라면 선물이나 애정공세도 마다하지 않았습니다.

나는 재능이 많은 편이라 일찍부터 주변의 찬사를 한 몸에 받아왔습니다. 달콤한 칭송을 듣는 것이야말로 인생의 가장 큰 낙이었지요. 아무런 조건 없이 사랑하는 이의 행복만을 바라는 헌신적 사랑 같은 건 한 번도 해본 적이 없습니다. 지상의 남자들이 종종 비천한 정욕에다 사랑이란 고상한 이름을 붙였다가도 결국은 환멸에 빠지고 말듯이, 나에게도 마음속 깊이 진실한 사랑을 느껴본 여자란 한 명도 없었습니다. 이상적인 사랑을 남몰래 동경해온 건 사실이지만 내가 만난 여자들은 늘 이런저런 이유로 실망만을 안겨줄 뿐이었습니다. 그 여자들은 내가 그들을 사랑하는 딱 그 정도로만 나를 사랑했지, 그 이상도 이하도 아니었습니다. 나는 이상적인 사랑이 나타나길 고대하면서 그렇게 불만스러운 세월을 오랫동안 보냈습니다.

그러는 동안 나는 많은 잘못을 저질렀습니다. 아, 얼마나 많은 죄를 지었는지 말도 못할 지경입니다. 그런데도 세상은 나에게 좋은 사람, 고상하고 멋진 남자란 칭찬을 보내곤 했습니다. 나는 내 호감을 사려고 안달하는 여자들의 입에 발린 찬사에 그만 쏙 빠져들어서 익숙해지고 말았습니다. 그리고 마음에 드는 여자를 손에 넣으려고 열심히 유혹을 하다가도, 막상 내 것이 되고 나면 심드렁해져 다른 여자에게로 눈길을 돌리곤 했습니다.

그러던 어느 날 운명의 시간이 다가왔고, 나는 그만 해서는 안 될 일을 저지르고 말았습니다. 그것은 내 인생에서 가장 치명적인 실수였습니다. 나뿐 아니라 다른 한 사람의 인생마저 송두리째 망가뜨려 놓았던 것입니다. 나는 싸늘한 쇠고랑을 발목에 찬 채 차가운 감옥에 들어가야 했습니다. 쇠고랑이 살점에 파고들어 피가 흐르는 비참한 감옥 속에서 분노와 절망의 세월을 보냈습니다. 그러던 어느 날 마침내 자유의 몸이 되었습니다. 자유? 말도 마십시오! 나는 결코 자유로워지지 못했습니다. 지난날의 과오는 우리가 살아가는 동안 한순간도 우리를 자유롭게 놓아주는 법이 없답니다. 육신의 삶을 마친 뒤에도 잘못을 뉘우치고 죄를 모두 씻어낼 때까지 지긋지긋하게 우리를 쫓아다니지요.

감옥을 나온 뒤에 나는 한 여자를 만났습니다. 그 무렵 나는 여자라면 지겹도록 겪어본 터라 내가 사랑에 빠지는 일 따위는 결코 없을 거라 생각하고 있었습니다. 아! 그녀를 처음 만나던 날은, 그런 생각이 와르르 무너져 내리는 것만 같았습니다. 그녀를 뭐라고 불러야 좋을까요? 내 눈에 비친 그녀는 범속한 인간이 아니라 천사였습니다. 나는 늘 그녀를 천사라 부르며 내 모든 사랑을 바쳤습니다. 그것은 지고지순한 영혼의 사랑이라 부르기엔 한참 부족하고 비속한 것이었겠지만, 내가 그녀에게 줄 수 있는 모든 것이었습니다. 난생처음으로 나보다 다른 사람을 먼저 생각했고, 그녀의 순수한 마음과 아름다운 꿈을 감당하기엔 부족한 면이 많았지만, 그녀를 내 수준으로 끌어내리려는 유혹에 굴하지 않은 것만도 천만다행으로 생각합니다.

시간이 지날수록 그녀로 인해 내 마음은 밝아졌고, 한때 내 안에서 영원히 사라진 줄 알았던 순수한 마음이 다시 자라났습니다. 나를 그토록 잔인하고 혹독하게 옭아맸던 과거의 속박으로부터 이젠 자유로워질 수 있을 것 같았습니다. 그러자 마음 한켠에서 그녀를 누군가 채갈지도 모른다는 두려움이 고개를 내밀었습니다. 그런 일이 벌어지면 찍소리도 못하고 떠나보낼 수밖에 없다는 걸 알고 있었으니까요. 아, 그 쓰라린 아픔의 나날들! 우리 사이에 벽을 쌓는 건 결국 나 자신이었습니다. 세속의 찌든 때로 더럽혀진 나는 그녀를 건드릴 자격이 없다는 자격지심으로 괴로워했습니다. 감히 어떻게 그토록 순수한 영혼을 나 같은 인간 곁에 붙잡아놓을 수가 있겠습니까? 이따금 분에 넘치는 희망을 품어본 일도 있었지만, 그때마다 나의 이성은 "절대로 그럴 수 없어!"라고 소리치고 있었습니다.

나는 그녀의 상냥하고 부드러운 태도를 보며 그녀 또한 내심 나를 사랑하고 있음을 느낄 수 있었습니다. 그러나 지상에 살아 있는 한 그녀는 절대로 내 것이 될 수 없을 것 같았습니다. 그녀의 지고지순하고 진실한 모습이 우리 사이에 건널 수 없는 벽이 되고 있었지요. 나는 그녀를 떠나려고도 해봤지만 소용이 없었습니다. 지석이 쇠막대기에 끌리듯, 어쩔 수 없이 그녀에게로 되돌아가곤 했습니다. 나는 그녀의 존재가 안겨주는 행복감을 누리는 것만으로도 감사히 여기기로 했습니다. 적어도 그녀 쪽에서 나를 거부하지 않는 한 말입니다.

아, 그런데 이게 웬일입니까? 어느 날 상상도 못할 날벼락 같은 일이 일어난 것입니다. 아무런 예고도 없이 갑작스레 목숨을 잃고, 죽음이란 깊은 심연으로 내팽개쳐진 겁니다.

처음엔 내가 죽었다는 사실 자체를 모르고 있었습니다. 몇 시간 동안 고통으로 몸부림치다 꿈도 꾸지 않는 깊은 잠에 빠졌는데, 일어나보니 사방이 온통 캄캄했습니다. 그러나 몸을 일으킬 수도 있었고, 움직일 수도 있었습니다. 죽기 직전에 비해 오히려 몸 상태가 한결 좋아진 것 같았습니다.

하지만 도대체 여기가 어디지? 왜 이렇게 어두운 걸까? 어딘데 빛이 전혀 들지 않는 거야? 나는 일어서서 어두운 방 안에 있는 사람처럼 주변을 더듬거렸지만 아무것도 보이지 않고 아무 소리도 들리지 않았습니다. 온통 죽음 같은 정적과 암흑만이 주변을 감싸고 있을 뿐이었습니다.

나는 기어서 문을 찾아야겠다고 생각했습니다. 천천히 조심조심 움직이며 계속 앞을 더듬었습니다. 얼마나 지났을까. 아마 몇 시간은 됐던 것 같습니다. 두려움과 당혹감이 점점 커졌고, 그곳을 빠져나갈 방법을 어떻게든 찾아야 할 것 같았습니다. 그러나 절망스럽게도 문도 통로도 끝내 찾아낼 수가 없었습니다. 그곳엔 정말 아무것도 없었습니다. 오직 암흑만이 둘러싸고 있을 뿐이었지요.

겁에 질린 나는 결국 소리를 질렀습니다. 그토록 온 힘을 다해 악을 쓰고 고함을 쳤는데도 누구 하나 대답하는 사람이 없더군요. 나는 계속 소리를 질렀지만 내 목소리의 메아리조차도 들리지 않는 것이었습니다. 사랑하는 그녀가 생각났지만, 왠지 그녀의 이름을 부르고 싶지는 않았습니다. 나는 친구들의 이름을 떠오르는 대로 불렀습니다. 그러나 끝내 아무도 대답하지 않았습니다.

내가 감옥에 있는 건가? 아니야, 감옥이면 벽이라도 있을 텐데 여긴 그런 것도 없잖아? 내가 미친 걸까? 정신착란에라도 빠진 건가? 그럴 리는 없어. 몸상태, 정신상태 모두가 이렇게 멀쩡한데? 하지만 몸에서 약간 변한 게 있는 것 같긴 해. 잘은 몰라도 뭔가 오그라들고 일그러진 느낌이랄까? 손을 대보면 얼굴도 어쩐지 전보다 커진 것 같고 푸석푸석하고 찌그러든 느낌이야. 아 제발 빛을! 아무 말이라도 좋으니 누가 와서 한마디라도 건네줬으면! 왜 아무도 없는 걸까? 완전히 혼자가 된 건가? 아 나의 천사, 그녀는 어디에 있는 걸까? 잠들기 전에 분명 그녀와 함께 있었는데… 지금 어디에 있는 거지?

나는 더 이상 참을 수 없어 한 번만이라도 좋으니 와달라며 목이 터져라 그녀의 이름을 불렀습니다. 그녀를 잃어버린 게 아닌지 불길한 예감이 들어서, 그녀를 부르고 또 불렀습니다. 그러자 처음으로 내 목소리가 칠흑 같은 어둠 속에서 메아리가 되어 돌아왔습니다.

눈앞의 먼 곳에서 별처럼 아주 작은 빛이 보이더니 점점 가까이 다가오면서 큼지막한 공처럼 커졌습니다. 그 안에 사랑하는 그녀가 있었습니다. 그녀는 잠자듯 눈을 감고 있었지만, 팔을 내 쪽으로 뻗어 귀에 익은 부드러운 목소리로 말했습니다. "사랑하는 당신, 지금 어디에 있나요? 보이진 않지만 당신의 목소리가 들려요. 당신이 나를 부르는 소리가… 내 마음 깊은 곳에서 당신의 목소리가 들려요."

나는 그녀에게 냉큼 달려가려 했지만 그럴 수가 없었습니다. 보이지 않는 어떤 힘이 나를 붙들고 있었습니다. 그녀의 주변에 보호막이 쳐져 있어서 내가 뚫고 들어갈 수 없을 것처럼 보였습니다. 비통한 마음에 나는 그만 바닥에 쓰러진 채, 제발 날 두고 가지 말아달라고 애원했습니다. 그러나 그녀는 점점 의식을 잃더니 고개를 푹 숙이고 마치 힘센 누군가에게 안겨가는 것처럼 내게서 멀어졌습니다. 나는 일어나서 그녀를 따라가려 했지만, 몸이 마음대로 움직이지 않았습니다. 마치 거대한 쇠사슬로 단단히 묶인 것 같았습니다. 그렇게 발버둥을 치다가 의식을 잃고 바닥에 쓰러졌습니다.

다시 정신을 차렸을 때, 나는 사랑하는 그녀가 내 곁에 돌아와 있는 것을 깨닫고 너무나 반가웠습니다. 그녀는 근처에 서 있었습니다. 이번에도 지상에서 봤을 때와 다름없는 모습이었지만, 슬픔에 잠긴 수척한 표정이었고 위아래 모두 검은 옷을 입고 있었습니다. 별은 어디론가 사라지고 없었습니다. 주변이 온통 어둡긴 했지만 완전히 캄캄하지는 않았습니다. 그녀의 주변을 희미한 빛이 감싸고 있었기에 나는 그녀의 손에 꽃다발이 들려 있는 것을 볼 수 있었습니다. 그녀는 새로 만든 듯한 무덤 위로 몸을 굽히고 있었습니다. 가까이 다가가자 그녀가 무덤 위에 꽃을 내려놓으며 하염없이 눈물을 흘리는 것이었습니다. 그녀의 나지막한 흐느낌이 들렸습니다. "내 사랑! 이젠 돌아오지 못하는 건가요? 내가 닿을 수 없는 먼 곳으로 가버린 건가요? 목소리조차 들을 수 없는 곳으로 떠난 건가요?"

그녀는 무릎을 꿇고 흐느꼈습니다. 나는 그녀를 만질 수는 없었지만 아주 가까이 다가갈 수는 있었습니다. 나는 그 옆에 무릎을 꿇고 앉아 무덤을 보았습니다. 그 순간 엄청난 공포가 덮쳐왔습니다. 그곳은 바로 나의 무덤이었던 것입니다.

2

절망

"죽은 거로구나! 내가 죽은 거야!" 나는 울부짖었습니다. "말도 안 돼! 죽으면 아무것도 느끼지 못한다고! 그냥 먼지로 돌아가는 건데, 썩어 없어지고 마는 건데 이게 말이 되는 거야? 죽은 사람은 아무 의식도 없어. 과학자들이 분명 그렇게 말했다고! 그럼 그게 다 헛소리란 건가? 육체가 썩어도 영혼은 남는 거였어?"

내세에 대해 이런저런 말을 하는 교회의 성직자들을 나는 머저리 악당들이라 비웃곤 했습니다. 죽은 자를 위한 미사를 올리지 않으면 천국 문을 통과할 수 없다느니 하는 따위의 얘기는 헌금을 받아먹으려고 지어낸 흰소리라고 생각했지요. 어수룩하고 소심한 사람들을 지옥이니 연옥이니 하는 무서운 이야기로 을러서 복종하게 만들려는 것이라고 말입니다. 나는 그따위 소리에 넘어갈 생각이 추호도 없었습니다.

나는 성직자들의 감춰진 사생활을 잘 알고 있었습니다. 겨우 그 정도밖에 안 되는 사람들의 허황된 말은 믿고 싶지도 않을뿐더러, 죽음이 닥치면 당당히 맞겠노라고 떠벌리며 다니곤 했습니다. 죽으면 모든 게 소멸된다고 생각했으니까요. 도대체 누가 신의 존재여부에 대해 단언을 할 수 있겠습니까? 죽은 자는 말이 없고, 살아 있는 자는 단지 추측을 통해 이러쿵저러쿵 속설을 만들어낼 뿐입니다.

그렇게 큰소리를 치며 자신만만해하던 내가 이제 내 무덤 앞에 처연히 선 채 사랑하는 여자가 꽃을 뿌리는 모습을 지켜보고 있게 된 것입니다. 눈앞에서 무덤이 점점 투명해지더니 내 이름과 사망 날짜가 새겨진 관이 보였습니다. 그리고 관 속에 누워 있는 나 자신의 희끄무레한 주검이 보였습니다. 이미 부패가 시작된 육신은 끔찍해서 바라볼 수조차 없었습니다. 아름다움은 온데간데없이 사라져버리고, 형상조차 알아볼 수가 없었지요.

나는 시신을 보다가 다시 나 자신을 봤습니다. 손으로 팔다리를 더듬어보고, 내 얼굴의 익숙한 형태를 만져보았습니다. 죽었는데도 버젓이 이렇게 살아 있다니. 만일 이게 정말 죽음이라면, 그 성직자들의 말이 결국 옳았단 말인가? 죽은 자들이 전부 살아 있다면 그들은 모두 어디에 가 있는 걸까? 이 캄캄한 공간이 지옥일까? 나로 말하자면, 지옥 말고는 갈 곳이 없는 사람이었습니다. 나는 교회에서 가장 믿음이 약한 자보다 더 심한 불신자였으니 연옥조차 갈 수 없었을 것입니다.

나는 교회와는 완전히 연을 끊은 채 살았습니다. 성직자들의 추하고 욕심 사나운 작태를 방치하는 교회가 어찌 사람들에게 영성을 말할 수 있겠냐며 코웃음을 치곤 했습니다. 교회에도 선한 사람이 있는 건 사실입니다. 그러나 사람들의 입방아에 오르내리고 숙덕거림과 조롱의 대상이 되는 악인들 또한 부지기수입니다. 교회는 이처럼 비열한 자들을 내쫓기는커녕 오히려 높은 지위에 앉히곤 했지요.

이탈리아에 살면서 교회 권력의 끔찍한 남용을 지켜본 사람이라면 누구나 국가가 앞장서서 이처럼 부패한 세력을 일소해야 한다는 생각을 한 번쯤 해봤을 것입니다. 19세기 초반 이탈리아의 국내 정세를 기억하는 사람이라면 잘 알 겁니다. 로마 교회는 압제자들의 하수인 역할을 자청했습니다. 주변의 가까운 사람이 성직자에게 밀고하면 성직자는 다시 관리에게 일러바치고, 그렇게 붙들려온 사람들로 지하감옥이 득실거렸지요. 심지어 조국을 사랑하고 압제자를 증오한 죄밖엔 없는 무고한 젊은이들도 많이 수감됐습니다. 온 나라가 밀고자로 들끓다 보니 사람들은 가장 가까운 친지에게조차 속마음을 털어놓길 꺼렸습니다.

이 모든 사실을 아는 사람이라면 이탈리아 국민의 가슴에 이글거리는 분노가 들불처럼 번져 신과 교회에 대한 믿음을 불살라버린다 해도 놀라지 않았을 것입니다. 용암이 터져 나와 인간의 영생에 대한 소망을 쓸어버린다 해도, 그 소망이 교회의 가르침에 복종해야만 얻어지는 것이라면 차라리 죽음을 택하겠노라며 등을 돌렸던 것입니다. 이렇듯 내가 세례를 받을 당시엔 교회에 대한 반감과 경멸의 분위기가 팽배해 있었습니다. 나는 교회의 가르침이라면 관심조차 가져본 적 없었습니다. 만일 교회가 지옥에 보내는 영혼들이 있다면 나는 그 일순위라고 할 수 있었지요.

이런 생각을 하면서 사랑하는 그녀를 다시 바라보자, 그녀가 나를 보러 지옥까지 찾아올 일은 없을 거란 생각이 들더군요. 그녀도 언젠간 죽음을 맞겠지. 그녀가 무덤에 묻힐 때까지 지상에 남아 있어야 할 텐데. 죽은 사람은 지상을 떠나지 못하고 삶을 누렸던 장소 주변을 맴도는 것인가? 이런저런 생각으로 머릿속이 터질 것 같았습니다.

나는 그녀에게 다가가려 안간힘을 써봤지만 그럴 수 없다는 걸 깨달았습니다. 보이지 않는 장벽이 그녀의 주변을 에워싸고 나를 가로막는 것처럼 보였습니다. 아무리 애를 써도 그녀를 만질 수가 없었습니다. 그녀의 이름을 부르며 "나는 아직 살아 있어, 비록 죽긴 했지만 여전히 의식이 남아 있고 모든 게 똑같아" 하고 외쳤습니다. 그러나 그녀는 아무 말도 듣지 못하는 듯했습니다. 내 존재를 전혀 인식하지 못했지요.

그녀는 여전히 슬픔에 잠겨 흐느끼고 있었습니다. 살며시 꽃을 만지며 내가 살아생전 꽃을 좋아했으니 그녀가 나를 위해 꽃을 갖다 놓아준 것을 분명 고마워할 거라고 중얼거렸습니다. 나는 최대한 큰 소리로 외치고 또 외쳤지만 허사였습니다. 슬프게도 그녀는 마지못해 몸을 일으켜 작별인사를 하고는 떠나버렸습니다.

나는 온 힘을 다해 그녀를 따라가려 했지만 소용이 없었습니다. 검은 실 같은 사슬이 거미줄처럼 몸을 둘러막고 있었기 때문입니다. 내 힘으론 도저히 그걸 끊을 수 없었습니다. 몸을 움직이면 고무줄처럼 늘어났다가 당겨지며 몸을 원위치로 되돌려 놓았습니다. 설상가상으로 썩어가는 육신의 느낌이 전해지기 시작했습니다. 사지에 오른 독이 온몸으로 퍼져나가는 고통이 느껴지면서 또 다른 공포가 밀려왔습니다.

그때 위엄 있는 목소리가 어둠 속에서 들려왔습니다. "너는 영혼보다 육신을 더 사랑했구나. 네가 그토록 애지중지하며 집착해온 것이 결국 어떻게 썩어가는지를 보아라. 얼마나 허망한 것이냐. 얼마나 혐오스럽게 변했느냐. 그리고 네가 육신의 쾌락에 팔려 영혼을 얼마나 소홀히 여기고 방치해왔는지를 보거라. 네 지상의 삶이 영혼의 모습을 이토록 혐오스럽고 추악하게 만들어놓은 것이다. 썩어 없어지는 것에 몰두한 나머지 죽지 않고 영속히는 것을 이 지경으로 만든 것이다."

나는 나 자신을 바라보았습니다. 마치 앞에 거울이 있는 것처럼 내 모습이 보였습니다. 맙소사! 그건 의심의 여지 없는 나의 모습이었지만 너무도 끔찍하게 변해 있었습니다. 믿을 수 없으리만치 비열하고 천박한 모습이었습니다. 얼굴과 몸매마저 역겨운 몰골을 하고 있었습니다. 두려움에 몸이 움츠러들며 쥐구멍에라도 들어가고 싶은 심경이 됐습니다. 누가 내 꼬락서니를 볼까봐 더럭 겁이 났습니다. 아! 이제 다시는 그녀를 찾을 수 없겠구나. 이런 모습은 절대로 보여주고 싶지 않아! 죽을 때의 모습으로 기억에 남겨두고 영영 떠나는 게 차라리 나을 거야! 이 끔찍한 몰골보다는 지상에 있을 때의 모습이 훨씬 더 나을 테니까. 어쩌다 이 지경이 된 걸까! 절망과 비통함이 극에 달한 나는 비명을 지르며 나 자신을 때리고 머리카락을 쥐어뜯다가 그만 의식을 잃고 쓰러졌습니다.

얼마나 시간이 지났을까. 정신을 차려보니 사랑하는 그녀가 다시 보였습니다. 이번엔 꽃다발을 들고 와 무덤에 올려놓으며 전보다 더 애틋하게 혼잣말을 했습니다. 그러나 나는 그녀가 혹시라도 알아볼까 두려워서 움츠리고 숨으려 했습니다. 살아 있는 걸 알리기보다는 차라리 지금처럼 슬퍼하게 내버려두자는 생각이 들더군요. 그래서 나는 눈물을 머금고 그녀를 떠나보냈습니다. 그러나 나는 이내 미친 듯이 그녀를 불렀습니다. 먼발치에서나마 볼 수 있도록 떠나지만은 말아 달라고 애원했습니다. 그녀는 나의 부르짖음을 듣지는 못했지만, 뭔가 이상한 낌새를 느낀 것처럼 잠시 멈칫하며 뒤돌아서서 발

걸음을 돌릴 듯하더니 이내 가던 길을 다시 갔습니다.

그 후로도 두세 번 그녀가 무덤을 찾을 때마다 나는 움츠러들어서 다가갈 수 없었지만, 막상 무덤을 떠날 때는 내 곁으로 와달라고 외치고 싶어 미칠 것만 같았습니다. 하지만 나는 더 이상 그녀를 부르지 않았습니다. 어차피 소리쳐봐야 산 사람은 들을 수 없다는 걸 깨달았기 때문입니다.

나는 온 세상 사람들에게 이미 죽은 존재였지만, 오로지 나 자신, 내 가혹한 운명 앞에서만 살아 있을 뿐이었습니다. 아! 이제 나는 죽음이 영원한 잠도, 망각도 아니란 사실을 알게 됐습니다. 죽음으로 모든 게 끝난다면 얼마나 좋을까. 나는 절망에 찬 심정으로 제발 내가 모든 걸 잊고 사라지게 해달라고 기도했습니다. 하지만 기도 중에 나는 그것이 불가능한 일이란 걸 깨달았습니다. 인간은 불멸의 영혼이어서 선하든 악하든, 행복하든 불행하든, 영원히 사는 존재이기 때문입니다. 육신은 썩어서 흙으로 돌아가도, 인간의 실체인 영혼은 썩지도 사라지지도 않습니다.

시간이 흐르고 의식이 조금씩 깨어나면서 나는 지나온 인생을 똑똑히 돌아볼 수 있었습니다. 처음엔 희미했지만 점차 강렬하고 또렷해졌습니다. 나는 비통함과 절망감에 고개를 떨굴 수밖에 없었습니다. 그 모든 과오를 되돌리기엔 이미 늦었다고 생각했기 때문입니다.

3

방황

얼마나 지났을까. 제법 긴 시간이 흘렀던 것 같습니다. 절망에 사로잡힌 채 앉아 있는데 어디선가 부드럽고 따뜻한 목소리가 들렸습니다. 그녀의 목소리였지요. 나도 모르게 몸을 일으켜 소리가 나는 곳을 따라갔습니다. 나를 얽어매고 있는 끈이 팽팽해질 때까지 계속 늘어나는 것처럼 보였습니다. 마침내 나는 어떤 어두운 방에 이르렀습니다. 어둡긴 했지만 어딘가 모르게 낯익은 느낌이 드는 방이었습니다. 알고 보니 그곳은 사랑하는 그녀의 집이었습니다. 아, 그곳에서 얼마나 행복한 시간들을 보냈는지 모릅니다. 지금은 까마득한 심연이 그녀와 나 사이를 갈라놓고 있지만 말입니다.

그녀는 손에 연필을 쥐고 종이가 놓여 있는 작은 탁자에 앉아 내 이름을 부르며 말했습니다. "내 소중한 사람, 만일 죽은 뒤에 나에게 다시 돌아왔다면, 지금 나를 통해 글을 써주세요. '네', '아니오' 같은 간단한 말이라도 좋아요. 제발 대답을 해주세요."

죽은 뒤 처음으로 나는 그녀의 입가에 엷은 미소가 떠오르고, 눈물로 퉁퉁 부은 눈가에 희망의 빛이 번지는 것을 보았습니다. 그 아리따운 얼굴은 슬픔으로 창백해져 보였지만 그녀가 내게 안겨줬던 사랑의 감미로움을 느낄 수 있었지요.

그때 문득 그녀 곁에 세 사람의 형체가 보였습니다. 그들은 영인 것 같았지만, 나와는 너무나 다른 모습이었습니다. 눈부실 정도로 빛이 뿜어져 나와 똑바로 쳐다볼 수조차 없었습니다. 눈동자가 타들어 갈 것만 같았지요. 한 명은 큰 키에 차분하고 위엄 있는 외모를 갖춘 남자였는데, 수호천사처럼 그녀를 보호하려고 허리를 굽히고 있었습니다. 그 옆의 훤칠한 두 남자는 그녀가 평소에 자주 얘기했던 오빠들이란 걸 알 수 있었습니다. 둘 다 창창한 나이에 요절하여 이젠 천사가 되어 있었습니다.

나는 움찔하며 물러섰습니다. 그들이 나를 본 것 같았기 때문입니다. 나는 몸에 걸친 망토로 흉측한 얼굴을 가리려 했습니다. 순간 불현듯 자존심과 오기가 발동하더군요. "나를 부른 건 그녀잖아? 그래서 내가 이렇게 온 거고 말야. 그러니 결정권은 그녀에게 있는 거지. 안 그래? 내가 정말 그렇게 돌이킬 수 없는 잘못을 저지른 건가! 아무리 뉘우치고 안간힘을 써도 되돌릴 수 없는 일이야? 정말 죽으면 그렇게 아무런 희망도 없는 거냐고!"

그러자 예전에 무덤에서 들렸던 그 목소리가 대답을 했습니다. "슬픔에 빠진 자여! 죄지은 자라고 희망이 없겠느냐? 죄지은 자가 참회하고 용서를 구하면 같은 인간끼리도 용서해주지 않는가? 하물며 신이 인간보다 자비롭고 정의롭지 못하겠는가? 스스로의 마음을 들여다보라. 그대는 정녕 참회하고 있는가? 그대의 고통은 그대 때문인가, 아니면 그대로 인해 고통받은 사람들 때문인가?"

그 말을 듣자 내가 진심으로 뉘우친 적이 없다는 사실을 알 것 같았습니다. 그냥 이기적인 사랑으로 고통받고 있었을 뿐이지요. 그때 다시 그녀가 니에게 대답을 헤달라고 간청했습니다.

'아, 내가 여전히 살아 있고 그녀를 사랑한다는 걸 알릴 수만 있다면 좋으련만.'

심장이 터져버리고 숨이 막힐 것 같아 그녀 곁으로 다가가 손을 움직여보려 했지만, 그 키 큰 영이 우리 사이에 끼어드는 바람에 물러설 수밖에 없었습니다. 그러자 그가 말했습니다. "네가 그녀에게 하고 싶은 말을 하면 내가 대신 그녀의 손을 움직여 써주겠다. 그녀가 너를 사랑하는 마음이 너무 간절해서 부탁을 들어주는 것이다."

나는 그 말이 너무 고마워서 그의 손에 입을 맞추려 했지만 그럴 수 없었습니다. 그의 몸에서 뿜어져 나오는 눈부신 빛 때문에 닿기도 전에 타버릴 것 같았지요. 나는 그가 천사임이 분명한 것 같아 몸을 굽혀 절을 했습니다.

그때 그녀가 다시 말했습니다. "당신 여기 있어요?"

내가 "네"라고 대답하자 그가 그녀의 손을 움직여 "네"라고 쓰더군요. 마치 아이가 쓴 것처럼 느릿느릿하고 삐뚤빼뚤한 글자였습니다. 아! 그녀가 환하게 웃더니 다시 질문을 했고 내가 대답을 하면 손이 내 앞에서 움직이며 대답을 받아 적었습니다.

"내가 당신을 위해 해줄 수 있는 일이 없을까요?"

그녀의 질문에 나는 천사에게 말했습니다. "아니오! 없습니다. 그만 가봐야겠어요. 그녀를 더 이상 괴롭히고 싶지 않군요. 이제 그만 나를 잊으라고 전해주세요."

이 말을 하는 순간 가슴이 갈기갈기 찢어지는 것 같았지만 뒤이은 그녀의 대답이 얼마나 감동적이었는지 모릅니다. "그런 말씀 하지 마세요. 나는 당신의 가장 소중한 사람이잖아요. 당신이 죽은 뒤로 나는 당신을 찾아 대화를 나눠야겠다는 생각밖엔 없었어요." 나는 흥분한 나머지 고함을 질렀습니다. "나도 마찬가지였어요!"

다시 돌아올 거냐는 그녀의 질문에 나도 모르게 "돌아오고말고요!"란 대답이 튀어나왔습니다. 그녀를 위해서라면 못 갈 곳이 어디며 못 할 일이 뭐가 있겠습니까? 그때 그 빛나는 영이 이제 오늘은 그만하자고 말했습니다. 그러더니 자기가 한 말을 내 말처럼 그녀의 손을 통해 쓰며 그만 가서 쉬라고 말하는 것이었습니다.

머지않아 나는 어두컴컴한 교회 무덤 속의 내 육신이 있는 곳으로 다시 이끌려 왔습니다. 하지만 이전처럼 비참하고 절망적인 기분이 들지는 않았습니다. 한 줌의 희망이 가슴속에 번져서 그녀를 다시 만나 대화를 나눌 수 있으리란 기대감에 부풀게 했지요.

그러나 내 옆엔 다른 누군가가 있었습니다. 그녀의 오빠들이 나를 그곳까지 따라왔던 것입니다. 그들이 내게 한 말을 이 자리에서 다 밝힐 수는 없지만, 대충 요점만 말하면 이랬습니다.

"자네와 그 아이 사이에는 넘볼 수 없는 간극이 있네. 아직 창창한 아이의 인생을 자네 한 사람 때문에 암울하게 만들고 싶은가. 만일 자네가 그 아이를 지금 떠난다면, 그 아이도 모든 걸 잊고 그냥 한때의 추억으로 간직할 걸세. 자네가 진심으로 그 아이를 사랑한다면 이제 막 시작된 인생을 고독하고 기구하게 만들어놓아서는 안 되네."

나는 대답했습니다. 그녀를 사랑한다고. 너무 사랑해서 도저히 떠날 수가 없다고. 그동안 해왔듯이 계속 그렇게 사랑하는 것 말곤 아무것도 생각할 수 없노라고 말입니다.

그러자 그들은 내 과거를 언급하더군요. "자네 같은 자가 감히 내 동생처럼 순수한 아이의 인생에 끼어들겠다는 건가? 그것도 산 사람도 아닌 영의 몸을 하고서. 지금 그게 제정신으로 하는 말이야? 그 아이가 죽을 때까지 기다렸다가 함께 살아보겠다는 생각이 도대체 말이나 되는 건가? 그 아이는 자네가 아무리 노력해도 들어갈 수 없는 밝은 세계에 속한 영혼이라네. 그 아이가 자네를 잊고 행복을 찾도록 길을 터주는 게 슬픔 속에서 평생을 눈물지으며 살도록 만드는 것보다 훨씬 사나이다운 행동 아닌가? 그게 진정 그 아이를 사랑하는 길이고 말일세."

나는 풀이 죽은 목소리로 그녀도 나를 사랑한다고 말했습니다. 그러자 그들이 말했습니다.

"그건 그 아이가 아직 철이 없어서 자네를 이상형으로 점찍었기 때문일세. 하지만 자네에 관한 그 모든 사실을 알고 난 후에도 계속 사랑해줄 것 같은가? 두려운 마음에 자네를 멀리할 것 같지 않은가? 그 아이에게 진실을 말하고 선택권을 주도록 하게. 그것이 그 아이를 자네에게 묶어놓는 것보다 남자다운 행동이고 진정한 사랑을 보여주는 길일세. 만일 자네가 그 아이를 진심으로 아끼고 위한다면 자네 입장보다 그 아이의 행복을 먼저 생각해야지."

그 말에 내 모든 희망이 사라졌습니다. 나는 부끄럽고 비참한 심정에 머리를 흙먼지 속에 처박았습니다. 난 그녀와는 어울리지 않는 타락한 인간이니까요. 나는 내게서 해방된 그녀의 삶이 어떻게 흘러갈지를 거울 들여다보듯 알 수 있었습니다. 나보다 훨씬 괜찮은 남자를 만나 오손도손 잘 살겠지요. 나 같은 놈과 사랑에 빠져 있으면 그녀도 신세를 망칠 뿐입니다. 내 인생에서 내가 아닌 다른 사람의 행복을 먼저 생각한 건 이번이 처음인 것 같았습니다. 그녀를 진심으로 사랑하고 그녀의 행복을 바랐기에, 나는 말했습니다.

"그럼 그렇게 하십시오. 그녀에게 진실을 말해주시고 저에게 잘 가란 말 한마디만 하도록 해주세요. 더 이상 그녀의 인생에 어두운 그림자를 드리우지 않겠습니다. 군소리 없이 떠날게요."

우리는 다시 그녀에게로 돌아갔습니다. 그녀는 슬픔에 지쳐 잠들어 있었습니다. 나는 그들에게 처음이자 마지막으로 키스를 하게 해 달라고 간청했습니다. 그러나 그들은 불가능한 일이라며 거절했습니다. 내가 건드리기만 해도 그녀의 생명줄이 영원히 끊어져버릴 거라고 엄포를 놓더군요.

그들은 그녀를 깨우더니 내 말을 받아 적게 했습니다. 그 말 한 마디 한 마디는 나의 마지막 남은 희망을 관 속에 넣고 대못을 박는 것만 같았습니다. 그녀는 마치 꿈꾸는 듯한 모습으로 내 치욕스런 삶의 이야기들을 모두 써내려갔습니다. 나는 그녀에게 이제 모든 게 끝났으니 나의 죄악에 찬 삶과 이기적인 사랑으로부터 자유로워지길 바란다고 말했습니다. 나는 심장에서 피눈물을 쥐어짜듯 작별인사를 하고, 고개를 돌려 그곳을 떠났습니다. 그때 내 몸과 무덤 사이에 이어져 있던 끈이 스르르 풀리면서 나는 자유의 몸이 되었습니다. 혼자서 외로이 어디든 갈 수 있게 된 것입니다!

그러자 어떤 일이 벌어졌는지 아십니까? 아! 이 말을 하니 감사의 눈물이 눈가에 다시 그렁그렁 맺히는군요. 그토록 가녀린 줄만 알았던 그녀가 누구도 거스를 수 없는 단호한 목소리로 나를 다시 불러 세웠습니다. 내가 그녀를 사랑하는 한, 날 절대로 포기할 수 없다면서 말입니다.

"당신의 과거가 어찌 됐든 상관없어요. 당신이 지금 당장 지옥 밑바닥까지 떨어진다 해도 나는 여전히 당신을 사랑할 거고 당신을 따라갈 거예요. 하느님이 당신의 과거를 용서하고 다시 구원해주실 때까지 당신을 돕고 보살필 거예요."

나는 그 자리에 주저앉아 한없이 울었습니다. 바늘로 찔러도 피한 방울 안 날 것만 같던 나의 굳은 마음이 부드러운 사랑의 손길 앞에 그만 무너져 내려버린 것입니다.

나는 그녀에게 돌아가 그 옆에 무릎을 꿇고 앉았습니다. 그들이 그녀를 만지지 못하게 했지만, 그녀를 수호해주는 그 아름다운 영이 그녀에게 속삭였습니다. 그녀의 간절한 기도가 응답을 받아 나를 빛으로 인도해줄 것이라고 말입니다.

내가 그녀를 떠날 때 흰빛의 천사가 그녀에게 힘과 위로를 주기 위해 떠 있는 것이 보였습니다. 나는 그 천사들을 뒤로 한 채 그곳을 떠나 그녀의 목소리가 다시 나를 부를 때까지 이곳저곳을 떠돌아다녔습니다.

그녀는 천사들의 보살핌 속에 잠을 잔 뒤 아침 일찍 일어나 어떤 남자를 찾아갔습니다. 그녀가 나와 접촉하기 위해 애쓰던 중에 찾아낸 친절하고 선량한 사람이었습니다.

영매라 불리는 자들에 관한 소문이 사실이라면 그들의 도움을 통해 나와 대화를 나눌 수 있을 거라고 생각한 것이지요. 그리고 주변 사람들의 도움말을 통해 치유의 영매로 알려진 이 남자를 찾아낸 것입니다. 그녀는 이 영매로부터 원하기만 하면 죽은 사람이 전하는 메시지를 본인이 직접 받아 적을 수 있다는 말을 들었습니다.

나는 이 사실을 나중에야 알았습니다. 처음엔 그녀의 강력한 힘이 담긴 목소리가 나를 끌어당기는 듯이 느껴졌을 뿐이고, 그 힘을 따라가자 어렴풋이 작은 방처럼 보이는 곳에 있는 게 느껴졌습니다. 내가 어렴풋하다는 표현을 쓴 것은 그녀의 주변을 별처럼 비추는 빛을 제외하곤 모든 것이 어두웠기 때문입니다.

그녀가 찾아갔던 남자가 바로 그 영매였고, 그녀가 영매에게 말하는 소리가 나를 끌어당겼던 것입니다. 그녀는 영매에게 전날 밤 있었던 일을 이야기하면서 나를 너무나 사랑하며, 나를 도울 수만 있다면 자신의 모든 것을 바칠 수 있다고 말했습니다. 그러자 그 영매는 그녀에게 도움이 될 만한 조언을 많이 해주었습니다. 지금도 정말 고마운 생각이 듭니다만 그는 우리 모두에게 큰 희망을 안겨주었습니다.

그 영매는 그녀에게 죽은 사람과의 관계는 살아 있을 때와 비록 다르긴 하지만, 내가 그녀를 얼마든지 사랑할 수 있고 그녀 또한 나의 사랑을 얼마든지 받을 수 있다고 했습니다. 내게 다른 어떤 사람보다도 도움이 되는 건 바로 그녀인데, 그녀의 사랑이 나에게 가장 큰 위안과 희망을 주고, 내가 참회의 길을 갈 수 있도록 격려해주기 때문이란 말도 했습니다. 나를 향한 그녀의 사랑이 죽음의 장벽마저 무너뜨릴 정도로 순수하고 진실하기 때문에 그녀야말로 나를 도울 수 있는 최적의 인물이란 것이었습니다.

정말 자상하게도 그 영매는 간밤의 마음 아팠던 일에 대해 내가 미처 하지 못했던 설명을 해주고, 지나간 과거에 대해 해명할 수 있도록 나를 도와주기까지 했습니다. 비록 변명의 여지가 없는 죄란 걸 나 스스로 인정하긴 했지만 말입니다. 그녀야말로 내 진실한 사랑을 바칠 유일한 여자란 걸 그가 나 대신 그녀에게 전해주기도 했습니다. 그는 그녀의 슬픔을 달래주고 용기를 북돋아주었는데, 그것은 나를 도와주는 것보다도 훨씬 고마운 일이었지요. 그리고 마침내 그녀가 그곳을 떠났을 때 나는 그녀를 따라갔고, 우리는 모두 희망에 부풀어 있었습니다.

집에 도착했을 때 나는 그녀의 두 오빠와 다른 영들에 의해 새로운 장벽이 우리를 갈라놓고 있다는 걸 알게 됐습니다. 나는 그녀를 감싼 보이지 않는 막을 통과할 수 없었습니다. 그녀를 따라다닐 수는 있었지만 가깝게 다가갈 수는 없었지요. 그래서 나는 그 영매를 찾아 도움을 청해야겠다고 생각했습니다.

그런 나의 바람이 나를 그곳으로 다시 끌고 갔습니다. 그는 나의 존재를 바로 알아차리더군요. 신기하게도 내가 하는 말을 전부는 아니어도 상당 부분 알아들었습니다. 그는 내가 뭘 말하고 싶은지를 헤아렸고, 사적인 내용이라 여기서 밝힐 수는 없지만 많은 조언을 해주었습니다. 그는 내가 인내심을 가지고 기다리면 모든 일이 잘 풀려 갈 거라고 안심시켜주었습니다. 비록 그들이 영적인 장벽을 둘러쌓는다고 해도 그녀의 의지가 언제든 나를 끌어들이고, 그 무엇도 나에 대한 그녀의 사랑을 막을 수는 없어서 어떠한 장벽도 그 사랑을 물리칠 수가 없다고 말했습니다. 내가 이제부터 영혼에 관한 지식을 하나하나 배워나가고 나 자신을 향상시키기 위해 노력한다면 우리 사이의 심연은 사라질 것이라고도 말했습니다. 나는 부푼 가슴을 안고 그곳을 떠나 다시 떠돌아다녔습니다. 어디로 가는지 알지도 못한 채 말입니다.

****

어둠 속에서 나는 나처럼 주변을 떠돌아다니는 존재들이 있다는 사실을 어렴풋이 느끼기 시작했습니다. 그들의 뚜렷한 모습을 볼 수는 없었지만 말입니다. 처음엔 뭘 어찌해야 좋을지 몰라서, 내게 가장 익숙한 장소인 무덤으로 다시 돌아갈까 생각도 해봤지요. 그러자 그 생각이 나를 이동시킨 모양인지, 그곳에 다시 돌아오게 됐습니다.

사랑하는 그녀가 갖다 준 꽃들은 이미 시들어버린 뒤였습니다. 그녀는 나와 대화를 나눈 뒤 이틀 동안이나 무덤을 찾지 않았더군요. 이제 땅속에 묻힌 시신은 잊은 듯했습니다. 죽은 육신 따위는 잊어버리고 살아 있는 영혼만을 생각하는 건 확실히 다행한 일이었습니다. 시들은 꽃마저 그녀의 사랑이 담긴 듯하여 그중에서 흰 장미 한 송이를 집으려 했지만, 그럴 수가 없었습니다. 건드릴 수조차 없더군요. 마치 장미의 환영인 것처럼 손이 장미를 뚫고 지나갔기 때문입니다.

내 무덤 바로 옆, 흰 대리석 십자가가 있는 무덤을 보니 그녀의 오빠들 이름이 보이더군요. 그제야 나는 그녀가 나를 위해 무슨 일을 했는지를 알아챘습니다. 그녀는 나를 가장 사랑하는 사람들 옆에 묻어준 것입니다. 나도 모르게 눈물이 쏟아졌습니다.

나는 너무 외로워서 그곳을 떠나 다른 방황하는 영들 사이를 쏘다녔습니다. 그들 중 누구도 나를 거들떠보지 않더군요. 아마도 나처럼 거의 볼 수 없는 것 같았습니다. 그러나 머지않아 여자 둘과 남자 하나로 보이는 세 명의 어두운 형체가 내 쪽으로 다가왔습니다. 남자가 내 팔을 붙들고 말했습니다.

"이보게, 지금 어디로 가는 건가? 허둥지둥하는 모습을 보아하니 이곳에 온 지 얼마 안 된 친구로군 그래? 이곳 사람들은 뭘 하든 서두르는 법이 없다네. 남아도는 게 시간이니 말일세. 영원한 세월의 방랑자라고나 할까?" 그러고는 그는 소름 끼치도록 차갑게 웃었습니다. 몸서리가 쳐질 정도로 기분 나쁜 웃음소리였습니다. 이번엔 여자들이 내 양팔을 하나씩 붙들며 말했습니다.

"우리를 따라와 봐. 죽은 뒤에도 인생을 즐길 수 있는 방법을 보여줄 테니. 몸이 없어도 살아 있는 인간의 몸을 잠시 빌리면 되니까. 지상의 쾌락이 아직 끝나지 않았다는 걸 보여주지."

너무 외롭다 보니 누군가 말을 나눌 수 있는 사람을 만났다는 게 반가웠습니다. 비록 세 사람 모두 역겨운 몰골을 하고 있었고, 여자들 쪽이 남자보다 훨씬 추했지만, 나는 그들을 따라가 무슨 일이 일어나는지 보고 싶어졌습니다. 그때 아득히 멀고 어두운 하늘 위에 빛으로 새겨진 그림처럼, 그녀의 영체가 보였습니다. 그녀는 눈을 감고 있었지만 내 쪽으로 팔을 내밀고 있었고, 목소리는 마치 천국에서 울려 퍼지는 것 같았습니다.

"그 사람들을 조심하세요! 따라가면 안 돼요! 그곳엔 파멸이 기다리고 있답니다."

그러고서 그녀의 모습은 사라졌습니다. 나는 꿈에서 깨어난 것처럼 그 사람들을 뿌리치고 어둠 속으로 달아났습니다. 얼마나 오랫동안 걸었는지 모릅니다. 나를 사로잡는 온갖 기억들로부터 벗어나기 위해 계속 그렇게 떠돌아다녔습니다. 그곳은 아무리 걸어도 끝이 없는 것 같았습니다.

마침내 나는 쉴 수 있는 땅을 찾아 주저앉았습니다. 그곳은 지면이 단단해 앉을 수 있을 것 같았습니다. 어둠 저편에서 작은 불빛이 반짝이는 게 보였습니다. 가까이 가보니 어떤 방에서 새나오는 밝은 빛이었습니다. 한낮의 태양처럼 밝아 눈을 상할 것만 같았지요. 도저히 견딜 수 없어 고개를 돌렸을 때, 어떤 음성이 들려왔습니다.

"기다리시오, 지친 방랑자여! 이곳엔 그대를 도우려는 마음씨 좋은 사람들만 있소이다. 만일 그대가 사랑하는 사람을 보고자 한다면, 이리로 오시오. 당신이 찾는 여자가 여기 있소. 와서 이야기를 나눠보시오."

나는 아무것도 볼 수 없었지만 어떤 사람이 내 망토를 머리에 뒤집어씌우고 빛을 가리더니 나를 방으로 들여보내어 의자에 앉히는 것이었습니다. 너무 지치고 피곤했던 나는 앉아서 쉴 수 있다는 사실만으로도 고마웠습니다. 평온함으로 가득 찬 방 안은 마치 천국 같았지요.

잠시 뒤에 나는 고개를 들어 천사처럼 보이는 온화하고 상냥한 두 여인을 보았습니다. 나는 속으로 중얼거렸습니다. "여기가 천국인가?"

다시 자세히 보니 눈이 주변 환경에 익숙해진 탓인지 두 여인 뒤로 사랑하는 그녀가 슬프지만 아리따운 표정으로 웃고 있는 모습이 보였습니다. 처음엔 두 눈을 의심하지 않을 수 없었지만, 기쁨에 겨워 어쩔 줄 모르고 있다가 가만 보니 그녀는 나를 보지 못하는 것 같았습니다. 그러나 두 여인 중 한 명이 나를 보면서 그녀에게 내 모습을 낮은 목소리로 설명해주었습니다. 그녀는 얘기를 듣고 기뻐했는데, 남자 영매가 그녀에게 한 말이 사실인 것으로 드러났기 때문입니다.

그녀는 이 여인들에게 자신이 경험한 놀라운 일들과, 그 일이 얼마나 달콤한 꿈 같았는지를 이야기했습니다. 나는 그녀에게 내가 여기 이렇게 살아 있노라고, 당신을 여전히 사랑하며 나를 향한 당신의 사랑을 믿노라고 외치고 싶었지만 입도 뻥끗할 수 없었지요. 무언가 알 수 없는 힘이 나를 내리누르고 있었기 때문입니다.

두 여인이 말하는 걸 보고 있자니 그들이 천사가 아니란 걸 알 것 같았습니다. 육신을 갖고 있었고 그녀와 마주 보면서 대화를 나눌 수 있었으니까요. 그들은 영매가 한 말, 나 같은 죄인들에게 희망이 될 만한 것에 대해 많은 이야기를 나눴습니다.

아까 나를 들어오게 했던 그 목소리가 다시 들렸습니다. 그 여인들을 통해 내 메시지를 전하고 싶으냐고 묻더군요. 나는 대답했습니다. "그럼요. 좋고말고요!"

내가 하고 싶은 말을 하자 그 영이 한 여인에게 그것을 받아 적게 했습니다. 나는 사랑하는 그녀에게, 내가 여전히 살아 있으며 그녀를 사랑하고 있다고 말했습니다. 절대로 나를 잊지 말고 항상 생각해달라고도 했습니다. 이곳에서 버텨내기 위해서는 그녀의 사랑과 도움이 절대적으로 필요했으니까요. 비록 나는 보이지도 않는 무력한 존재가 돼버렸지만 나를 향한 그녀의 마음은 한결같았습니다. 그녀가 이때 나에게 정말 달콤한 말을 했는데 이 자리에서 밝힐 수는 없습니다. 그 말은 내겐 너무 소중한 것이었고, 앞으로도 내 마음속에 영원히 간직될 것입니다.

이 대화가 끝난 후의 시간은 내겐 깊은 잠과 같았습니다. 나는 너무 지쳐 그 방을 나선 뒤 얼마 못 가 바닥에 고꾸라진 채로 의식을 잃었습니다. 주변이 밤처럼 온통 캄캄한데 어디서 잔들 무슨 상관이겠습니까?

얼마나 시간이 흘렀는지 모릅니다. 그 당시에 나는 시간을 측정할 만한 수단을 갖고 있지 못했습니다. 잠에서 깨어나 보니 몸이 조금 개운해졌더군요. 그리고 몸 안의 모든 감각들이 전보다 또렷했습니다. 나는 좀더 빠르게 움직일 수 있었고, 팔다리가 훨씬 활력 있게 느껴졌습니다. 전에 없던 식욕마저 돌아서 먹을 것을 구하려고 한참을 돌아다녔지만 아무것도 찾을 수가 없었지요. 그러다 마침내 딱딱하게 말라붙은 빵 조각 몇 개를 찾아냈습니다. 하지만 그걸로도 감지덕지했습니다. 당장 허기는 면할 수 있었으니까요.

이쯤에서 영들도 음식을 먹는다는 점을 말해드리고 싶습니다. 우리도 허기와 갈증을 느끼고 식욕도 갖고 있습니다. 비록 우리가 먹는 음식과 음료는 우리의 몸처럼 여러분의 눈엔 보이지 않지만, 우리에겐 분명 실체를 갖고 있습니다. 내가 지상에 있을 때 술고래나 미식가였다면 그보다 훨씬 일찍 식욕을 느꼈을 텐지만, 나는 식탐이 없는 편이라 빵 몇 조각만으로도 만족할 수 있었습니다. 처음엔 그걸 보고 눈살을 찌푸리며 고개를 돌렸지만, 가만 생각해보니 달리 식량을 구할 방법이 없었습니다. 나는 거지나 다름없었고, 그 정도의 음식으로도 고마워해야 할 것 같았지요.

나는 다시 그녀가 생각났습니다. 이미 말씀드렸다시피 영계에서는 어떤 장소를 생각하면 곧바로 그곳으로 이동하게 됩니다. 이번에도 생각이 나를 이동시켜 그녀와 두 여인을 봤던 그 방으로 다시 들어오게 됐습니다. 이번엔 단번에 들어온 모양인지, 희미하게 보이는 두 남자 영이 나를 맞더군요. 나는 그 두 영과 그녀와 두 여인을 볼 수 있었지만, 보이지 않는 어떤 장막이 우리 사이를 가로막고 있는 것 같았습니다.

나는 전에 내 말을 받아 적었던 그 여인을 통해 그녀에게 메시지를 전해도 좋다는 허락을 받았습니다. 전에 그녀의 수호령이 그랬던 것처럼 그녀가 직접 내 말을 받아 적게 하려고 시도해봤지만, 실망스럽게도 불가능한 일이란 것을 깨달았습니다. 그녀는 내 말을 알아듣지 못하더군요. 그래서 나는 단념하고 그 여인에게 대신 받아 적게 했습니다.

메시지를 전달한 후 잠시 쉬면서, 행복했던 시절에 늘 그랬듯이 그녀의 어여쁜 얼굴을 넋을 잃고 바라봤습니다. 그때 별안간 남자 영 중의 한 명이 내게 말을 걸어왔습니다. 엄숙한 표정의 젊고 훤칠한 남자였습니다. 그는 조용하고 온화한 목소리로 말했습니다.

"당신의 메시지를 여자분에게 직접 전달하고 싶으신가요? 그렇다면 참회하는 사람들의 모임에 들어오시는 게 좋을 겁니다. 우리는 좀더 나은 삶의 길을 모색하는 사람들입니다. 이곳에 오시면 당신이 지금껏 몰랐던 많은 것을 배울 수 있어요. 그리고 그녀가 지상에 살아 있는 동안 같이 지낼 수 있는 방법이라든가 그녀의 마음을 움직이는 비결 등도 배울 수 있구요. 회개의 길은 험난해서 수많은 관문을 거치면서 엄청난 고통을 겪어야 하지만 결국은 지금은 상상도 할 수 없는 행복한 안식처에 이르게 되지요."

그는 그 친절한 영매가 했던 것과 비슷한 말로 나를 안심시켰습니다. 내용인즉슨, 너무 흉해서 감추고만 싶은 지금의 몰골은 내 영혼이 변화함에 따라 같이 변하여 더 이상 그녀가 마음 상하지 않을 만큼 아름다운 모습으로 바뀐다는 것이었습니다. 내가 지금과 같이 지상에 계속 머물러 있으면, 결국 전처럼 다시 환락의 세계에 빠져들 것이고, 그런 타락상 속에서는 그녀 곁에 머물 힘조차 잃게 된다는 것이었습니다. 그렇게 되면 그녀의 수호령들이 그녀를 지키기 위해서 나를 쫓아낼 수밖에 없게 된다는 말도 했습니다. 반면에 내가 참회자들의 모임에 가입한다면 많은 도움을 받고 단련될 것이므로 적절한 시기에 지상에 돌아올 때 유혹을 이겨낼 힘과 방패막을 얻게 된다는 것이었지요.

나는 이 진지하고 예의 바른 청년의 말을 듣고 나자 그가 말하는 형제단에 들어가고 싶어졌습니다. 그래서 나를 데려가 달라고 간청했더니 그렇게 해주겠다고 약속하더군요. 그러면서 내 자유의지와 선택만으로도 그곳에 갈 수 있다는 말을 덧붙였습니다. 행여 그곳을 떠나고 싶어지면 언제든지 떠날 수도 있다면서요.

"영계에서는 모든 게 자유입니다. 모든 이들이 자신의 바람과 욕망이 인도하는 곳으로 가게 됩니다. 차원 높은 욕망을 계발하려고 노력한다면, 얻고자 하는 것들이 자연스레 주어집니다. 필요로 했던 도움과 권능을 받아 강해지는 거지요. 당신은 기도의 힘이 얼마나 엄청난지 모르고 있지만 이제부터 배우게 될 겁니다. 의식적이든 무의식적이든, 진실한 기도를 통해서라면 어떠한 것도 얻을 수 있어요. 당신의 기도가 선한 것이든 악한 것이든 간에, 그에 대한 응답으로 선한 힘 혹은 악한 힘이 당신 주변으로 몰려온답니다."

그는 나더러 잠시 그녀의 곁을 떠날 것을 권했습니다. 내가 잠시만이라도 그녀와 떨어져 지낸다면 그녀뿐만 아니라 나도 기력을 회복할 수 있을 것이라고 하더군요. 그녀의 영적인 힘이 많이 고갈되어 있기 때문에 석 달 정도 영과의 접촉을 삼가는 것이 그녀에게도 좋고, 만일 지금처럼 계속 접촉을 유지하고 있으면 건강을 많이 상하게 된다는 것이었습니다. 떨어져 지내는 동안에 그녀의 마음을 움직이는 데 필요한 몇 가지 가르침을 배울 수 있을 거란 말도 했습니다.

아, 이 약속을 지키는 것이 우리에겐 얼마나 버거운 일이었는지! 하지만 그녀가 나에게 기꺼이 본보기가 되어주었기 때문에, 나도 그

뜻을 따를 수밖에 없었습니다. 그녀가 강인함과 인내력을 얻고자 한다면, 나 또한 그래야 할 것입니다. 그래서 나는 마음속으로 맹세했습니다. 내가 오랫동안 잊어왔던 하느님이 나를 기억하고 용서해주신다면 내가 저지른 죗값을 치르기 위해 나의 모든 것을 바치겠노라고. 그래서 아주 조금 밖에 보진 못했지만, 많은 고통을 당해야 했던 이 지상의 영계를 잠시 떠나기로 했습니다.

나는 나의 새로운 안내자를 따라 방을 떠나면서 내 사랑을 향해 손을 흔들어 작별인사를 했습니다. 그리고 선한 천사들과 하느님께, 감히 나 자신을 위해 기도할 수는 없지만 그녀에게만은 은총을 내려 보살펴주시기를 간청했습니다. 마지막으로 본 그녀의 희망에 찬 사랑스럽고 다정한 눈빛은 험난하고 고통스러운 시간을 지나는 동안 늘 나를 지켜주었습니다.

4

희망의 형제단

영계에는 특이한 장소나 놀라운 볼거리들이 많고, 참회하는 영들을 돕는 단체들도 많이 있습니다. 그러나 희망의 형제단이 이끄는 '도움의 집'만큼 특이한 곳은 아마도 없을 겁니다.

처음엔 나의 영적 능력이 워낙 미약한 상태라 '도움의 집'이 어떻게 생겼는지를 전혀 볼 수가 없었습니다. 그 무렵의 나는 귀머거리에 장님이나 다를 게 없었지요. 다른 사람들의 모습을 보거나 말을 듣기가 힘들었을뿐더러, 말을 건넬 수도 없었지요.

지상 영계에 있을 때는 그 정도까지는 아니었는데 말입니다. 그때도 시야가 어둡긴 했지만 근처에 있는 사람을 인식할 정도는 됐습니다. 그러나 이곳에서는 마치 캄캄한 암실 속의 희미하게 깜박이는 불빛에 의지해 더듬거리는 사람 같달까요? 이곳은 지상에서 약간 높이 떨어져 있는 영역이라, 영혼의 진보에 필요한 시설 외에는 아무것도 없는 것 같았습니다.

당시의 어둠은 떠올리기조차 끔찍할 정도입니다. 나는 밝은 햇살을 무척이나 좋아했던 사람입니다. 내 고향은 날씨가 늘 화창하고 햇살로 가득한 곳이었지요. 청명한 하늘과 꽃이 만발한 푸르른 대지가 정말 아름다운 곳이었어요. 그러나 죽은 뒤로는 주변이 온통 어둡고 춥고 삭막할 뿐이었습니다. 소름 끼치는 음울함이 숨통을 조여드는 것 같았지요.

나는 살아 있을 때 오만방자한 인간이었습니다. 지체 높은 가문 출신이란 자의식이 강해서 어느 누구에게도 고개를 숙이는 법이 없었지요. 내 혈관 속에는 거만한 귀족의 피가 흘렀습니다. 외가 쪽으로 왕국을 호령한 거물급들이 즐비했지요. 그러나 이제는 고향의 가장 비천하고 보잘것없는 거지라도 나보다는 행복할 것입니다. 그들은 최소한 햇빛과 맑은 공기는 누리고 있을 테니까요. 나는 지하감옥에 갇힌 가장 비천한 죄수와 다를 게 없었습니다.

유일한 희망인 그녀의 사랑이 없었다면 아마 절망의 나락에 빠졌겠지만 그녀가 기다리고 있다는 생각만 하면, 그녀의 감미롭고 다정한 미소와 내게 했던 사랑의 언약을 떠올리기만 하면, 용기가 부쩍 되살아나곤 했습니다. 나는 끈덕지고 강인한 사람이 되려고 안간힘을 썼습니다. 그리고 가급적 많은 이들의 도움을 받으려고 애썼습니다. 이제부터 믿을 수 없는 고난과 투쟁의 시기가 시작될 것이었기 때문입니다.

내가 있는 곳은 구석구석 자세히 식별할 수가 없었습니다. 마치 윤곽이 어렴풋한 거대한 감옥과도 같았지요. 나중에 가서야 그것이 짙은 회색의 거대한 석조건물 ― 지상의 돌처럼 단단해 보이는 ― 이란 걸 알 수 있었습니다.

긴 통로와 큰 홀들이 있었지만 대부분의 공간은 빛도 들지 않고 최소한의 가구만 갖춘, 헤아릴 수 없이 많은 작은 방들로 이루어져 있었습니다. 작은 소파 하나만 달랑 있는 방들도 많았습니다.

소파 위엔 고통에 몸부림치며 거동조차 제대로 못하는 사람이 누워 있지요. 그곳 사람들은 대부분 그렇게 고통에 시달리고 있었습니다. 하지만 그곳은 슬픔의 집인 동시에 희망의 집이기도 했습니다. 모든 이들이 빛을 향해 올라가려고 안간힘을 쓰면서 희망의 첫발을 내딛고 있었기 때문입니다. 그들은 희망의 사다리 맨 밑단에 발을 올린 사람들이어서, 천국을 향해 한 걸음 한 걸음 올라가야만 했습니다.

내 작은 골방 안엔 침대와 탁자와 의자가 있었을 뿐인데, 나는 그곳에서 쉬거나 기도를 하고 큰 홀에 가서 나와 비슷한 처지의 영들과 함께 강의를 들었습니다. 강의는 매우 인상적이었습니다. 우리가 무엇을 잘못했는지를 뼈저리게 깨달을 수 있게끔 이야기의 형태로 전달됐지요. 중립적인 3자의 입장에서 우리의 행동 하나하나가 우리 자신과 주변 사람들에게 어떤 영향을 미쳤는지, 이기적인 만족을 위해 한 행동이 다른 영혼을 어떻게 타락시켰는지를 일깨워줬지요.

남들도 다 하는 거라 생각하며 무심코 저질렀던 수많은 일들, 혹은 인간으로서 당연히 할 권리가 있다고 생각했던 일들이 상대방의 관점, 즉 직간접적인 희생자의 관점에서 보여졌습니다. 또 우리의 이기적인 쾌락을 위해 만들어진 사회 시스템에 희생당하는 이들의 관점에서도 보여졌습니다. 이 강의를 더 이상 구체적으로 설명할 수는 없습니다. 그러나 대도시의 부패상을 잘 알고 계신 분이라면 어렵지 않게 짐작하시리라 봅니다.

그러한 강의를 통해 우리는 많은 도움을 받았고, 내면의 사악한 욕망을 극복하는 법을 알게 됐습니다. 불행한 사람들을 돕는 노력을 통해 우리가 빠져 있던 악으로부터 속죄할 수 있다는 사실도 알게 됐지요. 우리는 유혹에 맞서려고 안간힘을 쓰는 사람들을 은밀히 돕고, 아울러 우리의 영적 성장 또한 도모하기 위해 지상에 파견될 참이었습니다.

강의가 없을 때는 어디로든 자유롭게 갈 수 있었습니다. 물론 자유로운 이동이 가능할 정도로 영적인 능력을 키운 사람들에 한해서입니다. 지상에 두고 온 가족이나 친구를 방문하러 내려가는 이들도 있었지요. 살아 있는 사람들은 우리를 볼 수 없지만 우리는 그들을 볼 수 있습니다. 우리는 지상의 유혹에 빠진 채 미적거리는 일이 없도록 하라고 늘 당부를 받곤 했는데, 우리 중 많은 이들이 그러한 유혹을 뿌리치기 힘들어했기 때문입니다.

영적인 에너지를 이용하여 병든 영들을 치유해주는 이들도 있습니다. 지상에 있을 때 지나치게 방탕한 삶을 산 사람들은 꼼짝 못하고 방 안에 마냥 누워서 지내게 되는데, 에너지를 이용하면 이들의 고통을 조금이나마 덜어줄 수 있습니다. 희망의 집은 이처럼 불쌍한 영혼들을 치료하는 시스템을 갖추고 있지요.

자격을 가진 진보한 영들이 의사나 치유사가 되어서, 보조 역할을 하는 영들의 도움으로 고통받는 이들을 ― 사실 모두가 고통받고 있긴 하지만 ― 돌봅니다. 그들은 가련한 영들을 영적인 에너지로 고통에서 잠시나마 벗어나게 해주지요. 머지않아 고통이 재발하긴 하지만, 그 사이에 영들은 기력을 되찾아 마침내는 고통에서 해방되고 몸 상태도 회복됩니다. 그러면 이들은 적절한 자질을 갖춘 경우에 한해 다시 자기처럼 고통받는 다른 이들을 위해 에너지 치유를 해줍니다.

이곳을 여러분에게 정확히 설명하기란 불가능한 일입니다. 지상의 병원과 매우 비슷하긴 하지만, 세부적으로 전혀 다른 부분도 많습니다. 앞으로 지상의 의료지식이 발전하면 점점 비슷해지긴 하겠지만 말입니다. 이곳의 영들은 대체로 주변으로 밝은 빛을 뿜지 못하기 때문에, 공간이 전체적으로 어둡습니다. 영계에서는 영혼의 발달 수준에 따라 주변이 밝아질지 어두워질지가 결정됩니다.

어둠은 가련한 영들의 무분별 때문에 생기기도 합니다. 이들은 지상에 있을 때 영적인 감각을 전혀 개발하지 않았기 때문에 — 마치 정상인에겐 명백한 것들을 선천적인 장님이나 귀머거리는 전혀 의식하지 못하듯이 — 주변의 사물에 대한 감각이 완전히 상실된 상태입니다.

어둠 속에 놓여 있다 보니 이 가련한 영들은 지상의 영역을 방문할 때도 오직 자신과 수준이 비슷한 존재들만을 볼 수 있고 접촉할 수 있습니다. 다시 말해, 발달수준이 낮은 사람들밖에 볼 수 없는 거지요. 수준이 높고 영적인 사람들은 매우 어렴풋하거나 전혀 보이지 않는답니다.

희망의 형제단원들은 별처럼 빛나는 작은 빛을 부여받는데, 이 빛이 어두운 방을 잠시나마 밝히는 희망의 빛이 되어줍니다. 나도 처음엔 몸상태가 너무 안 좋아 꼼짝 못하고 자리에 누워 있었는데, 깜박이는 불빛이 긴 복도를 지나 내 방문으로 다가오는 것을 보면서 저 빛이 다시 올 때까지는 지상의 시간으로 얼마나 걸릴까 궁금해하곤 했지요.

그러나 내 경우엔 아주 오랫동안 누워 지내지는 않았습니다. 온갖 잘못을 저지른 데다 알코올 중독까지 생겨 무력해진 영들에 비하면, 나는 상당히 결백한 편이었고 무기력 상태를 벗어나려는 욕구 또한 워낙 강했기 때문입니다.

회복이 되지마자 나는 아무리 보잘것없는 일이라도 좋으니 도움이 될 만한 일을 시켜달라고 간청했습니다. 그래서 강력한 치유에너지를 가지게 되어서, 꼼짝 못한 채 누워 신음하는 불쌍한 한 청년을 돕게 됐습니다. 그는 죽을 때 고작 서른 살이었는데 그 짧은 생애 동안 방탕한 생활만을 일삼다가 요절한 것입니다. 그는 자신이 남용한 에너지의 반작용으로 인해 옆에서 보고 있기조차 힘들 정도로 엄청난 고통을 받고 있었습니다.

내 임무는 나보다 진보한 영이 와서 그 청년을 무의식 상태로 만들 때까지 청년에게 치유의 에너지를 불어넣어 고통을 누그러뜨려 주는 것이었습니다. 그 과정 내내 나는 몸과 마음 양쪽에 심한 고통을 느꼈습니다. 낮은 차원의 영계에서는 영이 몸의 고통을 느낍니다. 영이 진보해가면 고통도 순전히 정신적인 것으로 변하지요. 아주 높은 차원의 영들은 결국 육체적인 고통으로부터 완전히 해방됩니다.

기운이 회복되면 욕망이 되살아나기 때문에 가련한 영들은 종종 지상으로 돌아가 산 사람들을 통해 욕구를 채우고자 하는 유혹에 빠지게 됩니다. 내 경우는 육체의 고통이 심했는데, 지상에 있을 때 그토록 자랑스럽게 남용했던 정력이 나를 평범한 사람들보다 훨씬 심한 고통에 빠뜨렸기 때문입니다. 운동선수들이 근육을 과도하게 사용했을 때 심한 근육통을 느끼는 것처럼, 살아 있을 때 남용한 정력이 영의 몸에 불가피한 반작용을 일으켜 심한 고통을 유발한 것입니다. 게다가 몸이 강해지면서 쾌락의 욕망도 점점 커졌기 때문에 나는 지상에 돌아가 육신을 입은 인간을 통해 재미를 보고 싶은 욕구를 간신히 억눌러 참을 수 있었습니다.

지상에서 더러운 욕망의 삶을 살고 있는 사람들은, 비슷한 쾌락의 욕구를 가진 저급한 영혼들과 파동이 비슷하기 때문에 금방 공명이 됩니다. 희망의 집에 기거하던 많은 이들이 유혹을 뿌리치지 못하고 지상으로 내려가 얼마간의 시간을 보낸 뒤 전보다 훨씬 악화된 상태로 되돌아오곤 했습니다.

이곳에선 모든 게 본인의 자유입니다. 희망의 집은 상시로 개방돼 있기 때문에 원하는 사람은 언제든 다시 돌아올 수 있습니다. 고마워할 줄도 모르고 도와줄 가치가 없는 사람이라도 전혀 개의치 않습니다. 나는 우리의 나약함과 뻔뻔한 잘못을 인내하고 포용하는 그들의 무한한 사랑에 놀라움을 금치 못하곤 했습니다.

그리고 비천한 욕망을 못 이겨 진탕 즐기고 생명력을 고갈시킴으로써, 내가 돌보았던 청년처럼 거동도 못하는 상태가 되어 되돌아오는 영들을 보면 안타까움을 금할 길이 없었습니다. 만일 그녀가 내게 보여준 순수한 사랑과 희망이 없었다면 나 또한 그렇게 되지 말란 법이 없었겠지요. 그러므로 나는 이 가련한 영들을 나무랄 수가 없었습니다.

나는 그녀가 사는 곳을 보러 지상에 곧잘 내려가곤 했습니다. 때론 그녀의 사랑이 나를 끌어당기기도 했지요. 비록 전에 언급했던 그 보이지 않는 벽 때문에 그녀를 만질 수 있을 만큼 가까이 갈 수는 없었지만, 그녀가 앉아 있거나 일을 하거나 책을 읽거나 잠자는 모습 등을 먼발치에서나마 지켜볼 수 있었지요.

내가 그녀 옆에 있을 때면 그녀도 내 존재를 어렴풋이 느끼는 건지, 내 이름을 부르거나 애잔한 미소를 지으며 내 쪽을 돌아보곤 했습니다. 가끔은 너무 슬프고 창백해 보여서 지켜보는 내 가슴이 미어지기도 했습니다. 그녀는 용기와 인내심을 갖고 희망을 잃지 않으려 노력했지만 긴장 속에 사는 날들이 힘겨워서인지 갈수록 수척해졌습니다.

이 무렵 그녀에게는 많은 시련이 있었습니다. 주로 가족들과의 불화였는데, 영계와 교신한다느니 하는 기행이 가족들의 걱정을 샀기 때문입니다. 이따금 그녀는 모든 게 망상에 불과한 것이 아닐까, 죽은 사람과의 교신 같은 게 있을 수 있을까 하며 절망에 빠지기도 했습니다. 나는 곁에서 그러한 감정을 읽으면서도 아무것도 할 수 없다는 사실에 눈앞이 캄캄해지곤 했습니다. 내가 그 자리에 있음을 어떤 식으로든 알릴 수 있게 해달라고 기도할 수밖에 없었지요.

어느 날 밤인가 그녀가 하염없이 울다 지쳐 잠든 모습을 보며 나도 모르게 눈물이 왈칵 쏟아진 적이 있었습니다. 그때 갑자기 누군가가 내 어깨를 잡길래 고개를 돌려보니 처음에 그녀와 대화할 수 있도록 배려해주었던 수호령이었습니다. 만일 잠들어 있는 그녀에게 키스를 허락해준다면 덤비지 않고 자제력을 발휘할 수 있겠냐고 묻더군요. 나는 뛸 듯이 기뻐 약속할 수 있다고 대답했습니다. 그러자 그가 내 손을 잡고는 좀처럼 통과할 수 없었던 투명한 막 안으로 데리고 들어갔습니다.

그는 그녀에게 허리를 구부려 손으로 뭔가 이상한 동작을 취하더니, 내 손을 잡아끌며 그녀를 살짝 만져보라고 했습니다. 그녀는 조용히 누워 잠들어 있었는데, 속눈썹에 아직 눈물이 맺혀 있고 사랑스러운 입술은 꿈속에서 뭔가를 말하는 듯 약간 벌어져 있었지요. 그녀의 한쪽 손이 뺨 위에 포개져 있어서 나는 깨우지 않으려고 살며시 그 손을 잡았습니다. 그러자 의식이 부분적으로 돌아왔는지 그녀의 얼굴에 기쁨의 표정이 번졌습니다. 나는 그녀가 깨어날까봐 더럭 겁이 났지만 다행히 그러지는 않았습니다.

그 영은 미소를 지으며 이제 키스를 해보라고 말했습니다. 아! 나는 고개를 숙여 마침내 난생처음으로 그녀에게 입을 맞췄습니다. 원래 딱 한 번만 하기로 돼 있었는데 발동이 걸린 내가 약속을 어기고 여러 번, 그것도 너무 정열적으로 하는 바람에 그녀가 깨어났지요. 그러자 그 영이 황급히 나를 떼어냈습니다. 그녀는 주위를 둘러보며 중얼거렸습니다.

"이게 꿈일까? 아니면 정말 그 사람이 온 걸까?" 내가 맞다고 소리치자 그녀가 내 말을 들은 듯 환한 미소를 지었습니다. 아! 그 미소는 너무도 아리따웠습니다. 그녀는 몇 번이나 내 이름을 나지막이 불렀습니다. 이날의 기쁨은 내 마음속에 오래도록 지속됐습니다. 그 생생하던 입맞춤, 언젠간 나도 그녀를 품을 수 있다는 희망에 불타올랐지요.

5

지상의 영들

마침내 희망의 집을 떠날 때가 됐습니다. 속죄를 하기 위해 지상 영계와 그보다 낮은 영계로 가게 된 것입니다. 이제 나는 죽은 지 8~9개월이 지났고, 다시 예전의 활력을 되찾아 지상을 자유로이 왕래할 정도가 됐습니다. 시력과 그 밖의 감각들이 처음보다 많이 좋아져서 또렷이 보고 듣고 말할 수도 있었지요.

그리고 내 주변의 빛은 땅거미가 지기 시작할 무렵의 어슴푸레한 밝기가 되었습니다. 단조롭고 답답한 감은 있었지만 그동안 너무 어두운 곳에 있었기 때문에 이 정도의 밝기만으로도 고마울 따름이었습니다.

내가 희망의 집을 떠나 처음 내려간 곳은 지상 영계의 3번째 계ೠ에 위치한 공간으로 '황혼의 나라'라 불렸습니다. 지나치게 이기적이고 물질적인 삶을 산 탓에 성장이 정지된 영들이 모여 사는 곳이었지요. 그러나 이런 영들도 이전의 안 좋은 습관에 묶여 지상을 떠도는 영들보다는 등급이 높습니다.

내 임무는 황혼의 나라에서도 쾌락의 소굴로 지칭되는 곳에서 시작됐는데요. 쾌락의 소굴이라곤 하지만 이곳의 쾌락은 지상에서 맛보는 것만큼 덧없지는 않고, 영혼의 타락도 그다지 심하지는 않은 편입니다.

나는 희망의 집에서 배운 가르침의 진가를 느낄 수 있었습니다. 한때 위협적으로 다가왔던 유혹들이 더 이상 유혹으로 느껴지지 않더군요. 그러한 쾌락이 안겨주는 만족감이 얼마나 부질없는지, 그리고 그 대가가 어떤 건지도 알기 때문에 욕망을 단호하게 뿌리칠 수 있었습니다.

영들이 지상 인간들의 육체를 완벽히 지배할 수 있고, 실제로 그런 일이 매우 빈번히 일어난다는 사실을 아는 사람은 거의 없는데, 그럴 경우 지상의 육체는 그 육체의 본래 소유자인 영보다 오히려 육체가 없는 영의 소유물처럼 보일 정도라 해도 과언이 아닙니다. 일시적인 정신착란의 상당수가 사악한 욕망을 가진 저급한 영들에 의해 일어납니다. 이 영들은 의지가 약하거나 그 밖의 문제를 가진 사람의 육체를 노려 완벽하게 하나가 되지요.

고대인들은 이러한 사실을 연구하여 잘 알고 있었던 반면, 19세기를 살아가는 우리는 너무 잘나고 똑똑한 나머지 이런 현상을 알아보려고 하지조차 않습니다. 현대인이 쓰레기통에 던져놓은 이 분야의 지식은 다시 발굴해낼 가치가 충분합니다. 인류가 그 지식을 통해 큰 혜택을 받을 수 있기 때문입니다.

내가 맡은 임무가 여러분에겐 매우 이상하게 여겨질 수 있을 겁니다. 나도 처음엔 그랬거든요. 희망의 형제단은 영계에서 도움을 필요로 하는 영혼들을 위해 조직된 셀 수 없이 많은 단체들 중 하나일 뿐입니다. 그들의 활동은 영계의 모든 영역에서 펼쳐지고 있지요. 가장 낮고 어두운 영역에서부터 가장 높은 영역에 이르기까지, 심지어 태양계의 바깥에서도 그들을 볼 수 있습니다. 그들은 기대한 사슬처럼 낮은 등급의 영이 바로 위 등급의 영들로부터 지원과 보호를 받는 구조를 이룹니다.

유혹에 빠져 도움이 필요한 인간이나 영이 있다는 전갈이 들어오면, 가장 적합하게 여겨지는 단원이 파견됩니다. 통상적으로 지상에 있을 때 비슷한 유혹에 굴복해본 경험이 있거나, 비슷한 잘못으로 고통을 당한 이력이 있는 사람이 선발되지요.

도움을 받는 사람들은 종종 무의식 상태에서 도움을 요청하는 경우도 있는데, 그 자체가 일종의 기도라 할 수 있지요. 이러한 신호는 마치 지상에 있는 아이들의 울음소리처럼 들리는데, 지상에서 살아본 경험이 있는 영들에겐 매우 절박한 호소력을 지닙니다. 위험에 처한 인간이 직접 도움을 청하진 않았어도, 그와 생전에 가까웠던 영이 대신 도움을 청하는 경우도 있습니다. 그 경우에도 우리는 여지없이 도움을 주러 갑니다.

우리의 임무는 도움을 줘야 할 사람을 찾아내어 유혹이 극복될 때까지 제어해주는 것입니다. 우리는 그 사람과 우리 자신을 하나로 만들기 때문에 그 사람의 삶과 생각과 그 밖의 모든 것들을 한동안 공유하게 됩니다. 그처럼 영혼이 겹쳐지는 상태에서는 그 사람에 대한 걱정도 걱정이지만, 그의 걱정이 우리 자신의 것이 돼버리므로 이중으로 고통을 받게 되지요. 그러면서 우리 과거의 사건들을 다시 떠올리게 되고, 그 모든 슬픔과 후회와 쓰라림을 견뎌내야 합니다.

뚜렷하지는 않겠지만 그 사람 쪽에서도 우리의 마음상태를 느낄 수 있습니다. 하나가 된 정도가 완벽하고 그 사람이 매우 민감할 경우에는 우리가 한 일을 자기가 한 일인 줄로 착각하는 경우도 생기지요. 아니면 오래전에 잊어버린 일이나 꿈에서 본 일인 줄로 여기기도 합니다.

영계의 영이 지상의 인간을 통제하거나 장악하는 방법은 여러 가지가 있습니다. 부주의하고 잘못된 생활방식, 혹은 얄팍한 호기심으로 지나치게 깊은 신비를 추구한다거나 하는 사람들은 그 대가로 지상이나 그보다 낮은 영역을 배회하는 저급한 영들의 지배를 받게 되고, 마침내 꼭두각시로 전락해서 그들의 뜻에 따라 움직이게 되기도 합니다.

환경이 깨끗했으면 선하고 순수한 삶을 영위했을 많은 남녀들이 나쁜 환경으로 인해 죄악에 물들게 됩니다. 이런 경우는 그들에게도 부분적인 책임이 있지만, 그들의 몸을 지배하여 이용했던 영들에게도 책임이 있습니다. 다른 사람을 유혹하여 그 육체를 이용하는 사악한 영들은 곱절의 죄를 짓는 셈이라 그야말로 끔찍한 결과를 불러오게 됩니다. 그 자신들의 죄에 더하여 다른 사람의 영혼마저 물귀신처럼 끌고 들어간 셈이므로, 몇십 년 혹은 몇백 년 동안 헤어날 수 없는 고통의 나락에 빠지게 되지요.

나도 임무를 수행하면서 다른 사람의 육체를 통제하는 역할을 해야 할 경우가 많았습니다. 죄악에 굴복하면 얼마나 무서운 결과가 초래되는지를 사람들에게 인식시킬 필요가 있을 경우에만 그렇게 하도록 허용됩니다. 또한 지상을 배회하며 유혹하는 영들로부터 사람들을 지키는 역할도 하지요.

내가 하는 일은 의지의 힘으로 방벽을 쌓아 사악한 영들이 사람들에게 가까이 오지 못하도록 막는 것입니다. 그러나 그 사람이 이미 저급한 영들의 지배를 받은 전력이 있다면 계속 생각과 암시를 받을 여지가 있습니다. 방벽이 있어서 쉽지는 않겠지만 말이지요.

그 당시에는 내가 보호하기로 되어 있는 사람을 안전하게 지킬 책임이 나에게 있다고 생각했지만, 나중에 알고 보니 나는 도움을 주는 영들의 긴 사슬에서 제일 낮은 위치에 있는 것일 뿐이었습니다. 한 단계 높은 영은 그만큼 진보한 상태에 있지요. 각각의 영은 자기 아래의 영이 일을 그르치거나 중도에 헤매지 않도록 도움을 줘야 합니다.

다른 이들을 돕는 과정에서 나 또한 자연스럽게 자기부정과 희생의 정신을 내면화하게 됩니다. 지상의 영계에 있을 때 내 영의 상태는 나름대로 유리한 이점을 갖기도 하는데, 그것은 나보다 영묘한 파동을 가진 영들이 접근할 수 없는 곳에서 나쁜 영들과 맞설 수 있기 때문입니다. 게다가 나는 아직 지상에 묶여 있는 상태이기 때문에 진보한 영들에 비해 지상의 인간들과 밀접한 관계를 맺을 수 있습니다.

그러므로 그들이 잠들어 있을 때는 꿈을 통해, 깨어 있을 때는 지속적인 생각의 주입을 통해, 내가 책임진 사람들의 마음에 내 경험을 인식시켜야 합니다. 끔찍한 후회와 공포, 처절한 자기혐오의 감정을 느낄 수 있도록 돕는 거지요. 그가 진지하게 이러한 생각들을 해볼 수 있을 때까지 나의 감정을 계속 그렇게 전달하는 것입니다.

이처럼 독특한 경험들에 대해 더 이상 장황하게 언급하지는 않겠습니다. 나는 이 일을 통해 내가 전에 빠졌던 것과 같은 죄악의 구렁텅이로부터 여러 사람을 구했습니다. 그리고 그로 인해 어느 정도 속죄를 할 수 있었지요. 나는 그러한 임무에 파견될 때마다 매번 성공을 거두었습니다.

여기서 한 가지 말해둬야 할 게 있습니다. 영계에서의 나의 진보가 주변에서 깜짝 놀랄 만큼 빨랐던 이유는, 그리고 나에게 밀어닥친 모든 유혹을 뿌리칠 수 있었던 이유는, 어려운 일이 닥칠 때마다 나타나 한결같은 사랑을 보여줬던 그녀의 도움 때문이라는 것입니다. 유혹의 속삭임이 들려올 때마다 그녀의 목소리에 마음을 집중하면 이내 정신을 차릴 수 있었지요.

간혹 예전의 나처럼 지상의 어두운 영계를 떠도는 불행한 영들을 돕는 일에 파견되기도 했습니다. 나는 우리 형제단의 상징인 별처럼 생긴 작은 불빛을 손에 쥐고 그들에게 다가갔습니다. 그 빛이 주변의 어둠을 몰아내면 바닥에 삼삼오오 웅크려 있거나 구석에서 비참하게 쪼그리고 있는 불행한 영들이 보이곤 했지요.

그러면 나는 그들에게 내가 있었던 희망의 집에 갈 수 있는 방법을 일러주거나, 혹은 자신들보다 비참한 사람들을 도움으로써 스스로를 구원할 수 있다는 사실을 말해주었습니다. 영들에겐 각자에게 맞는 치유법이 제시됩니다. 사람마다 제각기 다른 사연이 있고 죄를 지은 이유도 각양각색이기 때문입니다.

6

수전노와 노름꾼들

어디서든 일을 마치면 나는 황혼의 나라로 돌아와 형제단에 소속된 큰 건물에서 휴식을 취했습니다. 그 건물은 그다지 어둡지 않고 음울하거나 황량하지도 않아서 마치 딴 세상 같은 느낌이 들었지요. 각자의 작은 방 안엔 수고의 대가로 얻은 물건들이 놓여 있었습니다. 예를 들어 내 방은 다소 휑하긴 했지만 매우 소중한 보물이 하나 있었는데, 그것은 그녀의 모습을 담은 그림이었습니다.

붓으로 그린 그림이라기보다는 거울에 비친 실제 모습에 가깝습니다. 그림 속 그녀의 얼굴을 한참 들여다보면 마치 내 시선을 알아채기라도 한 것처럼 미소를 짓지요. 그리고 그녀가 뭘 하는지를 내가 간절히 알고 싶어하면, 그림이 변하면서 그녀의 실제 모습을 보여줍니다.

동료들은 이 선물을 놀랍고 신기하게 여겼습니다. 그녀가 그만큼 나를 사랑하고 생각해준 결과라고 하더군요. 그녀의 생생한 모습이 아스트랄계의 빛에 실려 내 방으로 투사되는 원리를 들은 적이 있지만 이 책에서 구체적으로 설명할 수는 없습니다.

그녀에게서 온 또 다른 선물은 흰색 장미꽃 봉오리입니다. 작은 꽃병에 꽂혀 있는데 시들거나 빛바래는 일이 없고 항상 싱그러운 향기가 풍겨서 마치 그녀의 사랑을 상징하는 것만 같답니다.

나는 지상에 있을 때부터 꽃을 좋아했지만 장례식 무렵을 빼곤 한 번도 꽃을 본 적이 없었습니다. 이 지역은 꽃은커녕 나무나 작은 관목, 풀 한 포기조차 없습니다. 이기적인 영들이 모여 사는 메마른 지역이라서 식물이 자라지 못하는 것입니다.

언젠가 그녀를 잠깐 방문했을 때 이 사실을 말한 적이 있었는데, 그녀의 그림 말고는 아무것도 볼 게 없다고 했더니 그녀가 나에게 꽃을 전해달라고 기도한 것입니다. 내 방에 돌아와 보니 그녀의 친구 영이 이 백장미 봉오리를 놓고 갔더군요.

아! 여러분은 그렇게 많은 꽃들에 둘러싸여 있으면서도 고마운 줄도 모르고 그냥 시들어가게 내버려 두시겠지요. 그러니 이 꽃이 저에게 얼마나 큰 기쁨을 안겨주는지를 여러분은 상상도 못하실 테지만, 나는 이 꽃과 그녀의 그림과 그녀가 내게 전한 따뜻한 사랑의 말을 어딜 가든 항상 지니고 다녔고, 앞으로도 영원히 그럴 것입니다.

나는 황혼의 나라를 돌아다니며 기이한 곳들을 많이 둘러봤는데 하나같이 썰렁하고 황량한 느낌이었습니다. 그중 한 곳은 회색 암석으로 이루어진 거대한 계곡이었습니다. 사방이 온통 잿빛으로 덮여 있었고 황혼빛의 하늘이 그 위에 드리워져 있었습니다. 이곳 역시 풀 한 포기, 작은 나무 한 그루도 보이지 않았습니다. 회색을 제외하곤 색깔이 있는 사물이 전혀 존재하지 않았지요.

이 계곡에 사는 사람들은 일체의 관심이 자기 자신에게만 쏠려 있었습니다. 이타적인 사랑의 아름다움이나 따뜻함엔 마음을 닫아

걸고 있었지요. 그들은 오로지 자기만족과 탐욕만을 위해 살고 있었기 때문에 사방에 보이는 거리곤 자신들의 이기적인 삶이 투영된 잿빛의 황량함뿐이었습니다.

이 계곡에는 이리저리 힘겹게 날아다니는 수많은 영들이 있었는데, 이상한 얘기지만 이들은 너무나 자기중심적이라 다른 사람을 볼 수 있는 능력마저 상실한 상태였습니다. 나 아닌 다른 사람을 생각하고 아끼는 마음이 생겨나지 않는 한 서로를 볼 수조차 없는 것입니다. 자기 주변의 사람들을 인식하고 그들의 운명이 개선되게 해주고자 애쓸 때, 자신의 운명도 개선할 수 있습니다. 꽁꽁 닫혀 있던 마음의 문이 마침내 열리면서 음울한 이기심의 계곡에서 벗어날 수 있게되는 것이지요.

이 계곡 너머에는 거대한 모래땅이 있습니다. 그곳엔 약간의 식물이 드문드문 자라고 있습니다. 이곳의 거주자들은 집 주변에 정원을 만들려는 노력도 했고, 군데군데 사람들이 모여 작은 마을과 도시를 이루고 있기도 했습니다. 그러나 하나같이 거주자들의 영적 빈곤상태가 반영된, 황량하고 흉물스런 모습이었습니다.

이곳 역시 이기심과 탐욕이 지배하는 땅이었지만 회색 계곡처럼 극단적인 무관심은 아니었고, 서로에 대해 어느 정도 동료의식을 품고 있었습니다. 회색 계곡에서 넘어온 사람들이 많았지만, 대부분은 지상에서 곧바로 온 사람들이었습니다. 자신들의 단점과 한계를 극복하기 위해 안간힘을 쓰는 이들이라, 이기심을 극복하려고 노력할 때마다 집 주변의 마른 땅에서 작은 초목이 싹을 내밀었지요.

이곳의 집들은 너무나 누추합니다. 노숙자나 거지처럼 남루하고 혐오스러운 몰골의 사람들 중에는 지상에 있을 때 유행의 첨단을 걸으며 호사스런 삶을 누렸던 이들이 많았습니다. 그러나 그들은 재물을 오로지 자기만족을 위해서만 썼고 남들에겐 빵부스러기 같은 걸 마지못해 던져주는 인색한 삶을 살았기에, 이 황혼의 나라에서 거지처럼 가난한 생활을 하게 된 것입니다.

물질적인 부유함은 죽고 나면 덧없이 사라집니다. 영적인 부유함만이 영계로 가져갈 수 있는 진정한 재물이지요. 이 진정한 재물은 생전에 왕으로 살았건 거지로 살았건 상관없이 누구에게나 공평하게 얻을 수 있는 기회가 주어집니다. 아무런 재물도 없이 영계로 오는 사람은 생전에 떵떵거렸건 비천했건 상관없이 모두 이렇게 초라한 곳에서 살아가야 합니다.

이곳 사람들은 걸핏하면 싸움을 했고, 내가 어떤 사람인데 이런 형편없는 곳에 데려다 놓았느냐며 불평을 해댔습니다. 다른 사람들이 자기보다 훨씬 더 허물이 많았다느니 하며 푸념을 하거나, 누군가 들어줄 사람만 생기면 자신의 과거사에 대한 변명과 구실을 구구절절이 늘어놓기 바빴습니다.

그런가 하면 어떤 사람들은 지상에서 사는 동안에 세웠던 계획을 마무리 지으려고 안간힘을 쓰기도 하고, 이 지긋지긋한 생활을 끝장낼 방법을 찾았다느니 하며 허풍을 떨거나, 음모와 책략을 꾸며 상대방의 의표를 찌르고 선수를 친다든지 하는 둥의 불안한 삶을 이어갔습니다.

그래서 이곳은 '불안의 땅'이라 불렸습니다. 이곳에서 나는 내 말을 들으려 하는 사람이라면 누구에게나 희망과 격려의 말을 전해주고, 그곳에서 해방될 수 있는 길을 찾는 데 도움이 될 만한 얘기를 해주었습니다.

나는 다시 그곳을 지나 수전노들이 모여 사는 땅으로 갔습니다. 그곳은 말 그대로 축적의 즐거움에만 흠뻑 빠진 사람들이 살고 있었습니다. 손가락이 갈고리처럼 생기고 허리가 구부러진 거무튀튀한 존재들이 먹이를 찾는 새처럼 금 조각을 캐기 위해 검은 땅을 여기저기 파헤치고 있었지요. 뭔가를 찾아내면 마치 세상에서 가장 귀한 물건이라도 되는 양 조심스레 싸서 가슴속에 품고 다닙니다. 이들은 대개 혼자서 지내는데, 소중한 보물을 누가 훔쳐가기라도 할까봐 서로가 서로를 본능적으로 피하기 때문입니다.

이곳에서는 내가 할 수 있는 일이 아무것도 없었습니다. 오직 한 사람만이 내 말을 잠깐 듣다가 다시 보물을 캐러 갔습니다. 그 사람마저도 내가 혹시 자기 품안을 들여다볼까봐 두려워서 나를 몰래 훔쳐보고 있었지요. 나머지 사람들은 보물을 캐는 일에 너무 열중한 나머지 내 존재를 의식조차 하지 못했습니다. 나는 그 음침한 땅을 나와서 다른 곳으로 떠났습니다.

수전노들의 땅에서 어두운 아래쪽 영역을 향해 내려가자 지상 영계의 아래에 위치한, 지상보다 영적 수준이 훨씬 낮은 사람들이 사는 곳이 나왔습니다. 이곳은 '불안의 땅'과 매우 흡사했지만, 영들이 훨씬 추악한 몰골을 하고 있었습니다. 식물을 기르려는 시도는 아예 없었고 하늘도 밤처럼 어두컴컴했지요. 희미하게나마 빛이 있긴 했지만 가까운 곳의 사람이나 사물을 겨우 식별할 수 있는 정도였습니다.

불안의 땅이 말다툼과 불만과 시기로 가득 찬 곳인 반면, 이곳 사람들은 격렬한 몸싸움을 벌이거나 끔찍한 폭언을 주고받았습니다. 이곳은 노름꾼과 술주정꾼들의 땅이었습니다. 야바위꾼, 사기꾼, 난봉꾼, 빈민굴의 좀도둑에서부터 상류사회의 거물급에 이르기까지 온갖 종류의 도둑들이 모여 있었지요.

하나같이 방탕하고 이기적인 사람들이었습니다. 개중엔 품위 있는 인생을 살 수도 있었지만 질이 안 좋은 부류와 어울리는 바람에 신세를 망치고 그 인연의 끈으로 인해 죽은 뒤에도 이처럼 어두운 영계로 끌려온 사람들이 많았습니다.

이곳이 내가 이를 수 있는 마지막 영계였습니다. 이곳에는 선하고 올바른 것에 대한 감각이 완전히 소멸되지는 않은 사람들이 남아 있었는데, 그들은 내가 자신들의 절망적 상태를 일깨워주는 말을 하면 말귀를 알아듣기도 하고 좀더 나은 세계에 대한 희망을 품어보기도 했습니다.

이 비참하고 어두운 땅의 가옥과 거주지들은 대부분 공간은 넓지만 하나같이 불결하고 추악하고 소름 끼치는 외관을 하고 있었습니다. 빈민굴에서나 종종 볼 수 있는, 한때는 아름답고 훌륭했지만 이제는 죄악과 범죄의 소굴이 되어버린 건물들과 매우 흡사했지요.

시 외곽에는 허름한 집과 오두막들이 여기저기 흩어져 있고, 지상 도시의 음울하고 조잡한 복사판 같은 도시에는 건물과 사람들이 밀집해 있었습니다. 어딜 가든 너저분함과 불결함이 판을 치고, 아름다운 곳이라곤 눈을 씻고 들여다봐도 찾을 수가 없었습니다. 그곳에 사는 사람들에게서 뿜어져 나오는 탁한 기운이 그에 어울리는 환경을 만들어놓았기 때문입니다.

나는 이 비참한 지역에서 별모양의 작은 불빛을 들고 다녔습니다. 불빛이 너무나 작아서 내가 움직이면 어둠 속에서 깜박이는 작은 빛처럼 보였겠지만, 그 불빛은 내 주변을 밝혀서 아직 사악한 욕정에 눈멀지 않은 사람들을 비추어주는 희망의 빛이었지요.

문간이나 벽이나 허름한 방 같은 곳에 웅크리고 있던 사람들이 그 빛을 보고 몸을 일으켜, 나의 외침에 귀를 기울였습니다. 그들은 그곳을 벗어나서 좀더 나은 세상으로 돌아갈 방법이 무엇인지를 알고 싶어했습니다.

그렇게 몇몇 사람들은 남을 돕는 일에 동참하도록 설득할 수 있었지만, 대개는 자신의 불행을 해결하는 일에만 정신이 팔려 있었을 뿐입니다. 하지만 이조차도 그들에겐 발전이라 할 수 있어서, 곧 다른 사람을 돕는 방법에 대한 생각으로 넘어갈 수 있게 됩니다.

그렇게 이 지역을 돌아다니던 어느 날이었습니다. 나는 넓고 황량한 벌판에 있는 큰 도시의 변두리에 나와 있었습니다. 검고 메마른 토양은 마치 거대한 석탄재의 더미처럼 보였습니다. 주변에 막 쓰러질 듯한 작고 허름한 오두막들이 있었는데, 우중충한 도시의 경계에 해당하는 지역이었지요.

갑자기 오두막집 한 곳에서 와자지껄하게 싸우는 소리가 들렸습니다. 무슨 일인지 호기심이 들기도 하고 또 도움을 줘야 할 사람이 있을지도 몰라 그쪽으로 가보았습니다.

그곳은 집이라기보다는 헛간에 가까운 곳이었습니다. 크고 엉성한 탁자가 방 한가운데 놓여 있었는데, 십여 명의 사람들이 조잡한 나무의자에 빙 둘러앉아 있었지요. 말이 좋아 사람이지, 사람이라 부르는 게 인류에 대한 모독이 아닐까 싶을 정도로 험상궂고 뒤틀린 외모를 하고 있었습니다.

그 얼굴하며 몸뚱아리와 기형적인 팔다리는 차마 말로 형용할 수 없을 정도로 흉물스러웠습니다. 옷차림도 기괴하고 남루하거나 혹은 몇백 년 전의 옛날 옷도 보였고, 좀더 신식 옷을 걸친 자들도 있었지만 더럽고 너저분하긴 마찬가지였습니다. 부스스한 머리카락에 욕정으로 번들거리는 눈빛은 음흉한 복수심으로 날카롭게 빛나고 있었지요.

그 광경을 보고 있으려니 여기가 바로 지옥이구나 하는 생각마저 들었습니다. 하지만 나중에 그보다 더 등급이 낮고 어두운 곳에서 훨씬 무시무시하고 악독한 사람들을 보게 됐는데, 그에 비하면 이곳 사람들은 차라리 온순하고 인간적이라 할 만합니다.

나중에 가장 밑바닥 세계인 지옥에 대해서도 설명을 드리겠습니다만, 아무튼 지금 이 오두막에서 싸우고 있는 영들은 탁자 위에 놓인 동전 가방을 놓고 다툼을 벌이고 있던 차였습니다. 그 가방은 그들 중 한 명이 발견한 것인데, 도박에 쓰이는 판돈이었지요. 다들 상대방 입장은 아랑곳없이 자기 혼자 그것을 독차지하려고 악다구니를 쓰고 있었습니다.

목소리 크고 힘센 사람이 최고라는 듯, 이들은 서로를 거칠게 위협하고 있었습니다. 그 동전들은 지상에서 쓰이는 것과 똑같았는데, 돈을 발견한 사람은 20대쯤으로 보이는 젊은 남자로 아직 선량한 모습을 간직하고 있었습니다. 얼굴에 배어 있는 방탕한 인상만 아니었다면 그곳의 분위기에 어울리지 않는 사람처럼 보였을 것입니다. 그는 그 돈이 자기 것인데 노름을 하려고 꺼냈다가 빼앗겼다고 소리쳤습니다.

왠지 내가 간여할 일이 아닌 것 같아 분노에 찬 아우성을 뒤로 한 채 자리를 떴습니다. 그러나 몇 발자국 가지 않았을 때 오두막에 있던 사람들이 한꺼번에 튀어나와 돈가방을 든 청년 옆에서 뒤엉킨 채 치고받고 싸우는 것이었습니다.

그중 한 명이 청년을 발로 차고 때리며 돈가방을 낚아챘습니다. 그러자 이번엔 모두가 달려들이 그 사람을 공격했습니다. 그러는 동안 그 청년은 무리에서 빠져나와 내 쪽으로 달려왔습니다. 그때 속은 것을 깨닫고 화가 치민 무리가 다시 청년을 쫓아와 두들겨팼습니다. 가방 안에는 돈 대신 돌멩이만 가득했기 때문입니다. 옛날이야기에서처럼 동전이 전부 돌로 둔갑한 것입니다.

불쌍한 청년은 내게로 달려와 바짓가랑이를 붙들며 악마들로부터 자기를 구해달라고 울부짖었습니다. 그러자 온 무리가 청년을 잡으러 우리 쪽으로 달려왔습니다. 나는 재빨리 그 청년을 데리고 근처의 빈 헛간으로 뛰어들어갔습니다. 그리고 문이 열리지 않도록 등으로 받치고 온 힘을 다해 밀었습니다. 그들이 아우성을 치며 문을 두드리고 내리찍고 부수려 했지만, 나는 사력을 다해 버텼습니다. 그 당시엔 몰랐지만 사실 보이지 않는 힘이 나를 도와주고 있었던 것입니다. 문을 열지 못해 잔뜩 성이 난 그들은 또 다른 시빗거리를 찾아 어디론가 사라졌습니다.

7

라울

그들이 떠난 뒤 구석에 움츠리고 있는 청년에게 가보니 거의 의식을 잃은 상태였습니다. 나는 그를 깨워 잠시 걸을 수 있겠냐고 물었습니다. 패거리들이 돌아올 수도 있어서 그곳을 떠나는 게 좋을 것 같았기 때문입니다.

가까스로 그를 일으켜 세워 어두운 벌판의 좀더 안전한 곳으로 갔습니다. 피난처라고 할 수는 없었지만, 최소한의 안전은 보장받을 수 있는 곳이었지요. 나는 그의 고통을 가라앉히기 위해 희망의 집에서 배운 응급조치를 취했습니다.

한참 뒤에 그는 마침내 입을 열 수 있게 되어, 자신이 어떻게 하다 그 어두운 영계로 떨어졌는지를 털어놓았습니다. 그는 비교적 최근에 죽었습니다. 살아 있을 때 어떤 유부녀를 흠모했는데, 질투심에 불탄 그녀의 남편이 총으로 그를 쏴죽인 것입니다. 그나마 다행인 것은 이 청년이 자신의 목숨을 앗아간 남자에게 분노나 복수심을 품지 않았다는 것입니다. 단지 슬픔과 수치심에 사로잡혀 있을 뿐이어서 구원받을 가능성이 다분했습니다.

그를 타락의 길로 빠뜨린 건 배신감이 남긴 상처였습니다. 모든 걸 바쳐 사랑했던 여자가 사실은 냉담하고 이기적이어서 애초부터 진실한 사랑 같은 건 안중에도 없었던 거지요. 그 여자는 오로지 자기 자신과 사교계에서의 위상 같은 것에만 관심이 있었습니다. 자신의 불행한 남편과 그에게 희생당한 이 청년에겐 분노와 짜증 말곤 아무런 감정도 느끼지 못했습니다.

라울이란 이름의 이 청년은 나에게 말했습니다. "죽긴 했지만 아직은 지상으로 다시 돌아갈 수 있다는 사실을 알았을 때 제가 처음 생각했던 게 뭐였는지 아십니까? 그녀에게 가서 위로를 해주자는 거였어요. 그게 가능하지 않다면 최소한 내가 이렇게 살아 있고 여전히 그녀를 사랑하고 있다는 정도라도 알리고 싶었지요. 그런데 막상 그녀를 찾아갔더니 기가 막혀 말이 안 나오는 거예요. 나 때문에 울고 있었냐구요? 슬픔에 잠겨 있었냐구요? 말도 마십시오! 그 여자는 속으로 이런 생각을 하고 있더라구요. '어휴, 저 인간들 때문에 이게 무슨 망신이람. 아예 처음부터 만나지를 말았어야 하는 건데. 인생 최대의 오점이 됐지 뭐야. 그래도 내 매력만큼은 인정받은 셈이니까 잊혀질 때쯤 해서 좀더 괜찮은 남자와 새 출발을 해야겠어.'

그때 나는 깨달았습니다. 그녀가 나를 티끌만큼도 사랑한 적 없었다는 사실을요. 상류사회에 들어가려고 돈 많은 귀족인 나를 이용했을 뿐이지요. 나와 잠자리도 마다하지 않은 건 사랑 때문이 아니라, 단지 경쟁관계에 있는 여자를 누르고 싶다는 허세 때문이었지요. 나는 사랑에 눈먼 얼간이였어요. 어리석음의 대가를 하나뿐인 목숨으로 치른 겁니다. 그녀에게 나는 단지 치욕스런 추문의 불쾌한 기억일 뿐이었습니다. 나는 쓰라린 가슴을 부여안고 지상으로부터 멀리 날아갔습니다. 어디로 간들 알 게 뭐냐. 자포자기의 심정이었어요. 이제는 사랑이나 인간의 진심 따위를 절대로 믿지 않겠다고 다짐했지요. 그런 거친 생각이 나를 이 어두운 곳으로 끌어들인 겁니다. 이곳에 와보니 생전에 내 주변을 맴돌며 아첨하던 기생충들과 내 영혼을 갉아먹던 저질스런 인간들이 몇 명 와 있더군요."

"아, 불행한 친구 같으니." 내가 그에게 말했습니다. "이제 회개하고 밝은 세계로 돌아가 행복한 생활을 하고 싶지 않으세요?"

"이젠 너무 늦었어요. 이곳은 분명 지옥일 텐데 지옥에 무슨 놈의 희망이 있겠습니까?"

"희망이 없다구요? 그런 말씀 하지 마십시오. 불행한 영혼들은 늘 그런 식으로 말하지요. 하지만 가장 암담한 절망 속에도 희망은 남아 있다는 걸 내가 직접 증언할 수 있답니다. 나 또한 당신 못잖은 비통함과 좌절을 겪었습니다. 그러나 나에겐 늘 희망이 있었어요. 내가 사랑하는 여자가 천사 같은 사람이었기 때문입니다. 그녀가 언제나 변함없는 사랑과 희망을 보내준 덕분에 나는 내가 받은 희망의 메시지를 다른 이들에게 나눠줄 수 있게 됐습니다. 이제 나와 같이 좋은 곳으로 가십시다. 안내해드리지요."

"그래요? 그런데 당신은 누구시죠? 저를 이렇게 구해주시고 좋은 말씀도 해주셔서 고맙긴 합니다만, 저는 이곳에 와서야 진실에 눈을 떴답니다. 아! 인간은 정말이지 죽을 수도 없는 존재란 걸 말입니다. 죽을 만큼 고통받는 사람에게도 죽음은 오지 않는다구요. 죽음 뒤에도 고통은 계속 이어지니까요. 인간은 그렇게 영원한 고통 속에 살아야 합니다. 말해보세요. 당신이 누구며, 이곳에 어떻게 왔는지를요. 그렇게 자신만만하게 희망을 운운하시다니, 당신의 그 외모만 아니었어도 나를 구하러 내려온 천사인 줄 알았을 겁니다. 하지만 겉모습은 나랑 그리 차이가 나지도 않는 것 같군요."

그래서 나는 그간에 있었던 일들을 얘기해주었습니다. 그리고 언젠가 사랑하는 사람과 다시는 헤어지지 않아도 될 곳에서 함께 살 거란 얘기도 해주었지요.

"그 여자분이 언제까지고 당신을 기다려줄 거라고 생각하시나요? 당신과 천국에서 만나기 위해 지상에서 평생을 고독하게 살 거라구요? 쳇! 당신은 스스로를 속이고 있는 겁니다. 신기루를 좇고 있는 거라구요. 늙은 여자나 추녀가 아닌 이상 그런 생각을 품을 리가 천부당만부당합니다. 물론 잠시 동안 그럴 수는 있다는 걸 인정해요. 뭐 성격이 약간 감상적이거나, 집적거리는 남자가 주변에 없다면 가능할 수도 있겠지요. 하지만 천사가 아닌 이상 언젠가는 딴마음을 품게 돼 있다구요! 제 말을 믿으셔도 됩니다. 그렇게 근거 없는 희망을 희망이라 부르신다면, 공감이 안 가서 미안하다는 말밖엔 드릴 말씀이 없네요."

그 말을 듣고 있으려니 은근히 부아가 치밀었습니다. 정곡을 찌르는 말이 안 그래도 가끔씩 나를 괴롭혔던 의심을 부추겼달까요? 단꿈에 젖은 사람에게 찬물을 끼얹는 듯한 그 말에 나는 뭔가를 보여주고 싶기도 하고 나 자신의 의심도 불식시키고 싶었습니다.

"나와 함께 지상으로 가십시다. 오직 나로 인해 슬픔에 잠겨 있는 그녀를 보여주면, 내가 환상에 빠진 게 아니란 걸 믿겠습니까? 인생과 여자에 대해 당신이 경험한 게 전부가 아니란 걸, 당신이 경험해보지 못한 뭔가가 세상에 아직 남아 있다는 걸 인정하시겠냐구요?"

"내 말이 상처가 됐다면 사과드립니다. 당신의 믿음이 존경스럽습니다. 그 믿음을 조금이라도 나눠가질 수 있다면 좋겠군요. 저를 꼭 그분에게 데려가주십시오."

나는 그의 손을 잡았습니다. 그녀에게 닿고자 하는 의지가 우리를 거의 생각의 속도로 이동시켜 지상에 있는 그녀의 방 안에 도착할수 있었습니다. 수호령이 그녀의 곁을 지키고 있는 게 보였습니다. 방과 가구의 어슴푸레한 윤곽도 보였습니다. 그러나 라울에게는 의자에 앉아 있는 그녀의 모습만 보이는 것 같았습니다.

그녀의 영혼에서는 밝은 광채가 뿜어져 나왔고 주변에 희미하게 후광이 드러나 마치 성녀와도 같았습니다. 지상의 사람들에겐 영혼의 빛이 보이지 않습니다만, 영계의 사람들에겐 선하고 순수한 삶을 사는 지상인들 주변으로 그러한 광채가 보입니다. 반면에 질이 좋지 않은 사람들 주변엔 안개처럼 검고 탁한 기운이 보이지요.

"이런!" 라울이 감탄하며 그녀의 발치에 무릎을 꿇었습니다. "나를 여자가 아니라 천사, 성녀에게 인도하셨군요! 이분은 지상의 인간이 아닙니다!"

내가 그녀의 이름을 부르자 그녀가 내 목소리를 들었는지 얼굴이 환해지면서 슬픈 표정이 가셨습니다. 그녀가 부드러운 목소리로 말했습니다. "내 사랑, 정말 이곳에 계신가요? 당신이 오기만을 기다리고 있었어요. 당신 말고는 아무것도 생각할 수 없고 어느 누구도 그리워할 수 없습니다. 나를 만질 수 있나요?"

그녀가 손을 내미는 바람에 잠깐 동안 내 손을 그 위에 갖다 댈 수 있었습니다. 그 짧은 순간에도 그녀는 마치 얼음처럼 차가운 바람을 맞은 듯 부르르 몸을 떨었습니다.

"당신에게 기도를 부탁하려고 불행한 친구를 한 명 데려왔어요. 지상에도 신뢰할 수 있는 여자가 있고, 진정한 사랑이 존재한다는 걸 이분에게 알려주고 싶었어요."

그녀는 내 말을 또렷하게 듣지는 못했지만, 마음속으로 무슨 뜻인지 알아차리고 환한 미소를 지으며 말했습니다. "그럼요, 나는 늘 당신만을 사랑하고 있어요. 내 사랑, 당신도 나를 사랑한다면 언젠가 우리는 행복하게 살 수 있을 거예요."

그러자 무릎을 꿇고 있던 라울이 손을 내밀어 그녀의 몸을 만지려 했습니다. 그러나 보이지 않는 벽이 그의 손을 막았습니다. 그러자 그는 울음을 터뜨리며 말했습니다. "당신의 마음이 사랑과 자비로 가득 차 있다면, 이 비참한 저에게도 조금 나눠주시고 제가 도움을 받을 수 있도록 기도해주십시오. 하느님이 내 기도는 듣지 않아도 당신의 기도는 들으실 겁니다. 제게도 아직 희망이 남아 있다는 걸 알게 됐습니다."

그녀는 이 불행한 남자의 말을 들었는지, 의자 옆에 무릎을 꿇고 우리 모두를 위해 도움과 위로의 기도를 올렸습니다. 라울은 너무 감격한 나머지 바닥에 털썩 주저앉아 하염없이 울었습니다. 나는 그를 데리고 다시 영계로 돌아왔습니다. 그런데 이번에는 예전의 그 어둡고 절망에 찬 영계가 아니었습니다.

그 뒤로 라울은 어두운 땅에서 한동안 나와 함께 일했습니다. 그는 날이 갈수록 희망찬 모습으로 변했습니다. 프랑스인 특유의 쾌활하고 낙천적인 성격이라 그처럼 끔찍하고 무시무시한 환경 속에서도 품위 있고 유쾌한 모습을 잃지 않더군요.

우리는 아주 친한 친구가 되는 바람에, 함께 있을 땐 일이 훨씬 즐

거워졌지요. 늘 같이 할 수는 없었지만, 각기 다른 부대에 소속된 병
사들이 전쟁 중에 합쳤다 갈라졌다 하는 것처럼 그 뒤로도 함께 일할
기회가 종종 있었습니다.

8
유혹

나는 영계를 돌아다니는 일을 잠시 멈추고 지상에 내려가 누군가를 도우라는 임무를 받았습니다. 그런데 그곳엔 내 생애를 통틀어 가장 무서운 유혹이 기다리고 있었습니다. 작업 중에 우연히 아직 살아 있는 어떤 사람을 마주쳤는데, 지상에서의 내 인생은 바로 그자로 인해 파멸된 거나 다름없었습니다. 내게도 잘못은 있었지만, 그 인간 때문에 고생한 걸 생각하면 복수심을 느끼지 않을 수가 없었지요. 그동안 사무친 원한이 금방 폭발할 것만 같았던 적이 한두 번이 아니었습니다.

지상을 돌아다니면서 나는 육체를 가진 인간에게 해를 입힐 수 있는 수많은 방법을 알게 됐습니다. 영들이 할 수 있는 일은 여러분의 상상을 초월하지만, 원한을 품은 영이 자칫 오용할 수도 있으니 비밀로 남겨두는 게 좋을 것 같습니다.

나는 의문사나 수수께끼의 범죄 등 실제로 일어났던 몇몇 사건들의 자초지종을 상세히 설명할 수 있습니다. 그런 일들은 지상의 사람들이 영에게 조종당해 자기도 모르는 사이에 저지르는 일이기 때문에 사실상 그들에게는 책임이 없다고 할 수 있습니다.

이와 비슷한 일들이 영계에는 많이 알려져 있습니다. 영계에서는 종종 어떤 일의 상황이 여러분에게 보여지는 것과는 전혀 다른 양상으로 보일 수 있답니다. 악령의 빙의에 대한 오래된 믿음은 전혀 허황된 게 아닙니다. 악령이나 악마란 한때 지상에서 살았던 인간들이니까요.

그토록 증오했던 장본인을 우연히 마주쳤을 때, 오랜 시간이 흘렀음에도 해묵은 고통과 분노의 감정이 되살아나며 지상에서의 감정보다 열 배는 더 강렬하게 다가왔습니다. 영은 기쁨이나 아픔, 즐거움이나 고통, 사랑이나 증오 등의 감정을 육신에 에워싸여 둔해진 인간보다 훨씬 강하게 느낍니다.

나도 이 사람을 보자마자 오랫동안 별러왔던 복수심이 불타올랐습니다. 그리고 악마와도 같은 복수의 계획이 머릿속에 떠올랐습니다. 그러자 그 사악한 마음가짐이 지옥 밑바닥으로부터 시커멓고 무시무시한 영들을 끌어올렸습니다. 악몽 속에서도 본 적이 없는, 상상조차 할 수 없을 정도로 섬뜩한 모습이었지요.

이런 영들은 지상은커녕 그 언저리 영역에서도 살 수 없습니다. 오직 비슷한 파동을 지닌 인간이나 영의 강력한 끌림을 통해서만 잠시 머물 수 있을 뿐이지요. 지상에 있는 인간이나 영의 극도로 사악한 욕망에 반응하여 올라왔더라도 오래 머물 수는 없고, 끌어당기는 힘이 약해지면 마치 밧줄이 끊긴 것처럼 원래 있던 어두운 곳으로 떨어집니다.

압제에 시달리던 민중의 대규모 폭동처럼 울분과 분노가 엄청난 규모로 폭발하는 시기에는, 억압받던 사람들로부터 터져 나오는 복수심이 그들 주변으로 이런 어두운 존재들을 먹구름처럼 끌어들이지요. 프랑스 대혁명이나 유사한 사건 때 볼 수 있는 것과 비슷한 공포가 휘몰아치면서, 광분한 군중은 한동안 가히 악마라 할 수 있는 영들의 지배하에 놓이게 되는 것입니다.

내 경우도 그처럼 가공할 존재들이 몰려와서 간단하면서도 무시무시하고 끔찍한 복수의 방법을 귀에 대고 속삭였습니다. 복수심에 사로잡힌 영들에게 이런 방법이 알려질까봐 구체적인 내용을 밝히지는 않겠습니다. 뿌린 대로 거두는 법이라 불길한 열매를 맺는 사악한 씨앗은 뿌리지 않는 게 좋을 것입니다.

다른 때 같았으면 그러한 존재들을 보면 겁에 질려 물러섰을 테지만, 복수심에 이성을 잃은 나는 그들에게 원수를 갚을 수 있도록 도와달라고 부탁하려 했습니다. 그때 그녀의 목소리가 종소리처럼 내 귓전에 울렸습니다. 다른 사람은 몰라도 그녀의 말만큼은 나를 움직일 수 있었지요. 그녀는 우리의 성스러운 약속을 깨지 말고 제발 자기 곁으로 와달라고 애원하더군요. 나는 복수를 쉽사리 포기할 수 없었지만, 결국 증오의 마음을 사랑의 마음으로 바꿨습니다.

그러자 검은 악령들이 달려들어 나를 원상태로 돌려놓으려 했습니다. 그러나 지고지순한 목소리가 내 가슴 깊숙이 파고들면서 악령들의 힘은 약해졌습니다. 그때 그녀가 내게 팔을 내밀며 방에 서 있는 모습이 보였습니다. 두 명의 든든한 수호령이 옆을 지키고 있었고, 주변에 불타오르는 은색 빛이 벽처럼 그녀를 에워싸고 있었지요. 하지만 그녀가 나를 부르자 나는 그 벽을 통과하여 그녀 옆에 설 수 있었습니다.

암흑의 무리들이 나를 따라오려고 했지만, 불타오르는 벽에 막혔습니다. 그중 한 대담한 녀석이 벽을 통과하는 나를 쫓아와 붙잡으려다 손과 팔이 불길에 싸여 마치 화로에 넣었다 뺀 것처럼 오그라들었습니다. 고통과 분노의 비명을 지르며 그 악령은 조롱을 퍼붓는 나머지 무리 속으로 돌아갔습니다.

그녀는 온 힘을 다해 나에게 애원했습니다. 그런 끔찍한 생각을 버리라고, 다시는 그런 못된 생각에 굴복하지 않겠노라고 약속하라고 말입니다. 그녀는 자신보다 복수를 더 사랑하느냐고 물었습니다. "원한을 갚으려 드는 순간 우리 사이엔 넘을 수 없는 죄의 상념이 벽처럼 쌓인답니다. 우리 사랑이 그 정도밖에 안 되는 건가요?"

그래도 나는 포기할 수가 없었고, 포기하지 않으려 했습니다. 그러자 마침내 그녀가 흐느껴 울기 시작했습니다. 그 눈물은 마치 심장에서 뚝뚝 떨어지는 더운 핏방울이 얼음을 녹이듯, 그렇게 내 마음을 녹였습니다. 나는 그녀의 눈물을 보고 가슴이 에여 무릎을 꿇고 용서를 구하는 기도를 했습니다. 내가 언제나 그녀의 사랑 안에 머물고, 그녀가 내 유일한 희망이자 모든 것이 될 수 있게 해달라고 기도했지요.

그러자 기를 쓰고 나를 다시 끌어내려 했던 어두운 영의 무리가 마치 검은 안개가 바람에 흩어지듯 사라지며 본거지로 돌아갔습니다. 나는 너무나 지친 나머지 그녀의 발치 앞에 쓰러졌습니다.

그 뒤로도 가끔 그 어두운 영들이 주변을 어슬렁거리긴 했지만, 다시는 가까이 접근하지 못했습니다. 그녀의 사랑이 갑옷이 되고 그녀와의 약속이 방패가 되어 나를 지켜주었기 때문입니다.

9

혹한의 나라

그 뒤로 나는 영계에서도 정말 독특하다고 할 수 있는 곳으로 보내졌습니다. 그곳은 얼음과 눈으로 덮인 혹한의 나라였습니다. 지상에 있을 때 냉혹하고 타산적인 삶을 살았던 자들이 모여 있는 곳입니다. 영적인 삶을 가능케 하는 따뜻한 감정이나 애정과는 담을 쌓고 산 탓에 자기 자신과 남들의 삶을 파괴했던 자들이지요. 그들은 사랑을 파괴하고 멸절시키는 삶을 살았기에 따사로운 생명의 빛이 사라지고 차가운 서릿발만 남은 상태입니다.

이곳에 사는 주민들 중엔 지상에 있을 때 위대한 정치인으로 불렸던 영들도 있었습니다. 그러나 그들은 조국을 사랑했던 것도, 공동선을 추구했던 것도 아닙니다. 오로지 삿된 야망과 공명심을 채우는 것만이 목표였지요. 그들은 자신들의 야망을 상징하는 거대한 얼음성의 뾰족한 첨탑 위에서 살고 있었습니다. 그들과는 약간 다른 삶을 살았던 좀더 겸손한 부류들도 결국은 한통속이라, 일체의 온기가 차단된 냉랭하고 삭막한 환경 속에 살고 있었습니다.

내가 그동안 봐왔던 사악함은 죄다 과도한 감정과 정열로 인한 것들이었는데, 이번엔 그러한 것들이 완전히 결핍된 바람에 생긴 정반대 형태의 악이라 할 수 있었습니다. 이곳 사람들의 인구수는 다른 곳에 비해 훨씬 적었는데, 오용된 사랑으로 인한 결과가 비록 끔찍하긴 하지만, 사랑의 감정이 아예 결핍된 상태보다는 상대적으로 극복하기 쉽기 때문에 다행한 일이라 하겠습니다.

이곳엔 온갖 종교의 거물급 인사들이 국적을 불문하고 모여 있습니다. 금욕적이고 독실했지만 냉혹하고 이기적인 삶을 살았던 로마 가톨릭 추기경에서부터 수도자들, 청교도 설교자들, 감리교와 장로교 목사들, 영국 성공회 주교들, 성직자와 선교사들, 브라만 사제들, 조로아스터교 사제들, 이집트 신관들, 이슬람 교도들 등 모든 교파와 국적의 종교인들을 볼 수 있습니다. 그러나 그들 중 누구도 주변의 얼음을 약간이나마 녹일 정도의 온기조차 갖고 있지 못했습니다. 슬픔의 눈물을 한 방울 흘릴 만큼의 감정이라도 갖고 있다면 얼음이 녹으면서 이처럼 불행한 영들에게도 희망이 솟아났을 텐데요.

그런데 웬 남자가 얼음으로 만든 감옥에 갇혀 있는 게 눈에 띄었습니다. 창살도 얼음으로 만들어져 있었는데, 강철만큼이나 단단했지요. 그는 다름 아닌 베네치아 종교재판소의 대심문관이었습니다. 그 도시 사람들은 이름만 들어도 가슴이 철렁 내려앉을 정도로 악명이 자자했던 사람이지요. 역사적으로도 유명한 인물이었지만, 심문관으로 봉직하면서 단 한 순간도 인간적인 동정심을 내비친 적이 없었습니다. 일단 심문을 시작하면 죽을 때까지 고문을 가해 기어코 자백을 받아내곤 했지요. 매우 금욕적인 삶을 산 것으로도 유명했던 그는 다른 이들뿐 아니라 스스로에게도 관대함을 내비친 적이 없었습니다. 어찌나 냉혹하고 무자비한지 고통에 몸부림치는 사람의 아우성을 들으면서도 눈썹 하나 까딱하지 않았습니다.

그는 전형적인 냉혈한의 얼굴을 하고 있었습니다. 길고 예리한 콧날, 뾰족한 턱, 높이 솟은 광대뼈, 가느다란 노끈 같은 얇은 입술, 납작하고 평평한 두상, 눈썹 밑에 깊숙이 자리 잡은 꿰뚫어보는 듯한 눈빛은 먹이를 향해 달려드는 야수처럼 날카롭게 빛났습니다.

이 남자에게 희생당한 사람들이 행렬을 이뤄 그 앞을 지나갔습니다. 고문으로 부러지고 살이 터져 피투성이가 된 그 창백한 망령들은 영혼이 이미 떠나고 남은 아스트랄체의 껍데기였습니다. 이 남자의 에너지에 사슬처럼 연결되어 있기 때문에 분해되지 못한 채 그렇게 붙어 있는 것이었습니다.

영혼과 영적인 요소들이 모두 빠져나갔지만 아직 일정량의 생명력이 그 안에 남아 있었는데, 그 생명력은 그 안에 들어 있던 영혼이 아니라 이 남자에게서 나온 에너지였습니다. 선하고 순수한 사람들이 살해당했을 때 그 장소를 떠도는 것처럼 보이는 망령이 바로 이런 종류의 것이라 할 수 있는데, 살인자의 눈에는 그러한 아스트랄체가 살아서 움직이는 것처럼 보이지만 사실 그것은 일종의 환영 같은 것으로 가해자가 양심의 가책을 느끼고 참회하면 곧바로 에너지의 연결이 끊기면서 소멸되지요.

이 남자에게 붙어 야유를 퍼붓는 또 다른 영들이 보였습니다. 이 영들은 주변의 망령들에게선 찾아볼 수 없는 또렷한 외관과 능력과 지능을 갖고 있었습니다. 이들은 아스트랄체 속에 영혼이 아직 남아 있는 존재들이었습니다. 하지만 너무 심하게 고문을 당한 나머지 오직 복수의 열망만이 남아 있었지요. 이 영들은 자신들을 고문했던 남자를 갈기갈기 찢어버리려고 쉴 새 없이 달려들었지만 얼음으로 만든 감옥이 보호막 역할을 해주고 있었습니다.

그중에 영리한 자가 길고 예리한 꼬챙이를 만들어 창살 사이로 쑤셔댔는데, 남자는 그것을 요리조리 잘도 피하고 있었습니다. 짧고 날카로운 창을 창살 사이로 던지는 사람도 있었고, 오물과 구정물을 퍼붓는 사람, 한꺼번에 달려들어 창살을 뜯어내려 드는 사람들도 있었지만 모두 허사였습니다. 안에 있는 남자는 오랜 경험에 의해 자신의 철창이 난공불락이란 걸 알고 있었기 때문에, 그들의 부질없는 노력을 가소로워하며 조롱을 퍼붓고 있었습니다.

이 남자가 과연 저곳을 나올 수 있을까 하고 마음속으로 의문을 떠올리자, 예전에 내 무덤 옆에서 들렸던 그 위엄 있는 음성이 대답을 해주더군요. 내가 도움이나 가르침을 구할 때마다 이 영이 나에게 말을 해주곤 하지요. 이때도 멀리서 그의 음성이 마치 그 옛날 예언자들이 들었던 우레 속의 신의 음성처럼 들렸습니다. 그 소리는 내 귓전을 장엄하게 울렸지만, 감옥 속의 남자와 그 주변에 들러붙은 영들에겐 들리지 않는 것 같았습니다. 그들은 온통 딴 데 정신이 팔려 아무것도 듣지 못했습니다.

그 음성이 내게 말했습니다. "잠시 그 남자의 생각을 들여다보라. 그가 자유로워지면 어떻게 할 것인지를 읽어보아라."

그러자 나는 마치 거울에 비친 영상을 보듯 이 남자의 생각을 들여다볼 수 있었습니다. 이 남자는 자유의 몸이 되면 우선 지상으로 돌아가 자신과 비슷한 야심을 가진 인간들을 물색해내어 그들에게 도움을 줘서 사람들의 목에 채울 훨씬 강력한 굴레를 만들고, 희생자들의 잔당을 소탕할 한층 더 강력한 권력을 만들려 하고 있었습니다.

그는 자신이 살아 있을 때보다 더 강력한 힘을 휘두를 수 있다는 것을 알고 있었습니다. 육신의 속박을 받지 않고 자유롭게 활동할 수 있기 때문이지요. 그는 자신처럼 잔인하고 냉혹한 영들을 심복처럼 주변에 끌어모을 수도 있었습니다. 그는 이런 계획들을 떠올리며 희열을 느끼는 것 같았습니다. 그뿐 아니라 고문받고 죽어가는 자들의 비명과 신음에 미동도 하지 않던 기억을 떠올리며 자부심을 느끼고도 있었지요.

그는 가학적 성향의 소유자여서 생전에는 압제를 통해서 자신의 사회적 입지를 강화시켰습니다. 너무나 완고한 성격이라서 일말의 가책도 느끼지 못하는 것 같았습니다. 이런 사람이 풀려나와 지상으로 돌아간다면 어떠한 제약도 받지 않으므로 상상도 못할 위험한 일을 저지를 수 있습니다.

그는 자신이 자랑스러워하는 종교재판, 다시 지상에 내려가 한층 강화시키고 싶어하는 그 이단심문이 이젠 어느덧 구시대의 유물이 돼버렸다는 사실을 전혀 모르고 있었습니다. 종교재판과 이단심문은 그가 휘두른 권력보다 훨씬 강력한 힘에 의해 쓸려나간 지 오래인데도 말이지요. 사랑과 평화를 전하기 위해 지상에 내려왔던 신의 이름으로 인간성을 유린하고 만행을 자행하던 암흑의 시대는 다시는 재현되지 않을 것입니다. 선과 진실이 암흑의 시기를 견뎌내고, 압제자들이 만들어낸 공포의 신 대신 사랑과 자비의 신을 사람들이 믿기까진 아직도 많은 시간이 필요하겠지만 말입니다.

나는 우울해진 기분으로 혹한의 나라를 떠났습니다. 나중에 언젠간 다시 돌아오겠지만, 당장은 더 이상 머물고 싶지 않았습니다. 그곳에선 내가 할 일이 아무것도 없는 것 같았고, 그곳 사람들을 이해할 수도 없었습니다. 주는 것도 없이 혐오스럽고 오싹할 따름이었지요.

혹한의 나라에서 황혼의 나라로 돌아오는 길목에 '잠의 동굴'이라 불리는 수많은 큰 동굴들을 지나치게 됐습니다. 그 안에는 무수한 영들이 혼수상태로 누워 있었습니다. 듣기로는 살아 있을 때 마약에 빠져서 영적 진보의 기회를 박탈당한 영들이라 합니다. 성장 대신 퇴보를 해서 지금은 태아보다도 무력해진 상태지요.

이들의 잠은 몇백 년이나 지속되는 경우도 허다합니다. 마약중독 정도가 심하지 않을 경우엔 몇십 년에서 백 년 정도에 그칠 수도 있습니다. 이 영들은 살아 있긴 하지만 감각이 곰팡이보다 조금 낫다고 할 수 있는 수준입니다. 그러나 그 안에 영혼의 씨앗이 아직 남아 있기 때문에 언젠가 좋은 토양을 만나면 싹을 틔울 것입니다.

동굴 안은 선한 영들의 손에서 나오는 생명의 에너지로 충만해 있었습니다. 그들도 살아 있을 때 마약중독에 빠졌었던 이들이라서 죽은 듯이 누워 있는 영들을 간호하며 에너지를 불어넣고 있었습니다.

지상에 있을 때 약물에 중독된 정도에 따라 다르지만, 대체로 중독자들은 조금씩 의식을 되찾아가는 동안 금단현상으로 고통받게 됩니다. 이 영들은 서서히 오랫동안 감각과 의식을 회복하여 마침내 연약한 아이 같은 상태가 되는데, 이 정도만 돼도 교육을 받을 수 있기 때문에 지상으로 치면 정신지체아 시설쯤 되는 곳으로 보내집니다. 그곳에서 재활교육을 받으면서 지상의 삶으로 인해 파괴되었던 능력들을 회복하지요.

이 가엾은 영들은 배움의 속도가 매우 더딘데, 지상에서 배우기로 예정됐던 교훈들을, 지상이 아닌 이곳에서 깨우쳐야 하기 때문입니다. 이들은 술주정뱅이보다 심하게 감각을 마비시켰고, 지상의 가르침을 배우기는커녕 회피했던 것입니다.

잠의 동굴을 바라보고 있으려니 말 못할 비애가 느껴졌습니다. 이들은 귀한 시간을 너무 오랫동안 무의식 상태에서 허비하고 있었습니다. 토끼가 잠든 사이에 느려터진 거북이가 경주를 이기는 우화처럼, 이 영들은 잃어버린 시간을 되찾기 위해 수많은 세월 동안 비지땀을 흘려야 합니다.

마침내 의식을 되찾으면 이들은 다시 지상으로 내려가 험난한 여정을 거쳐 자신들이 추락했던 지점까지 다시 기어 올라가야 합니다. 숱한 사람들의 육체와 영혼을, 그것도 몹시 치명적으로 파괴하는 마약을 밀매하여 부를 축적하는 사람들이 있다는 건 생각만 해도 몸서리쳐지는 일이 아닐 수 없습니다.

이 처참한 동굴 속의 무력한 영들보다 더 참담한 운명이 어디 있을까요? 백치 같은 정신으로 겨우 잠에서 깨어나, 수백 년을 노력해야 고작 성인이 아닌 유아 정도의 정신수준을 회복합니다. 더군다나 정상적인 상태의 아이가 아니기 때문에 그 후의 발전도 몹시 더딜 수밖에 없지요. 사람이 통상적으로 지상에서 한 세대 만에 배우는 것들을 이들은 몇 세대를 거쳐야 겨우 터득할 수 있습니다.

이들이 마침내 유아 수준의 발달단계에 이르면 환생을 시작하게 되고 그들이 오용했던 지상의 삶을 다시 누릴 기회가 주어진다는 얘기를 들었지만 그건 그저 나도는 풍문일 뿐, 이 문제에 대해서는 어떠한 단언도 할 수 없는 상황입니다. 나로서는 단지 이들이 발달과정을 단축시키거나 잃어버린 시간을 되찾는 데에 도움을 줄 만한 방법이 있으면 좋겠단 생각뿐입니다.

10
산 자와 죽은 자의 교류

나는 황혼의 나라에 있는 집으로 돌아와 한동안 휴식을 취했습니다. 나 자신과 내 안에 잠재된 힘에 대해 공부를 하기도 하고, 그동안 영계를 돌아다니며 배운 가르침들을 실생활에 응용해보기도 했습니다. 이 무렵 나를 지도해준 스승은 여러 면에서 나와 비슷한 분입니다. 지상에서 나와 같은 인생을 보낸 적이 있고, 나처럼 낮은 차원의 영계를 거쳐 지금은 빛으로 가득 찬 밝은 곳에서 살고 있습니다. 그곳으로부터 나 같은 단원들을 가르치고 돕기 위해 내려오는 것입니다.

또 다른 스승이 한 분 더 계신데 나는 이분을 자주 뵙진 못합니다. 그러나 이분으로부터 매우 큰 영향을 받았고 특별한 것들을 많이 배웠습니다. 이분은 아주 진보한 영역에 계시기 때문에 개인적으로 어떤 분인지는 잘 알지 못합니다. 이분의 가르침은 내 마음속의 의문에 대해 정신적인 암시나 영감을 주는 강의 등의 형태로 전해집니다. 황혼의 나라에 거하는 동안은 이분을 아주 희미하게밖에 볼 수 없기 때문에 좀더 밝은 차원으로 올라간다면 모를까, 지금으로선 이분에 대해 더 이상 묘사할 수가 없습니다.

잘 보이지는 않아도, 나는 이분의 존재와 도움을 종종 느낄 수 있습니다. 나중에야 이분이 지상에 있을 때 나의 주된 수호령이었다는 사실을 알게 됐는데, 수많은 생각과 암시, 고귀한 영감들이 이분의 영향으로 인한 것이었고 영계에 처음 들어와서 끔찍한 환경에 주눅들고 힘들어할 때 음성을 통해 경고나 위로를 건넸던 것도 바로 이분이었지요. 그 암울했던 시절 이분이 내 작은 방을 잠시 지나치는 것을 나는 어렴풋이 알아차릴 수 있었습니다. 그때마다 그 놀라운 에너지와 힘으로 끔찍한 고통이 잦아들곤 했지요.

어두운 영역들을 둘러보고 황혼의 나라로 돌아오니 마치 집에 온 듯한 기분이었습니다. 초라하고 비좁은 방이긴 했지만, 가장 소중한 보물이 있었으니까요. 그것은 그녀의 얼굴이 나타나는 그림 거울과 장미, 그리고 그녀가 보낸 편지였습니다.

게다가 이곳엔 친구들도 있습니다. 모두 나처럼 불운한 동료들이지요. 평상시에 우리는 홀로 묵상을 하며 지내지만, 이따금 친구들이 한두 명씩 찾아오면 몹시 반갑고 즐겁습니다. 모두 지상에 있을 때 욕된 삶을 살았던 전력이 있고 새로운 삶을 모색하는 터라, 동병상련의 정이 있달까요.

우리의 생활은 여러분에겐 이상하게 보일 수도 있을 테지만 지상의 삶과 비슷하면서도 다른 부분이 많습니다. 예를 들면 우리도 이따금씩 간단한 식사를 합니다. 시장기를 느끼면 마술처럼 곧바로 음식이 나오지요. 그러나 어떨 땐 일주일 내내 밥 생각이 안 날 때도 있답니다. 지상에 있을 때 식탐이 있던 사람이라면 사정이 달라질 수도 있겠네요. 식욕이 훨씬 자주 생겨 충족을 시키려면 다소 번거로워지겠지요. 나 같은 경우 먹고 마시는 것 자체를 그다지 즐기지 않았고 식사를 대부분 간소하게 했기 때문에 별로 문제될 건 없었습니다.

우리 주변은 낮과 밤의 구분이 없이 늘 해질녘의 상태가 지속됩니다. 이런 단조로움이 나로선 가장 견디기 힘듭니다. 밝고 화사한 걸 좋아하는 취향 때문이지요. 살아 있을 적 일광욕을 하면 늘 활력이 샘솟곤 했습니다. 내가 태어났던 곳도 햇볕이 화창하고 꽃이 만발한 곳이었지요.

여러분처럼 우리도 건물이나 그 주변 지역을 걸어다니지만, 마음만 먹으면 공중으로 떠오를 수도 있습니다. 진보한 영들처럼 능숙하게 해내진 못하지만요. 그리고 만일 어디론가 급히 가야 할 일이 생기면, 우리의 생각이 눈 깜짝할 사이에 몸을 이동시켜줍니다.

잠에 대해 말씀드리자면, 우리는 잠을 안 자고도 오랜 시간 활동할 수 있지만 한 번에 몇 주일씩 계속 잠만 잘 수도 있답니다. 어떨 때는 의식이 부분적으로 남아 있는 상태로 자기도 하고, 또 어떨 때는 완전한 숙면을 취하기도 합니다.

또 다른 특이한 것이 있다면 우리의 옷을 들 수 있습니다. 결코 닳지도 않고, 불가사의한 방법을 통해 새 옷으로 계속 변합니다. 평상시에는 짙은 청색 옷에 황색 허리띠를 차는데 왼쪽 소매에는 황색 닻이 수놓아져 있고, 그 밑에 '희망은 영원하다'란 문구가 새겨져 있습니다. 속옷 역시 짙은 청색으로 몸에 꼭 맞도록 되어 있지요.

길고 헐거운 겉옷은 지상의 수도승이나 참회자가 입는 바로 그 옷인데 어깨에 두건이 달려 있어서 얼굴이나 머리를 감춰야 할 때 덮어씁니다. 실제로 두건을 쓰고 다닐 때가 있습니다. 고뇌와 회한으로 몸 상태가 안 좋아져서 사람들의 시선으로부터 얼굴을 가리고 싶을 때가 있거든요. 움푹 팬 눈, 홀쭉해진 뺨, 지치고 구부정한 몸, 얼굴 깊이 패인 고뇌의 주름 등은 그 사람에게 무슨 일이 있었는지를 잘 말해주기 때문에, 남들의 시선으로부터 얼굴을 감추게 됩니다.

우리의 삶은 단조롭습니다. 시곗바늘처럼 정해진 시간에 공부를 하고 강의를 듣습니다. 이곳에선 시간을 날수나 주 단위로 계산하지 않기 때문에 정확히 말씀드리기는 곤란하지만, 어느 정도 시간이 흘러 깨우침이 일어나고 영적인 진보가 이뤄지면 영혼은 배움의 더 높은 단계로 나아가게 됩니다.

어떤 사람들은 교훈을 깨닫기 위해 매우 긴 시간을 보내기도 하지요. 그러나 지상에서처럼 재촉이나 압박을 받는 일은 없습니다. 지상의 인생은 뭔가를 배우기엔 너무 짧은 반면, 영계는 무한한 시간이 주어지기 때문에 멈추건 나아가건 본인의 의사에 달려 있습니다. 주어진 가르침을 완벽히 이해할 때까지 계속 그 단계로 머물 수도 있구요.

서두르는 사람도 없고, 미성숙한 상태로 줄곧 남아 있다 해서 옆에서 뭐라 하는 사람도 없습니다. 다른 사람의 자유를 제한하지 않고 형제단의 기본적인 규율을 지키는 한 아무도 간섭하지 않지요. 학습을 강요당하거나 방해받는 사람도 없습니다. 모든 것은 본인의 의사에 맡겨집니다. 떠나려는 사람은 언제든 떠날 수 있고, 돌아오고 싶을 때는 언제든 돌아올 수 있습니다. 문은 누구에게나 열려 있습니다. 각자가 자신의 부족함을 잘 알기 때문에 다른 이들의 잘못이나 결점을 주제넘게 비난하는 일도 없습니다.

학습이 어렵고 진도가 나가지 않아 몇 년을 바깥으로만 나도는 자들도 있지요. 또 이곳을 뛰쳐나가 지상으로 돌아갔다가 마침내 영계의 가장 밑바닥까지 추락한 자들도 있구요. 이들은 희망의 집에서 정화의 과정을 거치게 되는데, 그들은 퇴보한 것처럼 보이지만 엄밀히 말하면 퇴보가 아니라 나름대로 필요한 가르침을 배우고 있는 것입니다. 그러한 과정을 거침으로써 지상의 쾌락을 추구하려는 욕망에서 자유로워질 수 있기 때문이지요.

나처럼 진보에 대한 강렬한 염원을 갖고 있는 사람은 빠른 발전을 보이며 한 단계 한 단계 상승합니다. 그러나 시련을 이겨내기 위해서는 희망과 도움의 손길을 필요로 하는 사람들이 무척이나 많답니다.

그녀로부터 받는 사랑과 희망의 메시지를 주변의 불행한 사람들에게 나눠주는 것이 나의 몫이지요. 그리고 이제는 지상에서 새로운 즐거움이 생겼습니다. 그녀가 나의 존재를 완전히 인식할 수 있게 됐기 때문입니다. 전에는 그녀가 나를 감지하지 못했던 적이 여러 번 있었거든요.

영계에서 잠시 짬이 나면 그녀를 보러 지상에 내려가곤 합니다. 그녀는 내 모습을 볼 수는 없지만, 내 존재와 손길을 느낄 수 있습니다. 그녀는 자기 의자 옆에 또 다른 의자를 놓아두고, 내가 살아 있을 적처럼 나란히 앉을 수 있게 하지요. 내게 말을 걸고 희미하게나마 대답을 들을 수도 있답니다. 심지어 형체를 어렴풋이 분별할 수도 있습니다. 아! 산 자와 죽은 자 사이의 기묘하고도 슬픈, 그러나 아름다운 만남이 아닐 수 없습니다.

그녀는 그동안 영적인 능력을 계발해왔습니다. 그녀에게 원래 잠재해 있었지만 오랫동안 잠들어 있던 재능을 활용하는 방법을 터득한 것입니다. 그녀는 우리 사이에 드리워진 장막을 생각보다 빨리 걷어낸 것을 기뻐했습니다.

그것 말고 또 다른 기쁨도 있었지요. 그녀는 어떤 영매를 알게 됐는데, 그는 자기 몸의 독특한 조직을 이용해서 영이 물질계에 모습을 드러낼 수 있도록 도와주는 사람이었습니다. 지상의 친지들이 알아볼 수 있을 만큼 생시와 비슷하게 몸을 물질화시키는 거지요. 나는 이제 손을 물질화시켜 그녀를 만질 수 있게 됐습니다. 이 일은 우리에게 더할 나위 없는 행복이 됐습니다. 비록 내 전신을 드러낼 수 있는 즐거움은 거부되었지만 말입니다. 얼굴이 물질화되면 고뇌와 풍상의 흔적이 고스란히 드러나 상대방에게 고통을 안겨줄 뿐이란 얘기를 들었거든요. 나중에 영적으로 좀더 향상되고 나면 전신을 드러낼 수 있을 겁니다.

얼마나 많은 영들이 자신을 드러내고 싶어서 이 영매의 모임에 몰려들었는지 모릅니다. 자신이 여전히 살아 있다는 사실을 알면 기뻐할 사람들이 많기 때문이지요. 그러나 여건이 되는 소수의 사람들만이 혜택을 받다 보니 대부분의 영들은 실망만 안은 채 떠났습니다.

영계는 고독한 영들로 가득 차 있습니다. 하나같이 자신이 살아 있다는 것을 알리고 싶어서 애간장을 태우지요. 남겨진 사람들을 여전히 그리워하며 그들의 힘든 삶에 관심을 기울이고 있구요. 이들은 육체의 구속을 받지 않기 때문에 지상에 있을 때보다 훨씬 유용한 조언과 도움을 제공할 수 있습니다.

밝은 곳으로 떠날 수 있는 영들이 지상에 머물고 있는 경우가 얼마나 많은지 모릅니다. 자신들의 죽음을 슬퍼하며 시련을 겪고 있는 이들에 대한 미련과 애정이 남아 있기 때문이지요. 그래서 그 영들은 남은 사람들 주변을 맴돌며 자신의 존재를 인식시켜줄 기회만을 엿봅니다.

이들이 남아 있는 사람과 소통할 수만 있다면 그 숱한 절망감과 처연함은 불필요할 텐데요. 위로의 천사들이 남은 사람들의 슬픔을 달래준다곤 하지만, 쌍방이 소통할 수만 있다면 사람과 영 모두에게 행복한 일 아닐까요?

예전에 잘못된 길로 빠진 아들을 둔 어머니 영이 있었습니다. 아들은 어머니가 멀리 하늘나라로 간 줄 알고 있었지요. 하지만 어머니는 몇 년 동안 아들을 따라다니며 자신의 존재를 인식시키고, 아들을 죄악의 길에서 구해내려고 경고를 보내고 있었습니다.

또 어떤 한 쌍의 연인이 있었는데, 오해가 생겨서 결별했다가 남자가 죽는 바람에 넘을 수 없는 장벽이 생겼습니다. 지상에 남겨진 여자는 불행에 빠졌지요. 남자는 온 힘을 다해 실상을 전하고, 오해가 있었지만 자신의 마음은 변함없다는 사실을 알리려 애썼습니다.

이처럼 자신들의 존재를 알리려 안간힘을 쓰지만 아무런 반응도 없어서 슬픔과 절망에 빠져 있는 영들을 나는 수도 없이 봐왔답니다. 손이나 옷을 잡아보려 하지만 잡히지 않고, 아무리 소리를 질러도 듣지 못합니다. 지상에 남겨진 사람은 죽은 사람을 다시 보고 싶어하며 간절히 기도하고 염원하지만, 정작 그 사람이 바로 옆에 와 있다는 생각은 하질 못하는 거지요.

그러나 지상의 사람들이 아무리 큰 절망감에 시달린들 죽은 영만 하진 못할 겁니다. 빤히 눈앞에 있는데도 말조차 걸 수 없으니 얼마나 미치고 환장할 노릇이겠습니까.

슬픔에 잠긴 사람들을 위해서라도 선사시대처럼 영계와 물질계가 다시 소통할 수 있다면 얼마나 기쁜 일이겠습니까? 물론 영매와 강신술 모임을 통해 일어나는 현상들 중엔 시시하거나 어리석어 보이는 일들도 많습니다. 저속하고 해괴한 일들, 사기꾼 같은 영매들과 어리숙한 바보들도 수두룩하지요. 속임수도 비일비재하구요. 단지 슬픔에 빠진 사람들을 돕는다는 이유만으로 그 많은 황당한 일들이 용인돼서는 물론 안 될 것입니다. 그처럼 잘못된 일들을 잡아내는 것도 중요하지만, 사람들을 올바른 길로 인도할 수 있는 지식을 추구하는 것 또한 필요합니다. 단순히 조롱하고 억압하려 들기보다는 사랑하는 사람들 사이의 장벽을 제거하려는 영계의 노력을 있는 그대로 인정해주는 게 좋지 않을까요?

11
아린지만

나는 영매의 물질화 모임에서 전에 언급했던 위엄 있는 영과 늘 함께했습니다. 이제 그분의 이름을 알아냈는데, 동양 출신의 인도자 '아린지만Ahrinziman' 선생입니다. 이제는 전보다 훨씬 더 뚜렷이 보이기 때문에 그분의 외모에 대해 설명해볼까 합니다.

키가 크고, 근엄한 얼굴에 황색 단을 댄 긴 옷을 입고, 허리엔 황색 띠를 두르고 있습니다. 얼굴빛은 동양인답게 약간 거무스름하구요. 동양인이라 완벽한 그리스 스타일은 아니지만, 이목구비가 아폴로 조각상처럼 반듯하고 아름답습니다.

검고 큰 눈동자는 부드럽고 상냥해 보이면서도 강렬한 열정이 내면 깊숙이 엿보입니다. 지상에 살아 있을 적에 격정적인 애증을 두루 겪어봤음직한 얼굴이지요. 지금이야 그러한 열정이 세속의 찌든 때로부터 많이 정화되었지만 나처럼 오욕칠정을 극복 못해 고생하는 사람들에 대한 이해와 공감능력이 훈장처럼 남았달까요.

짧고 부드러운 수염은 뺨과 턱을 뒤덮고 부드럽게 물결치는 검은 머리가 어깨까지 드리워져 있습니다. 장신에 강인한 풍모이지만 동양인 특유의 부드럽고 유순한 분위기가 배어 있고요.

사람이 죽은 뒤에도 지상에 있을 때의 인종적, 민족적 특징이 남아 있기 때문에, 아린지만 선생은 육체를 떠난 지 몇백 년이 지났지만 아직도 서양인과는 다른 동양인의 특색을 지니고 있습니다. 고차원 영들의 형언할 수 없이 눈부시고 밝은 형체와 독특하고 신비로운 영묘함, 그러면서도 뚜렷이 구분되는 실체성은 직접 본 사람이 아니면 짐작할 수가 없답니다.

아린지만 선생은 지상에 있을 때 신비학에 심취해 있었는데 영계로 온 뒤엔 그 지식을 더욱 향상시켜서, 나에겐 그분의 능력이 거의 무한대처럼 보입니다. 그분도 나처럼 정열적인 기질을 가졌지만 영계에 있는 동안 열정을 자제하고 극복하는 법을 익혀서 지금은 능력의 정점에 있으며, 나처럼 고생하는 영혼들을 구해내는 일을 하고 있습니다.

이분은 인간의 나약한 본능을 간파하고 있기 때문에 이분의 도움은 우리에게 상당한 호소력을 지닙니다. 만일 한 번도 타락해본 경험이 없는 사람이 도움의 손길을 내민다면 우리는 오히려 외면할 수도 있었을 겁니다.

그러나 이분은 온화함이나 동정심 외에도 자신에게 저항하는 사람에게 쓸 수 있는 의지의 힘 또한 갖고 있습니다. 나는 난폭한 영들이 자신들이나 다른 사람을 해치려들 때 아린지만 선생한테 저지당하는 모습을 몇 번 본 적이 있습니다. 손끝 하나 대지 않고 마법 같은 힘으로 꼼짝 못하게 만들더군요. 정말 강력한 의지의 힘이 아닐 수 없습니다.

그렇게 마비시켜놓고 차근차근 따지면서, 자신들의 행동이 차후에 몰고 올 결과를 보여줍니다. 그런 뒤 마비를 풀고 자유롭게 놓아주면 그 행동을 얼마든지 할 수 있으면서도 하지 못하지요. 얼마나 끔찍한 결과가 이어지는지를 미리 보았기 때문입니다. 나도 고집이 센 편이라 어지간한 사람한테는 굽히는 법이 없는데, 이분 앞에만 서면 어린아이처럼 되어버립니다. 그 강력한 힘 앞에선 여러 번 고개를 숙여야만 했습니다.

영계에서는 모든 게 자유롭습니다. 원한다면 얼마든지 자신의 성향과 욕망을 따를 수 있고 조언을 거부할 수도 있지요. 영계에서 지나친 방종이나 다른 이의 권리를 침해하는 행위 등은 자신이 속한 영역의 법과 질서에 따라 규제됩니다.

예를 들어 영계의 가장 낮은 영역에서는 강자의 논리가 지배합니다. 누구든 내키는 대로 행할 수 있고, 상대방이 도저히 감내할 수 없을 정도로 해를 입히거나 학대를 가할 수도 있습니다. 물론 그 사람은 자기보다 강한 사람에게서 똑같은 학대를 받아도 할 말이 없지요. 이 영역에선 힘센 사람이 최고이기 때문입니다. 지상에서 가장 학대받는 노예라 할지라도 이곳의 거주자들보다는 덜 불행할 것입니다.

이곳은 법도 원칙도 없고, 하느님의 법을 무시하는 영들만 있을 뿐입니다. 이들에겐 자신이 곧 법이라서 서로에게 거침없는 학대와 과오를 저지릅니다. 어떤 영이 아무리 힘세고 포악하고 가학적이라 해도 그 영보다 더 강하고 포악한 영이 어딘가엔 반드시 존재하는 법인데, 그렇게 사슬을 이루어가다 보면 결국 지옥의 마왕이라 할 만한 존재에 이르게 됩니다.

그러므로 결국 언젠가는 넘쳐나는 악이 스스로를 치유하려 애쓰게 되지요. 현재와는 뭔가 다른 상태, 제재를 가할 수 있는 법이라든가 통제할 수 있는 권력을 갈망하게 되는 것입니다.

그러한 상태가 첫 단계, 즉 더 나은 삶을 향한 소망을 품는 단계라 할 수 있습니다. 그 상태에 이르면 희망의 형제단 같은 사람들이 그 어두운 곳까지 내려가 상황을 개선할 수 있는 방법과 아직 늦지 않았다는 희망의 메시지를 전합니다.

영혼의 등급이 위로 올라가면 각 영역마다 법과 질서의 정도가 높아져서 영들은 너나없이 법질서를 존중합니다. 가장 높은 도덕률을 완벽하게 준수하는 사람들은 가장 높은 영역의 영들뿐입니다. 그 준수에는 다양한 수준이 있는데, 타인의 권리를 존중하는 사람은 자신의 권리도 존중받고 타인을 짓밟는 사람은 더 강한 누군가에게 똑같이 짓밟히지요.

영계에서는 일을 하든, 빈둥거리든, 선한 일을 해서 은총을 받든, 악한 일을 저질러 저주를 받든 모두가 본인의 자유입니다. 자기가 어떤 존재냐에 따라 주변 환경이 결정되지요. 자신에게 맞는 영역이 자신이 도달할 수 있는 최고의 영역이며, 좀더 높은 영역에 거주하려면 그에 걸맞은 노력을 해야 합니다. 그러므로 선한 영은 악한 영을 굳이 방어할 필요가 없습니다. 서로의 상태가 다르므로 도저히 뛰어넘을 수 없는 벽이 그들 사이에 생기기 때문입니다.

높은 영역의 영은 언제든지 아래로 내려와 다른 영을 도울 수 있지만, 낮은 영들에게 높은 영역은 통과할 수 없는 장벽으로 가로막혀 있지요. 물질계가 존재하는 지구 같은 행성에서만 선과 악이 거의 대등한 영향력을 발휘할 수 있습니다. 여기서 내가 '거의 대등한'이란 표현을 쓴 이유는, 인간이 비천한 열정에 사로잡혀서 선한 세력의 도움에 마음의 빗장을 걸지 않는 한, 지상에서조차 선이 더 강한 힘을 갖고 있기 때문입니다.

　인간의 마음이 어린아이처럼 순수했던 태곳적엔 영계와 물질계가 지금보다 서로 훨씬 더 가까웠지만, 오늘날의 현대인들은 뗏목을 타고 짙은 안갯속을 헤매는 표류자들처럼 영계의 실체를 찾아 헤매고 있습니다. 다행히도 영계의 친절한 수로水路 안내인들이 지상의 삶에 지친 이들을 밝은 희망의 세계로 인도하고자 힘쓰고 있습니다.

12

두 번째 죽음

물질화 모임은 2주에 한 번씩 있었는데, 모임이 시작되고 나서 내 판단으로 대략 석 달쯤 지난 뒤 아린지만 선생으로부터 나에게 일어날 큰 변화에 대해 마음의 준비를 하라는 말을 들었습니다. 내가 한 단계 높은 영역으로 올라가게 된다는 것이었습니다.

나는 스승들로부터 영계가 몇 개의 영역으로 나뉘어 있다는 말을 들었는데, 사람마다 얘기가 조금씩 달랐습니다. 이러한 차이는 사실 그다지 중요하지 않습니다. 영혼들이 진보해가면서 각 단계의 영역들이 끝없이 변하다 보니 정확히 구분 짓기가 사실상 어렵기 때문입니다.

어찌 보면 모두 맞는 얘기라 할 수 있습니다. 도합 일곱 개의 영역이 있는데 7이란 숫자가 성경의 천국을 의미한다고 말하는 사람도 있고, 열두 개의 영역이 있다고 주장하는 사람들, 혹은 그보다 많은 숫자를 대는 사람들도 있지요.

그런데 각각의 영역은 다시 여러 계界들로 나뉩니다. 대체로 한 영역 당 열두 개의 계界가 존재하지요. 물론 이 계의 수도 사람마다 제각기 다르게 얘기됩니다. 지구의 영토를 나누는 기준이 지상의 사람들마다 제각기 다른 것처럼 말입니다. (19세기 말엔 국경이 오늘날처럼 뚜렷하지 않았다. 역주)

나는 지상계 위로 일곱 개의 영역이 있고, 아래로 다시 일곱 개의 영역이 있다고 보고 있습니다. 여기서 '위' 혹은 '아래'란 개념은, 태양계의 중심인 태양으로부터 멀거나 가까움을 나타냅니다. 태양의 인력으로부터 가장 가까운 지점이 우리가 이를 수 있는 가장 높은 영역이 되고, 가장 먼 곳이 낮고 저급한 영역이 되는 거지요. 각각의 영역은 다시 열두 개의 계로 나뉩니다. 각각의 계가 서로 중첩되어 있기 때문에 계와 계 사이는 별다른 느낌 없이 건너갈 수 있습니다.

나는 지금까지 지상 영계라 불리는 곳에 있었는데, 이곳은 거대한 벨트처럼 지구 표면을 에워싸며 대기권 안에 들어와 있습니다. 이 지상 영계는 상위 일곱 영역의 첫 단계인 동시에 하위 일곱 영역의 첫 단계로 보시면 됩니다. 통상적으로 지하의 영역으로 가라앉지도 못하고, 그렇다고 물질계의 유혹으로부터 자유로운 몸이 되어 위로 올라가지도 못하는 이른바 '어스바운드earthbound'라 불리는 영의 거주지로 설명되고 있지요.

이제 나는 물질계의 흡인력으로부터 자유로워졌고 물질적인 것들의 유혹을 극복했기 때문에 두 번째 단계로 올라가게 됐습니다. 높은 영역으로 올라갈 때는, 늘 그런 것은 아니지만 낮은 영역에 있을 때의 영체가 일종의 죽음을 맞게 되지요. 이 죽음은 아주 깊이 잠들어 있는 동안 일어나는데, 영이 지상의 육체를 떠날 때 깊은 잠에 빠지는 것과 비슷합니다.

영이 진보할수록 이 과정은 점차 의식을 가진 상태에서 이루어지며, 마치 옷을 좀더 섬세한 것으로 갈아입는 것과 비슷한 과정이 됩니다. 계속 이렇게 한 단계씩 상승하다가 종국에 가서 영혼은 지상 영역의 한계를 뛰어넘어 태양계의 다른 영역들로 건너가게 됩니다.

나에겐 지상 영계의 방문을 마치고 돌아왔을 때 그 일이 일어났습니다. 나른하고 이상한 느낌에 사로잡혔는데, 졸리다기보다는 뇌가 마비되는 듯한 느낌이었지요. 나는 내 작은 방의 소파에 털썩 몸을 눕혔습니다. 그리고는 꿈도 꾸지 않는, 죽음처럼 깊은 잠에 빠졌습니다.

이런 무의식 상태에서 지상의 시간으로 약 2주 동안 누워 있었습니다. 그 사이에 내 영혼은 일그러진 아스트랄체의 상태를 벗어나 새로 태어난 아이처럼 밝고 순수한 영혼의 외피를 입고 다시 부활했습니다. 내면의 악을 극복하려는 노력이 빚어낸 결과였습니다. 신생아로 태어난 게 아니라 다 자란 성인으로 다시 태어난 것입니다.

지상의 사람들 중엔 지혜가 일천하고 수양도 덜 되어 있어서 천성이 어린아이 같은 사람들이 있는데, 이런 이들은 아무리 오랫동안 지상에 살았다 해도 영계로 오면 어린아이가 됩니다. 그러나 내 경우는 그렇지 않았습니다.

나의 영은 완전한 무의식 상태에서 다른 영들의 도움을 받아 두 번째 영역에서 다시 태어났습니다. 그곳에서 나는 눈뜰 때까지 깊은 잠을 잤지요.

내가 허물처럼 벗은 아스트랄 외피는 도우미 영들의 힘에 의해 지상 영계의 원소들로 분해되었습니다. 마치 지상에 있을 때의 육체가 죽음과 함께 썩어서 지상의 물질로 돌아가는 것처럼 말입니다. 먼지는 다시 먼지로 돌아가지만, 불멸의 영혼은 더 높은 단계로 올라갑니다. 그리하여 나는 이 두 번째 죽음을 거쳐 더 높은 자아로 부활했습니다.

13

새벽의 나라

죽음 같은 잠에서 깨어나 정신을 차려보니 주변 환경이 훨씬 좋게 변해 있더군요. 그토록 갈구했던 햇빛이 드디어 보였습니다. 해가 가려진 흐린 날의 햇빛이었지만, 음침한 황혼과 어두운 밤에 비하면 더할 나위 없이 은혜로운 일이었습니다.

나는 지상에 있었을 적과 꽤 흡사한, 아담하고 깔끔한 방의 부드러운 침대에 누워 있었습니다. 창밖으로 언덕진 넓은 전원이 보이더군요. 나무도 없고 여기저기 작은 꽃이 핀 잡초들을 제외하고는 꽃도 거의 없었지만, 그래도 내 눈에는 신선해 보였습니다. 황혼의 나라의 황무지 대신 양치류와 풀로 뒤덮인 푸른 초지草地가 있었으니까요.

이곳은 새벽의 나라라 불리는데, 일출 직전쯤의 빛이 들어오고 하늘은 푸르스름한 회색입니다. 희고 작은 구름들이 지평선 위를 가로지르며 유유히 떠다니고 있지요. 영계에는 구름이나 햇빛이 없을 거라 생각하는 분들은 이곳에 한 번 와보셔야 할 겁니다.

내 방은 사치스럽지는 않지만 상당히 아늑한 편이라 지상에 있는 산장을 연상시킵니다. 안락한 생활에 필요한 모든 것이 갖추어져 있지요. 아름답다고 할 정도는 못 되지만 그전처럼 감옥 같은 분위기는 아니랍니다.

지상에 살면서 즐거웠던 순간이 담긴 그림이 몇 장 걸려 있는데, 보고 있으면 옛 추억이 떠오르면서 기분이 한결 산뜻해집니다. 또 영계로 온 뒤의 모습이 담긴 그림도 몇 점 있습니다. 전에 가지고 있던 그림 거울과 장미, 편지도 역시 있구요.

거울 앞에 서서 그녀가 뭘 하는지 들여다보았더니 잠이 들어 있었는데 얼굴 가득 행복한 미소를 짓고 있었습니다. 마치 나에게 좋은 일이 일어나는 꿈을 꾸고 있는 것처럼 말입니다.

나는 창가로 가서 양치류와 잡초 외에는 아무것도 없는 황량한 언덕을 바라봤습니다. 지상의 풍경과 비슷한 것 같으면서도 어딘가 모르게 다른 모습이었지요. 이상하리만치 휑한 느낌이지만 그래도 평화로웠습니다. 등급이 낮은 영계의 풍경에 질려 있던 나로선 모든 게 한없이 감사할 따름이었습니다.

나는 창 옆에 있는 작은 거울 같은 것을 들여다보았습니다. 그 안엔 변한 내 모습이 있었습니다. 순간 움찔하며 놀라움의 비명을 지르지 않을 수 없었습니다. 이럴 수가! 이게 정말 나란 말야? 나는 거울을 보고 또 보며 어쩔 줄 몰라 했습니다. 다시 젊어져 있었기 때문입니다. 30대 초반에서 중반 정도밖에 안 되는 모습이었지요. 아무리 뜯어봐도 그 정도로밖엔 안 보였습니다. 지상에 있을 때 가장 좋았던 시절의 모습으로 돌아온 것입니다.

황혼의 나라에 있을 때 나는 너무나 늙고 초췌한 모습이라 거울 보는 게 꺼려질 정도였습니다. 지상에 있을 때보다 몇 곱절 추한 모습이었고, 백 살은 족히 돼 보였지요. 그랬던 내가 이렇게 젊어진 것입니다! 손을 들어보니 손도 얼굴만큼이나 탱탱해져 있더군요. 날렵해진 몸 전체를 보는 건 더더욱 즐거운 일이었습니다.

모든 면에서 활기 넘치는 청년의 모습이었지만 본래의 모습으로 완전히 돌아온 건 아니었습니다. 표정엔 여전히 슬픔이 묻어나고 있었기 때문이지요. 특히 눈동자에 세월의 풍상이 드러나 있었습니다. 나는 철모르고 날뛰던 옛 시절로 다시 돌아갈 수 없으리란 걸 알았습니다. 처절했던 과거가 되살아나면서 희열에 들떴던 마음이 그만 가라앉더군요. 지나간 잘못에 대한 양심의 가책이 새롭게 부활한 이 경사스런 날조차 어두운 그늘을 드리웠던 것입니다.

결코 우리는 지상의 삶에서 저지른 일을 원상태로 되돌릴 수 없습니다. 나보다 훨씬 진보한 영들조차도 과거의 잘못과 슬픔의 상처는 여전히 남아 있으며 영겁의 세월 속에서 매우 서서히 없어진다고 들었습니다. 나 또한 이렇게 기쁘고 희망찬 성취의 순간에도 어둠의 그늘이 가시지는 않았지요.

나에게 일어난 변화를 보며 이런저런 생각에 잠겨 있는데, 문이 열리면서 어떤 영이 조용히 들어왔습니다. 나처럼 황색 단을 댄 진한 청색의 긴 옷을 입고, 소매에는 우리 형제단의 상징이 수놓아져 있었습니다. 그는 신입단원들을 위한 환영회에 나를 초대하러 온 것입니다.

"이곳은 모든 게 소박하답니다. 축하잔치도 조출해요. 하지만 흥을 돋우는 와인 정도는 준비돼 있습니다. 값진 승리를 거둔 여러분을 맞이하려고 다들 기다리고 있어요."

그는 내 손을 잡고 창문이 많이 나 있는 긴 홀로 갔습니다. 창밖으로 언덕과 넓고 평화로운 호수가 보였습니다. 연회에 쓰이는 긴 탁자와 의자들이 놓여 있는데, 새로 온 사람들이 오륙백 명 정도 됐고, 그밖에 천 명 정도 되는 기존 단원들이 자신들을 일일이 소개하며 신입자들을 반갑게 맞았습니다. 그리고 여기저기서 오랜 친구나 동료, 혹은 낮은 영계에서 도움을 주고받은 사람들이 서로를 알아보며 반가워했습니다. 모두 이곳 형제단을 통솔하는 지도자가 오기를 기다리고 있었지요. 그는 이곳에서 단장이라 불리고 있었습니다.

이윽고 홀 한쪽 끝의 큰 문이 열리면서 단장과 수행원들이 입장했습니다. 맨 앞에 있는 위엄 있고 잘 생긴 사람이 단장이었지요. 성모 마리아의 그림들에서 볼 수 있는 짙은 청색의 긴 옷을 입고 있었습니다. 흰 안감에 황색 단을 댄 옷이었는데, 어깨에 흰 안감을 댄 황색 두건이 달려 있었고, 소매에 형제단의 상징이 자수되어 있었습니다.

단장 뒤를 백 명이 넘어 보이는 젊은이들이 뒤따르고 있었는데, 모두 흰색과 푸른색의 긴 옷을 입고 손에는 월계관을 들고 있었습니다. 홀의 한쪽 끝 단상에는 흰색과 청색, 황색 차양이 덮인 의자가 있었습니다. 단장이 우리에게 인사를 한 뒤 의자에 앉자 젊은이들이 그 뒤를 반원형으로 둘러섰습니다. 단장은 모두를 위해 전능하신 신께 감사의 기도를 드린 뒤 말했습니다.

"형제들이여, 여러분은 우리 희망의 집에서 한동안 안식과 평화와 사랑을 구할 신입단원들을 환영하기 위해 오늘 이 자리에 나와주었습니다. 감사드립니다. 그리고 새로 오신 형제 여러분! 진심으로 환영합니다. 여러분은 이기심과 죄악에 감연히 맞서 싸우고 결국 승리를 거뒀습니다. 우리는 자랑스러운 여러분께 감사와 존경의 마음을 보냅니다. 여러분이 성취한 이 새롭고 행복한 삶을 통해, 지상과 낮은 영계의 어둠 속에서 아직 고통받고 있는 형제들에게 사랑의 손길을 뻗을 수 있게 되길 바랍니다. 그리고 더욱 완벽하고 고귀한 승리를 거두셔서 우리 형제단의 위대한 사랑을 더 많은 이들과 나눌 수 있기를 바랍니다. 우리 형제단의 가장 높고 영광스런 스승들은 천상에 있고, 가장 낮은 단원들은 아직도 어두운 지상 영계에서 죄악과 씨름하고 있습니다. 우리 형제단은 천상에서부터 지상에 이르기까지 하나로 연결된 거대한 사슬을 이루고 있으며, 모든 단원들이 이사슬의 고리 역할을 맡고 있다는 사실을 늘 명심하십시오. 여러분 모두가 천사와 함께하는 일꾼이며, 억눌린 자들과 함께하는 형제들입니다. 여러분이 성취한 영예의 상징인 월계관을 하나씩 나눠드릴 테니 받으시기 바랍니다. 우주의 위대한 주재자와 모든 천사와 형제들의 이름으로, 한 분 한 분께 시들지 않는 월계관을 씌워드립니다. 여러분은 이제 빛과 희망과 진실의 근원에 스스로를 바친 것입니다."

우리는 이처럼 따뜻한 환영사와 영예에 감복하여 단장 앞에 무릎을 꿇고 젊은이들이 단장에게 건네주는 월계관을 머리에 받았습니다. 마지막 사람의 차례가 끝나자 단원들 사이에서는 기쁨의 환호성이 터져 나오면서 아름다운 축가가 합창되었습니다. 훌륭한 멜로디와 시적인 가사가 다른 이들에게도 들려주고 싶을 만큼 멋지더군요. 축가가 끝나자 우리는 각자의 자리로 인도되어 앉았고, 곧 만찬이 시작되었습니다.

영계의 만찬은 어떤 걸까 궁금하시겠지요. 지상의 인간들과는 달라서 영들은 음식이나 와인 같은 게 필요 없을 거라 생각하신다면 오산입니다. 여러분의 음식처럼 물질적인 것은 아니지만, 우리도 음식이 필요하기 때문에 먹습니다. 그러나 고기 요리 같은 건 없습니다. 낮은 영역의 영들 중에는 지상의 사람들을 통해 육식의 즐거움을 맛보는 사람도 있긴 하지만, 이곳에서 가장 맛난 음식은 과일입니다. 거의 투명해 보이는 이 과일은 입안에서 사르르 녹는 것 같지요.

거품이 이는 과즙 같은 와인도 있는데, 사람을 취하게 하거나 갈증을 유발하지 않는답니다. 게걸스러운 식욕을 만족시킬 만한 음식은 없지만, 부드러운 케이크와 빵들은 있습니다. 그런 음식과 와인이 만찬에 나온 것의 전부였지만, 개인적으론 여기서 나온 과일처럼 맛좋은 걸 먹어본 적이 없는 것 같습니다. 이 과일들은 영계에 와서 처음 본 것인데, 이곳 사람들이 다른 이들을 도우려는 마음으로 공들여 키운 것이라 합니다.

만찬이 끝나자 또 다른 연설과 감사의 대합창이 있었습니다. 이번엔 우리도 함께 불렀지요. 그리고 나서 환영회는 막을 내렸고 모두 각자의 거처로 돌아갔습니다. 우리 중 어떤 사람들은 지상에 있는 친지들에게 이 기쁜 경사를 알리고 싶어했지만, 대부분 죄악 속에서 죽은 탓에 애도를 받고 있는데다 희소식을 전할 방도가 없어 안타까워했습니다.

다른 사람들은 새로 생긴 친구들과 대화를 나누거나 했지만 나는 그녀에게 이 소식을 전하러 곧장 지상으로 내려갔습니다. 때마침 그녀는 물질화 모임에 참석하러 가고 있었지요. 나는 떨 듯이 기쁜 마음에 그녀를 따라 그곳에 갔습니다. 이제 내 모습이 그녀에게 고통이나 충격을 줄 일이 없으니 더 이상 숨길 필요도 없는 것입니다. 그녀 또한 이 순간을 오랫동안 참을성 있게 기다려왔겠지요.

아, 그날 밤은 얼마나 행복했는지 모릅니다. 나는 계속 그녀 옆에 서 있었습니다. 그리고 몇 번이나 만져 보았습니다. 더 이상 사람들의 눈을 피해 숨을 필요가 없는 겁니다. 나는 새로운 희망 속에서 새

몸을 받았고, 수치와 슬픔을 안겨주던 이전의 몰골은 사라져 버렸습니다. 이 즐거운 날의 절정은 내 모습을 그녀에게 보여준 순간이었습니다.

그녀는 깜짝 놀란 눈으로 나를 바라보았습니다. 처음엔 누군지 못 알아보는 것 같았지요. 미간을 찌푸리며 조바심 어린 눈으로 지상에서 마지막 봤던 내 모습과 닮은 사람을 찾으려는 듯 두리번거리더군요. 지금의 내 젊은 얼굴이 그녀에겐 낯설어 보였던 것입니다. 그녀는 미소를 지으며 어리둥절한 표정으로 내 얼굴을 다시 봤습니다. 아마 내가 몇 분만 더 물질화 상태를 유지할 수 있었다면 그녀도 눈치챌 수 있었을 텐데요. 그러나 아쉽게도 나의 물질화된 모습은 얼마 못 가 촛농처럼 녹아버렸습니다. 내가 사라지자 그녀가 중얼거리더군요.

"그 사람의 소싯적 모습 같긴 한데 아닌 것 같기도 하고, 잘 모르겠네. 정말 그 모습이 맞는 걸까?"

나는 그녀 뒤로 가서 귀에 대고 틀림없는 내 모습이라고 속삭였습니다. 내 말을 들은 그녀는 미소를 지으며 자기도 그런 것 같았다고 말했습니다. 나는 날아갈 듯 기뻤고 이로써 그날의 대미가 장식되었습니다.

14
아버지

그러고 나서 한동안 행복한 시간이 흘렀습니다. 나로서는 휴식과 회복의 기간이었고, 그 이후로 오랫동안 그런 시간은 오지 않았던 것 같습니다. 그 시절의 추억은 내겐 너무나도 소중합니다. 사랑하는 그녀 옆에서 많은 시간을 보냈기 때문입니다. 그녀는 내 말을 전부는 아니어도 상당 부분 알아들었습니다. 지상에서 너무 오랜 시간 그녀 곁에 머물다 보니 내가 살고 있는 새벽의 나라를 탐사할 시간도 낼 수가 없었답니다.

그리고 어느덧 깜짝 놀랄 만한 일이 나를 기다리고 있었습니다. 죽은 뒤로 나는 한 번도 먼저 죽은 친구나 친척을 만나본 적이 없었는데, 그러던 어느 날이었습니다. 여느 때처럼 그녀를 만나러 내려갔다가 이상한 얘기를 듣게 됐습니다. 어떤 영이 그녀를 찾아와 나에게 메시지를 전해달라고 부탁했다는 것입니다. 그녀는 그 영이 나의 아버지였다고 했습니다. 그 말을 듣고 너무 놀란 나는 메시지가 뭐였냐는 말조차 꺼내지 못했답니다.

나는 지상에 있을 때 아버지를 정말 사랑했습니다. 어머니는 어릴 적에 돌아가셔서 어머니에 대한 기억은 희미하게만 남아 있습니다. 그래서 아버지가 나의 모든 것이었지요. 아버지는 나의 성공을 자랑스러워했고 내 미래에 대해 무한한 기대를 걸고 있었습니다. 내 인생이 송두리째 망가졌을 때 아버지가 실의를 견디다 못해 돌아가신 것도 무리는 아니었습니다. 그 뒤로 나는 아버지를 떠올릴 때마다 부끄럽고 참담한 마음뿐이었습니다.

아버지가 그녀를 찾아와 메시지를 전했다는 말을 듣고, 못난 자식에 대한 한탄은 아니었을까 두려운 마음이 들었습니다. 나는 아버지를 감히 뵙지 못하겠다고 말하면서도 한편으론 그녀가 무슨 얘길 들었는지, 죄지은 자식을 용서하신다는 말은 행여 없었는지 듣고 싶어졌습니다.

그때 들었던 대답이 어떤 것이었는지, 그 말을 듣고 내 심경이 어땠는지는 도저히 표현을 못하겠습니다. 그 말은 마른 땅에 떨어진 이슬처럼 내 마음을 적셨습니다. 아마 성경에 나오는 탕자를 받아들인 아버지 또한 그와 비슷하지 않았을까 싶습니다.

나는 그 말을 듣고 그녀 앞에서 눈물을 펑펑 쏟았습니다. 아버지를 다시 만나 어릴 적처럼 품에 안기고 싶었습니다. 그런데 고개를 돌려보니 바로 옆에 아버지가 서 계신 것이었습니다. 마지막 뵀던 그 모습 그대로, 단지 영계의 영광에 둘러싸인 모습만이 다를 뿐이었습니다. 그렇게 오랫동안 떨어져 지냈던 아버지를 이렇게 다시 만날 줄이야!

"아버지!"

"얘야!"

우리는 이 말만 한 채 부둥켜안고 서로 아무 말도 하지 않았습니다.

감정이 다시 가라앉았을 때 우리는 많은 이야기를 나누었습니다. 나를 지금까지 올바른 길로 인도해준 그녀의 사랑에 대해서도 말씀 드렸습니다. 나는 아버지가 그동안 우리 둘을 곁에서 지켜보고 보호해주셨다는 사실을 알게 됐습니다. 내가 지상에 있을 때나 영계로 왔을 때나, 항상 뒤에서 나를 돕고 위로해주셨다는 것을 말입니다. 내 눈엔 보이지 않았지만 늘 내 가까이에서 변함없는 사랑을 보내주셨던 것입니다.

내가 아버지를 만나길 꺼릴 때도 아버지는 그곳에 계시면서 당신을 드러낼 기회를 기다리고 계셨습니다. 그러다가 사랑하는 그녀를 통해 마침내 모습을 드러내신 것입니다. 우리 세 사람이 상봉의 기쁨을 통해 한층 더 가까워지길 바라는 마음에 그러셨던 것입니다.

15
지옥의 원정

나는 아버지와 함께 영계로 돌아와 함께 오랜 시간을 보냈습니다. 아버지는 대화 도중 흥미로운 말씀을 하셨습니다. 사람들을 구하기 위해 가장 낮은 밑바닥 영계로 내려갈 원정대가 조직되고 있다는 것입니다.

가장 낮은 영계는 내가 아직 가본 적 없는 곳인데, 교회에서 소위 지옥이라 일컬어지는 곳입니다. 얼마나 오랫동안 원정이 없었는지는 모르지만, 지금 다시 일이 시작될 참이며, 한 번 내려가면 마치 침투군처럼 목표를 이룰 때까지 그곳에 머물러 있어야 한다고 합니다.

아린지만 선생이 나더러 원정에 가담해보라고 권하더군요. 아버지도 생전에 조국을 위한 전쟁에 자식들을 보내셨듯이, 이번에도 내가 이 빛과 희망의 원정에 참여하기를 바랐습니다.

그 사악한 힘에 맞서 싸울 수 있으려면 낮은 영계의 유혹을 견딜 수 있어야 합니다. 또 불행한 사람들에게 도움을 주려면 일단 그들이 우리를 보고 만질 수 있어야만 합니다. 지금 내가 거주하는 두 번째 영역의 제1계보다 높은 영계에 속한 진보한 존재들은 낮은 영계 거주자들의 눈에 보이지도 않고 들리지도 않습니다. 게다가 가장 저급한 영계로 들어갈 때 우리 몸이 보일 수 있도록 그들의 물질 원소로 몸을 감싸야 하는데 진보한 영들에겐 이 일이 불가능하지요. 비록 고급 영계로부터 보이지 않는 협조자들이 우리를 보호하러 원정에 동행하긴 하지만, 그들은 우리에게서 도움을 받는 사람들뿐만 아니라 우리의 눈에도 보이지 않는답니다.

나와 함께 원정에 참여하기로 되어 있는 단원들은 모두 기질이 비슷한 사람들이었습니다. 다들 나처럼 열정적이라 쾌락의 유혹에 빠지기도 그만큼 쉬웠습니다. 그런 경험에서 얻은 교훈을 잘 살린다면 저급한 영계의 회개하는 영들을 구해낼 수 있을 것입니다.

우리가 구해내는 사람들은 내가 처음 영계로 왔을 때 보내졌던 곳으로 가는데, 그곳엔 그처럼 불쌍한 영들을 위해 활동하는 단체들이 많습니다. 그 단체들을 주관하는 사람들도 한때 지옥의 왕국에서 구출된 경험이 있는 이들이라, 그런 일을 하기엔 적임자들이었습니다.

희망의 형제단 외에도 다른 단체에서 파견된 비슷한 그룹들이 있었습니다. 죄지은 자식들을 영원한 비참 속에 내버려두지 않는 자애로운 신의 이름으로 파견된 원정대들이었습니다.

많은 수의 친구들이 우리의 여정을 꽤 먼 곳까지 동행해주었습니다. 원정을 지휘하는 대장은 그곳에서 구출되었던 사람이라 그곳의 위험성을 잘 알고 있었습니다.

아린지만 선생이 제자 중 한 사람을 보내 그곳까지 동행하도록 했습니다. 우리가 여정에서 맞닥뜨리게 될 아스트랄계의 신기한 현상들을 설명해줄 분입니다. '하세인Hassein'이란 이름의 그 제자는 통칭 마법으로 불리는 자연의 신비를 연구하고 있었습니다. 마법은 보통 사악한 것으로 여겨지지만, 잘못된 방향으로 오용될 경우에만 그렇고 제대로 사용되기만 하면 사악한 세력의 힘을 막을 수 있습니다.

이 제자는 살아 있을 때 페르시아인이었고 아린지만 선생과 같은 조로아스터 교도였습니다. 이분들은 아직도 조로아스터 교도가 다수를 차지하는 종파에 속해 있습니다.

다음은 아린지만 선생으로부터 들은 말씀입니다. "영계엔 수많은 사상의 종파들이 있다. 모두 우주의 영원하고 위대한 진리를 담고 있지만, 세부적인 면이나 영혼의 진보를 위해 진리를 적용하는 방법 등에는 서로 차이를 보인다. 이론을 만들어내는 방법도 다르고, 보유한 지식으로부터 결론을 끌어내는 방법이나, 불확실한 상황에 적용하는 방식 등이 각양각색이다. 그러므로 창조의 위대한 신비를 설명하고 인간이 존재하는 이유와 내력, 선과 악이 혼재돼 있는 이유, 영혼의 본질과 그것이 어떻게 신으로부터 창조되는지를 완벽하게 설명하는 이론이 영계에는 있을 거라고 넘겨짚는 것은 오산이다.

진리의 파동은 우주의 위대한 중심들로부터 끝없이 흘러나오고 있다. 그것은 영혼 지성의 네트워크를 통해 지구로 전달된다. 그러나 각각의 영들은 자신의 발달수준이 허용하는 이해력의 범위 내에서 진리의 일부를 전달받을 수 있을 뿐이다. 물질계의 인간들도 자신의 지적인 능력이 소화할 수 있는 범위 내에서만 진리를 받아들일 수 있다.

영이나 인간 중 누구도 모든 것을 알 수는 없다. 그리고 영들도 자신들의 종파나 스승으로부터 전수받은 얘기를 해줄 수 있을 뿐이다. 그 이상은 그들도 알 수가 없다. 물질계와 마찬가지로 영계에도 절대적인 확실성이란 존재하지 않는다. 우주의 거대한 비밀을 밝혔다고 주장하는 이들도 자기보다 진보한 영들로부터 전수받은 얘기를 할 뿐이다. 위대한 스승들은 존중받아 마땅하지만, 사실 그들도 다른 종파의 진보한 스승들보다 더 절대적인 권위를 부여받은 것은 아니다.

나도 영계에서 가장 뛰어난 영적 지도자로 인정받는 분으로부터 들은 얘기인데, 태양계의 영들이 풀 수 있는 범위를 벗어난 문제들에 대해서는 최종적인 대답을 주는 게 불가능하다고 한다. 하물며 지구에 속한 영들은 말할 나위도 없다. 결국 우리가 가진 지식은 무한한 우주를 유한한 곳으로 가정한 상태의 잠정적인 지식이라 할 수 있다. 그 누구도 알 수 없는 절대자의 본질에 대해 우리가 이제껏 알아낸 거라곤, 절대자는 무한한 영혼이며, 한계가 없고, 불가지不可知하다는 것이다.

수많은 인간들과 영들이 이러쿵저러쿵 논쟁을 하고 이론을 제시하지만, 자신들이 아는 범위 내에서만 말하는 것일 뿐, 범위를 넘어선 것은 누구도 알 수 없다. 누가 감히 한계가 없는 존재의 한계를 논할 것이며, 무한히 깊은 생각의 심연을 헤아릴 수 있겠는가. 생각은 생명처럼 영원하며 그 깊이를 가늠할 수 없다. 신은 만물에 내재해 있으면서도 그 모든 것의 우위에 있다. 아무도 그 본성과 본질을 알아낼 수 없다. 신은 모든 것이며 어디에나 있다는 사실을 제외하곤 말이다.

인간은 우주를 탐구할 때 한계를 넘어서는 범위 앞에서 자신의 보잘것없음을 자각하고 물러설 줄 알아야 한다. 인간이 할 수 있는 최선의 일이란 겸손하고 조심스러운 자세로 공부하고 연구하는 것이다. 한 단계 올라서기 전에 자신이 거쳐온 단계가 확실한지를 분명히 해둬야 한다.

아무리 뛰어난 지성의 소유자라도 모든 것을 한꺼번에 다 알 수는 없다. 영계에서 가장 진보한 지성조차 늘 자신의 제한된 능력을 염두에 두고 연구를 하는데, 하물며 물질계의 인간이야 말할 나위가 있겠는가?"

16
투시

아린지만 선생이 나를 지도하기 위해 동행시킨 하세인이란 친구는 얼핏 스물다섯에서 서른 살쯤 돼 보이는 젊은이였습니다. 그러나 이 친구는 물질계에 있을 때 환갑을 훌쩍 넘겼었다고 합니다.

영의 나이는 영적 발달 정도와 관련이 있고, 외모에서 드러납니다. 영이 지적인 능력을 키워감에 따라 외관도 점점 성숙해져서 마침내는 성자의 얼굴을 갖게 되지요. 그러나 물질계와는 달리 주름살이나 검버섯 같은 것은 없고 다만 위엄과 카리스마, 연륜이 자연스레 묻어나와 나이를 가늠케 합니다.

그래서 어떤 영이 지구 혹은 그 밖의 행성에서 가장 높은 단계에 오르면 원로의 모습을 갖추게 되며, 자신이 속한 태양계를 떠나 더 높은 차원으로 넘어가면 청년기에서부터 노년기에 이르는 과정을 다시 시작하게 됩니다.

하세인은 영혼보다 낮은 차원의 존재와 그 다양한 힘에 대해 연구하고 있다고 했습니다. 여행 중 보게 될 많은 진기한 현상들을 설명해주겠다고 하더군요.

"지상의 인간들이 대부분 영을 볼 수 없는 것처럼 아스트랄계의 영들도 지각능력이 완전히 발달하지 않은 상태라서 못 보고 지나치는 존재들이 많아요. 그러나 지상에도 인간의 영뿐만 아니라 아스트랄체나 사념체를 보는 능력을 가진 이들이 더러 있지요.

아스트랄체나 사념체는 영(영체)과는 달리, 그 안에 영혼으로 성장할 수 있는 잠재력이 담겨 있지 않습니다. 우리가 앞으로 보게 될 이 존재들은 그 안에 영혼이 없거나 혹은 영혼이 분리되어 빠져나간 껍데기일 뿐입니다.

영혼이 없는 아스트랄체와 영혼을 지닌 영을 구분하려면, 영혼을 볼 수 있는 능력과 투시력을 모두 갖춰야 합니다. 이러한 능력을 불완전하게만 갖고 있다면 아스트랄체나 사념체를 볼 수는 있어도 영과 뚜렷하게 구분을 해내지는 못하지요. 그러므로 이처럼 불완전한 투시 능력자들은 그러한 존재들의 본질과 속성에 대해 많은 혼동과 오해를 가질 수밖에 없어요.

물질계의 인간들에겐 일곱 단계의 영시靈視능력이 있는데, 거친 물질계를 벗어나면 다시 일곱 단계가 추가되지요. 영혼은 진보해가면서 거친 허물을 하나씩 하나씩 벗고 좀더 영묘한 차원으로 들어가는데, 이때마다 영시능력 또한 같은 식으로 계속 향상됩니다. 처음엔 물질계의 가장 거친 허물을 벗고, 그다음엔 좀더 영묘한 물질의 허물을 벗는 식인 거지요.

태양계에 거주하는 존재들에 한해서는 영혼과 물질을 완벽하게 분리할 수 없다는 게 우리의 견해입니다. 그 한계를 넘어가면 어떻게 되는지는 우리도 알 수 없고요. 순전히 추측만 해볼 수 있을 뿐입니다.

영혼의 발달 정도에 따라 좀더 영묘한 단계나 거친 단계로 나뉘는 게 물질의 속성인데, 일단 물질계의 첫 번째 단계에 초점을 맞춰 투시력을 설명해보도록 하겠습니다. 현재의 인류 의식단계 이전이나 이후에 대해선 차치하고 말이지요.

지상의 물질계에서는 주로 여성이나 어린아이들에게서 일곱 단계 모두, 혹은 일부의 능력을 가진 사람들을 볼 수 있는데요. 처음의 세 단계까지 갖춘 사람은 흔한 편이지만, 4단계와 5단계에 이른 사람은 드물고, 6단계와 7단계는 특정한 점성학적 영향력하에 태어난 극소수를 제외하곤 거의 찾아볼 수 없답니다.

그나마 완벽한 능력을 가진 사람은 극히 드물고, 7단계 없이 6단계의 능력만 어설프게 갖춘 사람이 간간이 눈에 띌 뿐입니다. 이런 사람들은 완벽한 영시靈視에 이를 수가 없지요. 불완전한 안경을 쓰고 있는 셈이라서 영계의 사물을 불완전하게 보게 되지요. 그들은 여섯 번째 영계까지도 투시로 볼 수 있지만, 능력의 결함 때문에 많은 부분을 왜곡해서 보게 됩니다.

허나 완벽한 6~7단계의 능력을 가진 사람들은 가장 높은 천상의 영역이라 할 수 있는 일곱 번째 영계까지 들어갈 수 있어요. 그 옛날 성 요한처럼, 말로 표현할 수 없는 것들을 보게 되는 거지요.

이 정도가 되려면 사람의 영은 죽을 때 끊어지는 생명줄을 제외한 모든 육체의 속박으로부터 자유로워져야 합니다. 그러므로 육체를 벗어나 일곱 번째 영계로 들어가는 건 매우 어렵고 위험한 일입니다. 능력이 있다 해도, 아주 특수한 상황하에서 예외적인 사람에게만 허용되는 일이라 하겠습니다.

아주 낮은 등급의 능력을 가진 투시능력자도 마찬가지인데요. 낮은 단계의 능력을 가진 사람일수록 자신의 능력에 맞는 영계를 보면서 안전하고 쉬운 쪽으로 능력을 활용할 수 있지요.

흥미로운 것은, 많은 투시능력자들이 처음의 한두 단계에선 완벽한 능력을 지니고 있다가도 단계가 올라가면서 능력이 불완전해지는데, 이처럼 불완전한 상태에서는 보이는 것과 그렇지 않은 것을 뒤섞는 경향이 있다는 거예요. 마치 한쪽 눈에 결함이 있으면 사물을 정확히 볼 수 없듯이, 그러한 결함이 전체적인 투시능력에까지 영향을 미치는 거지요.

그러므로 어떤 단계에서 불완전한 능력을 지니는 것보다는 그 단계의 능력이 아예 없는 쪽이 차라리 낫습니다. 불완전한 능력은 완전한 능력의 사용에 혼란만 유발할 뿐이니까요. 능력을 스스로 제한한다면 또 모르지만요. 결함 있는 눈을 감으면 왜곡된 영상이 교정될 수 있는 것과 마찬가지 원리랄까요.

그래서 고대인들은 제자들에게서 한두 단계의 완벽한 능력을 발견하면 더 이상 능력을 계발하지 못하게 막았어요. 어설프게 계발된 능력이 기존의 완벽한 능력에 손상을 주기 때문인데, 이런 방법으로 그들은 신뢰할 수 있는 투시능력자를 양성할 수 있었지요. 그 이상의 능력을 계발하려 했다간 얻는 것보다 잃는 것이 훨씬 많았을 겁니다.

고대엔 점성가들을 등급별로 구분했는데, 지금도 동양의 몇몇 곳에선 그 전통을 고수하고 있지만 대부분은 그렇지 못하지요. 각 등급의 예언자들은 자신의 능력에 어울리는 맞춤 수련을 했어요.

지금은 뛰어난 능력을 갖고 있어도 그걸 지혜롭게 사용하는 법을 모르기 때문에 부정확한 결과들이 나오는 경우가 매우 많지요. 이건 영매와 그들에게서 정보를 구하는 사람 양쪽 모두에게 해가 되는 일입니다.

　마치 어리석은 트레이너가 운동선수의 근육에 손상을 입히지 않고 혹사시키는 게 가능하다고 생각하는 것처럼, 이들도 영적 능력을 무제한적이고 무차별적으로 계발하고 있습니다. 둥지 밖을 너무 일찍 나온 어린 새는 퍼덕거리다 땅에 곤두박질치지만, 날개가 튼튼해질 때까지 기다렸다 나오면 하늘로 날아오를 수 있지요.

　물질계를 오래 탐구하다 보면, 영적 능력을 지닌 영매에게 필요한 지식이 생깁니다. 그러한 지식을 바탕으로 저급한 영혼과 진보한 영혼을 구분할 수 있게 되어서, 영적 활동을 방해하는 혼란과 위험을 점차 제거해갈 수 있지요.

　영계에는 몇 세기에 걸쳐 영이나 인간들, 혹은 기타 존재들의 영능력에 관해 연구를 거듭해온 스승들이 많아요. 그들은 지금도 인류에게 도움이 될 만한 그 분야의 지식을 전달할 경로를 다각도로 찾고 있지요. 그 지식들 중 많은 부분이 아직 전해지지 않았지만, 이미 전수된 것도 있어요. 다른 모든 지식들과 마찬가지로 이러한 지식들도 물질계의 지성을 발전시키는 데 도움이 될 겁니다."

　나는 많은 것을 가르쳐준 하세인이 고마워서 차후에 여건이 되면 도움을 주기로 약속했습니다. 그리고 원정대가 출발하기 직전에 지상으로 내려가 그녀에게 작별을 고했습니다. 헤어진 뒤에 우리는 함께했던 시간들을 얼마나 그리워했는지 모릅니다. 비록 장벽에 가로막힌 제한된 만남이긴 했지만, 우리 둘 모두에겐 큰 기쁨이었기 때문입니다.

　지상에서 돌아와보니 원정 준비가 모두 마무리된 상태였습니다. 나는 아버지와 그 밖의 사람들에게 작별인사를 하고 큰 홀에서 단장으로부터 환송의 축복을 받는 모임에 참석했습니다. 모임이 끝난 뒤 원정대는 진뜩 모인 형제단의 갈채와 성원을 받으며 출발했습니다.

17

아스트랄계의 거주자들

우리 여정의 경로를 설명하자면, 아래와 위 양쪽으로 동시에 돌아가고 있는 코르크 따개 모양의 거대한 나선형 고리를 상상하시는 것이 가장 근접합니다. 커다란 수레바퀴 한가운데의 바늘끝처럼 작은 점이 이 나선 고리의 중심에 있는 지구를 상징할 수 있을 겁니다. 나선 고리는 지구의 아래쪽과 위쪽으로 동일한 수로 감겨 있는데, 그것은 모두 이 점의 둘레를 가장 낮은 지점으로부터 가장 높은 지점까지 차례로 꼬리를 물고 감겨 돌아갑니다. 그리고 그 나선의 머리는 우리의 중심 태양을 향하고 있습니다. 중심 태양은 가장 진보된 영역의 가장 높은 지점으로 여겨지지요.

이것이 지구와 그 주변 영계들의 대략적인 구조인데, 두 번째 영계에 있다가 지상 영계를 거쳐서 최하층 영계로 내려가는 우리의 경로를 이해하는 데 도움이 될 것입니다.

아래쪽 영계로 내려가면서 나는 수많은 영들이 여느 때처럼 왔다 갔다 하는 모습을 봤습니다. 그런데 혹한의 나라에 갔을 때 얼음감옥 주변을 맴돌던 것과 비슷한 망령들이 떠다니는 게 보이더군요. 이 망령들은 지구 주위를 순환하는 아스트랄 흐름이 생성시켜놓은 것인데, 마치 바다 위를 둥둥 떠다니듯 부유하고 있었습니다.

그중 어떤 것들은 얼핏 살아 있는 것처럼 보였지만 자세히 들여다보면 눈동자와 표정에 총기가 보이지 않았습니다. 속이 다 빠져나간 밀랍인형처럼 넋이 나간 몰골이었습니다. 이들의 형체를 묘사할 만한 표현이 잘 떠오르지 않는군요.

예전에 지상 영계를 돌아다닐 때는 그런 존재를 본 적이 없었기 때문에 하세인에게 이유를 물었더니 그가 대답했습니다.

"첫째, 당신이 일에만 너무 열중했기 때문이고요. 둘째, 시각능력이 충분히 발달하지 못했던 탓이지요. 저길 보세요."

어린아이들처럼 손을 잡고 폴짝폴짝 뛰며 우리 쪽으로 다가오는 기이한 무리를 가리키며 그가 말했습니다.

"저것들은 어린아이들의 몸과 마음에서 뿜어져 나온 에너지들입니다. 지구 주변을 흐르는 거대한 생명력의 흐름에 접촉할 때 저렇게 이상한 형체로 굳어지지요. 해를 입히지는 않아요. 가끔 아이들이 아닌 성인들로부터 나오기도 하는데, 저것들은 영혼과는 달라서 지능이 없어요. 지금 보시면 알겠지만, 여름 하늘의 구름처럼 형체도 계속 변하고 있지요. 금방 사라져서 새로운 모습이 됐죠?"

실제로 기괴한 형체로 다시 변하더니 이번엔 꽃으로 만든 옷과 모자를 쓴 날개 달린 작은 요정으로 변했습니다. 인간의 몸에 동물의 머리, 나비의 날개를 단 형체였습니다. 강한 자기장의 물결이 그들을 쓸고 지나가자 전부 흩어지더니 이번엔 또 다른 입자들과 새로운 형태를 이루는 것이었습니다.

나는 살아 움직이던 존재가 갑자기 사라지는 바람에 깜짝 놀랐는데 그런 내 마음을 읽은 하세인이 말했습니다. "방금 보신 것은 자연적인 원소들이 어렴풋한 형체를 이룬 것에 지나지 않아요. 지상 영계에서 오래 존속할 만큼 물질화된 게 아닙니다. 지상의 순수한 생명과 생각들의 파동에 의해 생겨난, 바닷가의 물거품 같은 거지요. 순수하지 못한 것들은 아스트랄계에서 얼마나 단단한 밀도를 지니는지를 한 번 보시지요."

이번엔 검고 흉하고, 사람 같으면서도 사람이 아닌 희미한 형체의 거대한 덩어리가 다가오는 게 보였습니다.

"이것들은 술주정꾼 주변으로 모여드는 존재들인데, 술주정꾼의 타락한 에너지체에 단단히 들러붙습니다. 스스로를 지키려는 의지를 상실한 사람인 경우엔 저것들을 떼어낼 수가 없어요. 본성이 악착 같은 데가 있어서 거머리처럼 사람의 생명력을 계속 빨아들이거든요. 주정뱅이를 도울 수 있는 최선의 방책은 강력한 의지와 에너지를 가진 사람에게 치유를 맡기는 겁니다. 망령들이 더 이상 붙어 있지 못하게 될 때까지 그 사람의 강력한 기운을 계속 쏟아 붓는 거지요. 건강한 에너지는 이 존재들에게 독극물 같은 작용을 합니다. 결국 몸에서 떨어져나가 먼지처럼 사그라들지요.

만일 이 존재들이 그런 식으로 퇴치되지 않는다면, 사람의 생명력을 다 빨아들인 뒤 다른 사람에게 붙는 식으로 수십 년 동안 떠돌아다니다가 마침내 스스로 독립적인 생명체가 됩니다. 이 단계가 되면 좀더 지능적인 존재들한테 이용을 당하지요. 이른바 흑마술을 하는 자들이 이 영혼 없는 피조물을 자신의 실험에 쓰거나, 눈밖에 난 자들을 해치는 데 이용하기도 합니다. 웅덩이 바닥의 죽은 잡초처럼, 이 아스트랄체들은 결국 그들의 마수 속에서 파멸되고 맙니다."

"하세인, 그럼 이 아스트랄체들이 술주정꾼에게 달라붙어 술을 계속 마시게 하는 건가요? 술주정꾼으로 죽어 지상에 묶인 영들이 육체를 가진 인간을 조종하는 것처럼요."

"아니에요. 이 녀석들은 술맛이 뭔지도 모릅니다. 단지 사람의 에너지체를 망가뜨려 무방비상태로 만드는 것일 뿐이지요. 이 녀석들이 원하는 건 사람의 생명력입니다. 식물이 생존하려면 물이 필요한 것처럼 이 녀석들도 생존을 위해 생명력이 필요한 거지요. 생명력을 고갈시켜 사람을 피폐하게 만들고, 위안이 되는 자극을 찾아다니도록 조종하는 것일 뿐, 음주 자체를 부추기는 것은 아니에요. 이놈들은 그냥 기생체들일 뿐이에요. 생기다 만 특성이 몇 가지 있을 뿐, 지능이 없기 때문에 이름을 붙일 수도 없어요.

생각을 하거나 남에게 생각을 전하기 위해선 영혼의 씨앗, 즉 신성의 불꽃이 내재되어 있어야 합니다. 일단 그것이 주어지면, 결코 사라지지 않는 개체성을 갖게 되지요. 물질화된 외피를 한꺼풀씩 계속 벗어가거나, 혹은 반대로 점점 탁하게 물질화되어갈 수도 있지만 한 번 영혼의 씨앗이 부여되면 그 존재는 소멸되지 않습니다. 그리고 자신의 행동에 책임을 지게 되지요. 인간처럼 고차원적인, 혹은 동물처럼 저차원적인 존재에게 지능이 발현되는 모습을 볼 때마다, 그 안에 영혼이 존재한다는 사실을 알게 되지요. 단지 그 영혼의 알맹이가 얼마나 순수한가의 차이가 있을 뿐이에요.

인간과 동물은 모두 지능이 있습니다. 정도의 차이가 있을 뿐이지요. 이러한 사실로부터 우리 종파는 다음과 같은 결론을 내렸습니다. 인간과 동물은 모두 의식을 가진 채 개별적으로 영생하는 존재들이지만, 영혼의 본질적인 정도에서 차이가 있을 뿐이며 인간뿐 아니라 동물도 끝없이 발전해간다는 것입니다. 이러한 법칙이 어디까지 적용되는지는 우리로서 감히 말할 수 없지만, 인간뿐 아니라 동물도 영계에서는 지상에 있을 때보다 진보된 상태로 존재한다는 사실에서 그러한 결론을 내릴 수 있었지요.

영혼이 없는 기생체가 인간의 마음에 영향을 미치기란 불가능합니다. 오직 영혼만이 육체를 가진 인간을 부추겨 술이나 그 밖의 악에 물들게 할 수 있지요. 당신도 알겠지만 저급한 욕망에 빠져 아스트랄 외피의 속박에서 벗어나지 못하고 지상을 맴도는 영혼들은, 사람을 다양한 방법으로 조종할 수 있어요.

가장 통상적인 방법은, 영이 자신의 영체로써 사람의 일부분을 에워싸는 건데요. 이러면 결국 그들 사이에 연결고리가 생깁니다. 마치 쌍둥이 아이들이 몸은 다르지만 정신적으로 연결되어 있어 한쪽이 느끼는 걸 다른 쪽도 느낄 수 있는 것과 비슷한 원리지요. 이런 상태에서 사람이 술을 마시면 그 사람을 조종하는 영도 즐길 수 있게 됩니다. 가능한 한 많이 마시도록 자극하다가 더 이상 충동질을 할 수 없게 되면, 그 사람을 떠나 의지가 약하고 타락한 취향을 가진 또 다른 대상을 찾아 나서는 거지요.

그러나 인간이든 영이든 그들 사이의 연결고리를 언제든 마음대로 끊을 수 있는 건 아닙니다. 이런 종류의 결합이 오랜 기간 지속되면 연결을 끊는 게 매우 어려워지기 때문이지요. 영과 인간 양쪽이 서로에게 신물이 났다고 해도 연결을 끊지 못해 몇 년이 지나도록 계속 그 상태로 가는 수도 있어요. 이 경우 높은 차원의 힘을 가진 존재의 도움이 필요한데, 이들은 도움을 호소하기만 하면 누구든 기꺼이 도와줍니다.

만일 어떤 영이 방금 말한 대로 자기만족을 위해 사람을 계속 조종한다면, 영적인 등급이 점차 낮아져서 최하층의 영계로 희생자와 함께 떨어지게 됩니다. 그곳에서 상황을 개선시키려는 욕망이 생기면 다시 위로 올라가는 길고 험난한 여정을 시작하게 되겠지요.

영혼만이 사고력과 의지를 갖고 있습니다. 영혼이 없는 다른 피조물들은 우주를 구성하는 물질 원자들이 그러하듯 인력과 척력의 법칙에만 복종할 뿐이에요. 이 아스트랄 기생체들이 오랫동안 인간의 생명력을 빨아들인 나머지 어느 정도 독립적인 생명을 갖게 된다고 해도, 그들 자신이나 다른 존재들의 움직임을 유발할 만한 지능을 갖지는 못합니다. 이 녀석들은 불결한 환경에서 생기는 병원균처럼 떠다니다가 적당한 사람에게 들러붙는데, 병원균처럼 낮은 형태의 생명을 갖고 있다고 할 수는 있겠지요.

또 다른 종류의 아스트랄체로는 흙이나 공기, 불, 물의 각 원소에 있는 생명의 근원으로부터 생겨난 존재들을 들 수 있습니다. 어떤 것들은 빛이 들지 않는 광산이나 산속 동굴에 사는 요정과 생김새가 비슷하지요. 외지고 격리된 곳에서 주로 볼 수 있는 존재들인데요. 이들은 구성원소의 성질에 따라 제각기 다른 본성을 지닙니다. 옛날이야기 속에 나오는 온갖 정령과 요정이 바로 그들이지요.

이런 존재들은 생명을 갖고 있지만, 그렇다고 영혼을 갖고 있는 건 아닙니다. 이들의 삶은 인간의 생명으로 인해 생겨나고 유지되기 때문이지요. 이들은 주변에 살고 있는 사람들의 반영체일 뿐입니다. 이들 중의 어떤 것들은 매우 낮은 등급의 생명을 갖고 있는데, 독립적으로 움직일 수 있는 것만 빼고는 식물과 다를 게 없지요.

또 어떤 것들은 매우 활동적인데다 여기저기 아주 빠른 속도로 날아다닌다거나 하는 온갖 기괴한 재주를 갖고 있어요. 전혀 해롭지 않은 것들도 있지만, 야만인들의 생명력으로부터 생겨난 것들은 위험합니다. 이 신기한 존재들은 문명이 발달된 곳에서는 생존을 이어가지 못합니다. 인간으로부터 방사되는 생명의 근원 속에 이들을 존속시킬 만한 요소가 매우 적기 때문이지요.

문명이 진보할수록 이처럼 저급한 존재들은 설 자리를 잃게 되는데, 그러다 보니 사람들이 결국 이들의 존재 자체를 의심하고 종국엔 애초부터 존재하지 않았다고 생각하게 되는 거지요. 오직 동양의 고대종교들이 보존해온 옛 기록에서만 이런 존재들에 대한 설명과 생성원리 등을 살펴볼 수 있을 뿐이지요. 영혼이 없는 이 존재들은 앞에서 말한 인간의 타락한 마음과 행동에서 방사되는 것들과는 다릅니다.

서양의 철학자들이나 지식인들은 이러한 지식들을 해롭고 황당무계한 이야기이라며 폐기처분했지만, 그 결과 육체적인 감각으로 보고 듣고 느낄 수 있는 좁은 영역의 지식에만 매몰되어버렸지요. 그리고는 급기야 인간의 고귀하고 순수한 본체인 영혼의 존재마저 의심하기 시작했습니다. 그 결과 인간은 스스로를 위험에 빠뜨렸지요.

지상의 인간을 사방에서 둘러싸며 위협하는 저 숱한 영적 존재들을 보세요. 위험한 줄도 모르고 눈먼 사람처럼 걷다가 빠질 수 있는 수많은 함정들에서 자신을 지킬 수 있는 지식을 갖는 게 잘못인가요? 진지하게 자문해볼 필요가 있습니다.

태곳적의 인류는 마치 아이처럼 신에게 도움과 원조를 구하는 것으로 만족했지요. 그러면 신은 천사와 수호령들을 보내어 당신의 자녀들을 보호하셨고요. 그런데 이 시대 사람들은 말썽 많은 청소년처럼 자만심에 빠져 도움을 청하긴커녕, 오만과 무지의 붕대로 눈을 가린 채 위험 속으로 뛰어들고 있어요. 자신의 이해력의 범위를 넘어서는 것은 무조건 비웃고 외면해버리지요. 자신의 영혼을 보거나 측정할 수 없고 분석할 수도 없다 보니 "영혼 같은 게 있을 리 있나? 인생은 최대한 즐기고 보는 거야. 죽으면 다시 흙으로 돌아가고 의식이나 인격 같은 건 영원히 사라져 버리는 걸" 하고 말하는 거지요.

그렇지 않으면 자기 앞에 놓여 있는 미지의 운명에 두려움을 느낀 나머지 애매모호한 미신을 피난처로 삼기도 합니다. 그러나 미신은 신뢰할 만한 게 못됩니다. 사람들을 올바른 길로 인도해줄 수 없어요.

그래서 신께서는 방황하고 힘겨워하는 자녀들을 위해 최근에 다시 — 전보다 활짝 — 두 세계 사이에 교류의 문을 열어놓으셨습니다. 신께서 인간에게 경고를 하기 위해, 좀더 행복한 삶에 이르는 길을 알려주기 위해 전령들을 보내고 있습니다. 옛 선지자들처럼 이 전령들도 인간들에게 말씀을 전하지요. 이들이 옛 선지자들처럼 간접적인 상징을 사용하지 않고 더 명료한 화법으로 말하는 것은, 인류가 이제 유아기를 벗어났기 때문입니다. 앞으로는 믿음과 희망의 말씀이 이성적이고 과학적인 방법으로 전달될 필요가 있어요. 지상의 고통받는 자들을 부르는 이 목소리를 들어보세요!"

하세인이 고개를 돌려 우리 시야의 지평선 위로 멀리 떠 있는 것처럼 보이는 작고 검은 구체를 향해 손을 벌리며 외쳤습니다. 그 구체는 지구라 불리는 슬픔의 행성입니다.

"인간들은 자신을 부르는 그 목소리에 귀를 기울여, 너무 늦기 전에 깨달아야 합니다. 신은 죽은 자들의 신이 아니라 살아 있는 자들의 신이란 것을 말이지요. 모든 생명체는 영생합니다. 생명은 만물에 깃들어 있어요. 흙이나 단단한 바위에도 생명의 싹이 있지요. 정도의 차이가 있을 뿐입니다. 우리가 숨 쉬는 공기와 무한한 우주공간도 생명으로 가득 차 있어요. 신은 좋든 나쁘든 생명을 귀하게 여기며, 육신을 벗어난 인간을 벌하거나 고문하지 않아요. 생명은 만물에 깃들어 있으며, 신은 모든 것의 중심이 되는 생명입니다."

하세인은 말을 멈추더니 좀더 차분한 목소리로 나에게 말했습니다.

"저쪽을 보세요. 저것들이 뭘까요?"

그가 가리킨 건 얼핏 바람에 나부끼며 우리에게 다가오는 한 무리의 영들처럼 보였습니다. 그러나 좀더 가까워지자 영혼이 없는 아스트랄체 껍질들이라는 걸 알게 됐습니다. 얼음 감옥 속의 남자에게 붙어 있던 망령들과는 달리 이것들은 단단해 보였고 동물적인 활력으로 가득 찬 것처럼 보였습니다. 그러면서도 어딘가 모르게 기계적인 느낌이 들기도 했고 지능이 없는 것 같기도 했습니다. 그것은 마치 바다의 부표처럼 둥둥 떠다니고 있었지요. 그들이 우리에게 가까이 다가오자 하세인이 의지력으로 그중 하나를 붙잡았습니다.

"보세요. 살아 있는 거대한 인형 같지 않습니까? 이건 저급하고 동물적인 삶을 사는 인간들의 육신에서 끝없이 방사되는 원자들이 만들어내는 거예요. 그 방출물들이 아스트랄계의 전자기적 힘을 접해서 이처럼 지상 인간들의 복제품 같은 형체를 이룬 거지요. 인간의 눈에 보일 만큼 물질화돼 있진 않지만 기초적인 투시력만 조금 있으면 얼마든지 볼 수 있어요. 그러나 투시력이 일정 수준을 넘어서야만 이것들이 진짜 영혼이 아니란 걸 식별할 수 있지요. 그보다 더 뛰어난 투시력을 가진 사람이라면 이 안에 영혼이 깃든 적이 한 번도 없었다는 사실을 알 수 있답니다.

　일반 투시가들 사이에서는 아스트랄체에 대한 연구가 충분히 이뤄지지 못했기 때문에, 영혼을 담고 있는 아스트랄체인지, 영혼이 떠나버린 아스트랄체인지, 아니면 영혼이 존재한 적 없는 아스트랄체인지를 구분할 수 있는 투시가가 거의 없어요. 조금 뒤에 아스트랄체로 실험을 하나 해볼 텐데, 그 전에 먼저 이 존재를 있는 그대로 잘 봐두세요. 지상의 생물처럼 쌩쌩하고 활력 넘치지 않나요? 전에 보았던 것처럼, 영혼이 빠져나간 뒤 급속하게 일그러지고 쇠약해진 것들과는 다르지요. 이 점을 눈여겨보셔야 해요.

　이 싱싱해 보이는 아스트랄체는 다른 것들보다 빨리 일그러져요. 생명의 차원 높은 에센스가 전혀 남아 있지 않기 때문이지요. 반면에 영혼을 담은 적이 있는 아스트랄체는 완전히 일그러질 때까지 꽤 긴 시간이 걸립니다. 아스트랄체는 차원 높은 원천에서 생명력을 끌어와야 합니다. 그러지 않으면 산산이 부서지고 말지요.”

　“그런데 그것들이 어떻게 인간의 모습을 취할 수 있나요?”

　“영적인 자기력의 흐름이 작용하여 그런 모습을 만들어내는 겁니다. 바다에 조류가 흐르듯이, 우주의 공간엔 끊임없는 자기력의 흐름이 존재하는데, 이건 과학자들이 알고 있는 자기력보다 더 영묘한 차원의 것이에요. 말하자면 영적인 자기력이라 할 수 있지요. 마치 얼어붙은 창유리의 습기에 정전기가 작용해서 나무나 식물 같은 형체를 만드는 것처럼, 이 자기력의 흐름이 원자의 구름 같은 덩어리에 작용해서 인간의 형상을 만들어놓는 거지요. 전기가 식물체의 잎이나 나무 모양을 형성하는 데 중요한 요인으로 작용한다는 건 널리 인정되는 사실입니다. 하지만 이 영묘한 형태의 자기력이 인간과 동물의 신체를 형성하는 데 비슷한 역할을 한다는 건 잘 알려져 있지 않지요."

"그럼 동물의 아스트랄체도 있는 건가요?"

"물론입니다. 그중 어떤 것들은 아주 기괴하지요. 지금은 당신의 시각능력이 완전히 발달하지 못한 데다, 발달하게 할 시간적 여유도 없기 때문에 보여드리기가 곤란하지만, 언젠간 아스트랄계의 다른 이상한 것들과 함께 보여드리지요. 원자들은 다양한 부류가 있는데, 같은 부류끼리는 서로 뭉치는 경향이 있어요. 식물의 원자들은 아스트랄계의 나무나 식물들을 이루기 위해 서로를 끌어당깁니다. 동물의 원자들도 짐승이나 새의 형상을 이루기 위해 모이고, 인간의 원자들 또한 남자나 여자의 형상을 이루기 위해 모이지요.

이따금 인간에게서 등급이 매우 낮은 거의 동물 수준의 원자들이 나올 때가 있는데, 이런 원자들은 동물과 인간을 동시에 닮은 기괴하고 끔찍한 형상을 만들어내지요. 투시력을 가진 사람이 반#무의식 상태에서 보면 악몽 속의 괴물처럼 보일 거예요. 이처럼 엄청난 양의 살아 있는 원자들이 지상의 저급한 인간이나 동물들로부터 끝없이 방출되지요. 바로 이런 것들이 아스트랄체를 존속시키고 새로 만들어냅니다."

흥미로운 상상을 하나 해볼까요? 만일 물질화 단계를 벗어난 영적 단계의 행성으로 이 아스트랄 껍데기들을 보내어 저급한 생명력으로부터 완전히 벗어나게 하면 어떻게 될까요? 아스트랄체들은 존속하지 못하고 유독가스처럼 사라져버릴 겁니다. 이미 말씀드렸지만 이것들은 인간 원자의 구름 같은 덩어리에서 만들어진 것으로 한 번도 영혼을 담아본 적이 없어요. 높은 차원의 힘이 작용하여 생명력을 강화시켜서 수명을 연장해주지 않으면 마치 유리창 위의 얼음꽃처럼 금방 사라져버리지요. 앞으로 자주 보겠지만, 무표정한 게 꼭 밀랍인형 같죠? 이 녀석들은 어떤 개별적 성질도 기꺼이 받아들이기 때문에 고대의 주술사들이 많이 이용했어요. 아스트랄 원자들은 나무건 식물이건 동물이건 인간이건, 영계의 진짜 영을 구성하는 원자들과 혼동해서는 안 됩니다. 아스트랄체들은 종류를 막론하고 지상의 거친 물질과 영계의 영묘한 물질의 중간쯤 되는 물질화 단계에 있어요.

아스트랄 외피에 감싸인 영혼을 보통 '어스바운드earthbound' 상태라 부르는데, 지상의 존재들과 어울리기엔 너무 비물질적이지만 그렇다고 높은 차원이나 낮은 차원의 영계로 이동하기엔 또 너무 물질화된, 그런 존재지요."

"그렇다면 가장 낮은 영계의 영조차도 어스바운드 영보다는 영묘하단 말씀인가요?"

"맞아요. 아스트랄계는 각각의 행성을 벨트처럼 감싸고 있어요. 그런데 이미 말씀드렸다시피, 아스트랄체들은 지구로 다시 흡수되기엔 너무 영묘하고, 지구의 인력을 벗어나 영계로 들어가 새로운 형태를 이루기엔 너무 거칠거든요. 아스트랄체들이 하나의 형태를 이루도록 유지하는 건 영혼의 자기력이 지닌 생명력입니다.

영혼의 외피처럼 생명을 담아본 전력이 있는 인간 아스트랄체의 경우, 아스트랄 원자들은 인간의 자기력, 즉 생명의 정수를 어느 정도 빨아들입니다. 그 영혼이 지상에 있을 때 선했느냐 악했느냐, 수준이 높았느냐 낮았느냐, 영혼의 자기력이 그것을 오랫동안 활성화시켰느냐 아니면 짧은 기간만 그랬느냐에 따라 생명의 정수를 흡수하는 정도가 결정되지요. 영혼이 생전에 고결한 욕망을 품고 살았을 경우, 연결이 곧 끊어지면서 아스트랄 외피는 붕괴됩니다. 그러나 악한 욕망을 가진 영혼이었다면, 연결은 몇백 년을 지속될 수도 있고 그 영혼을 사실상 지상에 결박함으로써 어스바운드가 되는 거지요. 간혹 매우 사악한 삶을 살았던 영혼의 아스트랄체가 자기보다 높거나 낮은 차원의 에너지들을 흡수하기도 하는데요. 아스트랄 상태의 물질은 영혼의 활력으로 넘쳐나기 때문에, 그 안에 살던 영혼이 낮은 차원으로 떨어지고 난 뒤에도 빈 껍질로 남아 원래 주인의 희미한 형체를 띠고 지상을 떠돌아다니지요. 투시가들에겐 생전에 자신이 살았던 곳을 떠도는 존재처럼 보이는데, 한마디로 망령이라 할 수 있어요. 이들은 영혼이 떠난 상태라 지능을 갖지 못하고, 따라서 영매에게 정보를 전달하거나 물건을 움직이는 등의 일은 못해요. 선하든 악하든 지능을 가진 존재의 꼭두각시 노릇을 제외하곤 아무것도 못하지요.

지금 우리 앞에 있는 아스트랄체는 그 안에 생명의 자기력이 존재하지 않아요. 이전에 담아봤던 적도 없구요. 곧 원자들이 해체되면서 다른 존재들에 흡수될 겁니다. 이 아스트랄체에 내가 가진 의지력이 작용하면 어떻게 되는지 한 번 보세요."

그가 말을 끝내자마자 그 인형 같은 아스트랄체가 갑자기 활기를 띠더니 지능이 생겼습니다. 그리고는 하세인이 지목한 단원에게 스르르 다가가 어깨를 건드리며 "친구여, 하세인이 인사를 합니다"라고 말하는 것이었습니다. 그러고 나서 어리둥절해하는 그 형제에게 꾸벅 고개를 숙이더니 마치 사슬에 묶여 훈련받은 원숭이처럼 다시 우리에게 돌아왔습니다.

"이제 아셨죠? 이 아스트랄체를 멀리 떨어진 사람에게 보내어 특정한 일을 수행하는 전령처럼 사용했잖아요? 옛날 주술사들은 이런 식으로 모습을 드러내지 않고 멀리 떨어진 곳에서 일을 보곤 했던 거예요. 아스트랄체들은 아스트랄 상태에서만 이용할 수 있어요. 이용하는 사람의 눈에는 보이지만, 물체를 움직이거나 할 수는 없지요. 그러나 좀더 물질화된 아스트랄체들도 있어요. 이런 녀석들은 땅속을 뚫고 들어가 인간의 눈에 띄지 않는 보물이나 귀중한 금속 등을 가져오는 데 쓰일 수 있지요. 이런 일을 할 수 있는 능력에 대해서는 설명을 드리지 않는 게 좋겠군요. 그런 방법을 알아내고 활용했던 주술사들도 곧 자신들이 불러낸 힘의 희생자가 됐거든요. 계속 조종할 수 있는 경우는 드물어요."

"이 아스트랄체가 사악한 자들에 의해 활성화된다면 인간에겐 사실상 위험하겠군요."

"그렇습니다. 의심의 여지가 없어요. 나야 물론 아스트랄 외피를 뒤집어쓰고 지상에 내려갈 생각 같은 건 해본 적도 없지만, 지상의 인간들 눈에 띄고 싶어하는 무지한 영이라면 얼마든지 그렇게 할 수 있거든요. 하지만 그 경우, 아스트랄 외피와의 연결이 끊어지지 않아서 위험해질 수도 있어요. 상당 기간 아스트랄계에 묶일 수도 있는 거지요. 이 때문에 지상의 사람들이 죽은 사람을 보고 싶어서 영을 지상으로 불러들이는 짓이 해로울 수 있다는 거예요. 순진하고 어리숙한 영들이 누군가 남겨놓은 아스트랄 껍질 속에 들어가는 실수를 저지를 수 있으니까요. 일단 그렇게 되면 높은 차원의 능력을 가진 존재가 도와줄 때까지 꼼짝 못하고 지상계에 갇히는 대가를 치르게 되지요.

낮은 차원의 영들이 똑같은 방식으로 이 빈 아스트랄 껍질을 입으면 어떻게 될까요? 그 경우엔 영(혹은 영혼)이 너무 거칠기 때문에 그 안에 오래 있지 못합니다. 저급한 영의 탁한 자기력이 강력한 독가스 같은 역할을 해서 아스트랄 외피를 산산조각내기 때문입니다. 아스트랄계 위쪽의 고차원에 사는 영들에게는 아스트랄 외피가 무쇠처럼 단단하지만, 아스트랄계 아래쪽에 사는 저급한 영들에게는 그것이 너무 연약하지요. 영혼의 등급이 낮을수록 외피가 단단해지고, 더 강력하게 영혼을 붙들어 매지요. 힘을 제한하여 높은 차원으로 올라가는 것을 막는 겁니다."

"그러면 영들이 때때로 지상의 영매들에게 나타날 때 이 아스트랄 외피를 조종하거나 그 안으로 들어갈 수도 있다는 말씀인가요?"

"그렇습니다. 지상계의 위쪽에 사는 영이 자신의 모습을 초보 단계의 투시력을 가진 사람에게 드러내려 할 경우, 때때로 이러한 외피에 들어가서 자신의 특질을 새길 수 있어요. 그러면 투시력을 가진 사람은 이 영을 보고 외양에 대해 설명할 수 있게 되지요. 문제는 순진하고 어리숙한 영일 경우 아스트랄 외피를 벗어나고 싶어도 그러지 못한다는 거예요. 외피를 활성화시켜 놓았기 때문에, 강해진 생명력이 그를 죄수처럼 옭아매는 겁니다. 마찬가지로, 어떤 영이 지상의 영매를 너무 오랫동안 완벽하게 조종하면 그들 사이에 생성된 연결이 마침내 풀기 힘든 사슬처럼 강력해지지요. 반면에 저급한 영계의 영들에게는 아스트랄 외피가 편리하지만 아쉽게도 너무 빨리 사라지는 외투가 되는 것입니다. 이들은 자신의 흉한 몰골의 영체를 잠시만이라도 숨기려 들거든요. 투시가가 그 안의 추악한 영을 보지 못하기 때문에 속일 수 있는 겁니다. 그러나 선하고 순수한 영들에게는 아스트랄 외피가 빠져나올 수 없는 무쇠 옷이 되지요."

"아하, 그럼 지상의 강신술 모임에서 한 영이 다른 영을 사칭하여 나타날 때는 아스트랄체를 이용하는 거로군요?"

"네, 그런 일이 아주 종종 일어나요. 속임수를 쓰는 영이 영매와 직접 접촉하기엔 등급이 너무 낮은 경우지요. 그러니까 지상의 인간들이 품는 생각이 얼마나 놀랍게 아스트랄계의 환경에 반영되는지를 아셔야 한다는 거예요. 그런 생각들은 그걸 읽을 능력이 되는 영들에 의해 그림처럼 생생하게 간파되어 응답받거든요. 물론 모든 영이 그런 능력을 지닌 건 아니에요. 지상의 모든 인간이 신문이나 편지를 읽을 수 있는 건 아니듯이 우리도 생각을 읽으려면 소질도 있어야 하고 어느 정도 훈련을 받아야 해요. 인간이 가장 조심해야 할 영들은 타락한 인생을 살다가 지상 영계나 저급한 영계로 떨어졌지만 도움을 받아 올라가길 원하는 무지하고 가엾은 영이 아니에요. 정신과 육체 양면으로 뛰어난 능력을 지니고 그것을 오로지 그릇된 목적에만 악용하는 사악하고 지능적인 영들이지요. 이런 영들은 정말 위험하기 때문에 그에 맞서 감시를 할 필요가 있어요. 영매들의 의식 수준이 높아져야만 감시와 방어가 성공적으로 수행될 수 있어요. 그렇게 되면 인간과 영이 조화롭게 공동작업을 할 수 있고, 고의적인 사기나 선의의 실수 등으로부터 영적인 운동을 보호할 수 있을 겁니다. 선한 의도를 지녔지만 어설프고 무지한 영이나 인간들이 종종 남들의 이목을 끌어보려다가 양쪽 모두에게 해를 입히는 경우가 많습니다. 이들은 무지한 화학자와도 같아서, 지식을 얻기 위해 실험을 하다 자신뿐만 아니라 주변 사람들에게까지 해를 끼치지요."

"동기의 순수함이 그들을 보호해주지 않을까요?"

"동기의 순수함이 뜨거운 난로에 손을 대는 아이를 화상으로부터 구해줄 수 있나요? 천만에요. 아이들을 보호하는 유일한 방법은 난로 근처에 가급적 못 가게 하는 겁니다. 선하고 현명한 영혼의 보호자들이 최대한 힘을 쓰곤 있지만, 아이들이 계속해서 위험한 난로 주변을 맴돌며 안을 들여다보려고 이리저리 기웃거린다면 그중 몇몇이 화상을 입는 건 불가피하지요."

"그럼 당신은 영적 능력의 무분별한 계발은 찬성하지 않으시겠군요?"

"물론이지요. 현명한 보호자 밑에서 조심스레 개발된 능력을 사용한다거나, 남들을 도우려는 목적으로 능력을 계발하는 거라면 나도 적극적으로 도울 겁니다. 하지만 이런 능력을 계발하는 동기가 얼마나 각양각색이고 이기적인지를 안다면 돕기가 어려울 거예요. 아마도 이런 내 생각은 성장배경이나 교육의 영향 탓인지도 모르지만, 솔직히 말하자면 물질적인 이익을 기꺼이 포기하는 사람들에 한해서 영매 활동이 허용됐으면 하는 바람입니다. 인간적인 욕망에서 자유로울 수 있는 사람이어야 해요. 자, 그 이야기는 그만합시다. 이제 이 아스트랄 외피를 보내고 다른 종류의 것을 볼까요?"

그는 아스트랄체 위에 재빠르게 손을 얹어 내가 모르는 말을 몇 마디 했습니다. 그러자 여태껏 우리 곁을 떠다니던 아스트랄체가 잠시 멈칫하더니 자기력의 흐름에 휩쓸려 파도 위의 나뭇조각처럼 떠내려갔습니다.

고개를 돌리자 이번엔 어둡고 기이하고 무시무시하게 생긴 무리가 우리 쪽으로 다가오는 게 보였습니다. 그것들은 생명을 담아본 적 없는 아스트랄 외피들인데, 방금 떠나보낸 상큼한 밀랍인형과는 달리 혐오스러운 외관을 하고 있었습니다.

"이놈들은 사악하고 음탕한 삶을 사는 인간들에게서 뽑혀져 나온 거예요. 말하자면 지상의 빈민굴로부터 온 것인데, 사회적인 빈민굴뿐만 아니라 도덕적인 빈민굴이랄까, 타락한 상류층에게서도 이런 것들이 나온답니다. 이것들은 사악한 의도를 품은 자들에 의해 나쁜 목적에 이용될 수 있어요. 물질화 정도가 심하기 때문에, 지상의 물질에 영향을 미치는 데도 이용될 수 있습니다. 흑마술이나 마법으로 알려진 것에도 많이 이용돼왔지요. 아주 드물긴 하지만 강신술 모임에서 물질적인 현상을 일으키려는 고차원 영들에게 이용되기도 합니다. 현명하고 선량한 영이라면 피해가 안 가게 잘 다루겠지만, 사악하거나 무지한 영들한테 걸리면 상상을 초월할 정도로 위험해지지요. 질이 좋지 않은 사람들이나 무지해서 자신을 보호할 수 없는 사람들이 호기심이나 재미로 모여서 벌이는 영적 모임(강령회)에서 가끔 난폭하고 위험한 소동이 일어나죠? 그건 이 아스트랄체나, 그 안에 아직 영혼의 정수가 남아 있는 비슷한 것들 때문이에요."

"뱀파이어는 어떤 부류인가요? 많은 사람들이 실제로 존재한다고 믿고 있는데요."

"뱀파이어는 스스로의 잘못으로 아스트랄 외피에 갇힌 영들이에요. 그들이 인간 생명의 에센스를 빨아들이는 건 지상계에서 생명을 유지하기 위해서지요. 더 낮은 차원으로 내려가지 않으려고 버티는 거예요. 아스트랄 외피에 남아 삶을 유지하려고 안간힘을 쓰는 모습이 마치 사악한 인생을 산 인간이 죽은 뒤에 알 수 없는 공포의 세계로 떨어질까 두려워하는 것과 비슷하지요. 이 영들은 생명력의 부단한 재생을 통해 지상을 수백 년 넘게 떠돌아다니기도 합니다."

"많은 이야기 속에 묘사되는 것처럼 뱀파이어 영이 인간의 형상으로 물질화해서 다른 인간들과 접촉하는 게 가능한 일인가요?"

"뱀파이어가 물질적인 몸을 지닐 수 있는지를 물으신 거라면 나는 아니라고 대답하겠습니다. 그러나 때때로 일부 영들이 그러하듯이 인간의 육신을 완벽하게 소유할 수가 있는데, 그러면 그 육신을 제 맘대로 움직일 수 있게 되지요. 그러므로 다른 사람의 육체 속에 들어간 뱀파이어 영이 예전에 지상에 살았을 때와 비슷한 외모로 변신하는 건 가능한 일이에요. 그렇게 물질계의 몸을 소유함으로써 얻은 힘을 통해 실제로 기담과 전설에 나오는 기묘한 이중생활을 할 수도 있고요. 그러나 대다수의 뱀파이어 영들은 지상의 육체를 소유하지 않고, 아스트랄체를 입은 상태로 지상을 떠돌아다니며 먹잇감이 되기 쉬운 독특한 영매 체질을 가진 사람들로부터 생명력을 빨아들입니다. 그런데도 사람들은 그런 존재가 있다는 사실조차 모르지요. 가엾은 희생자들은 지속적인 피로와 무력감에 시달리지만 무슨 일이 일어나는지를 의심해볼 생각조차 못합니다."

"수호령들이 이러한 존재들로부터 인간을 보호해주지 않나요?"

"항상 그렇지는 못합니다. 상당 부분 보호를 해주긴 하지만, 뱀파이어가 지상의 인연으로 특별히 끌릴 만한 장소를 피하도록 경고를 주는 정도뿐입니다. 수호령들은 악행이 저질러진 장소나 악인이 살아 더럽혀진 장소에 대한 본능적인 두려움을 인간의 마음속에 심어줌으로써 경고를 보내지요. 그러나 인간은 모든 면에서 자유롭고 또 자유로워야만 하기 때문에, 그 이상은 어쩔 도리가 없어요. 인간은 꼭두각시처럼 조종돼서는 안 됩니다. 아무리 참담한 결과를 낳게 되더라도 본인이 직접 경험해봐야만 하는 것이지요. 정보와 안내와 도

움은 항상 주어지지만 인간의 자유의지를 간섭하지 않는 선에서, 본
인이 원하는 정도로만 주어질 뿐이에요. 영계에서는 이떠힌 것도 강
요되지 않습니다."

18

지옥으로의 접근

나는 하세인에게 아스트랄계와 그곳의 기이한 생명체들에 대해 더 많은 걸 물어보고 싶었지만 그럴 수 없었습니다. 우리는 아스트랄계를 뒤로 한 채 내가 전에 잠시 탐사한 적이 있는 저급 영계를 향해 빠르게 내려가고 있었습니다. 생각의 속도만큼 빠르지는 않았지만 인간이 상상하기 힘들 정도로 엄청난 속도였습니다.

앞으로 계속 돌진하면서 우리는 밝은 세계로부터 점점 멀어지고 있었습니다. 미지의 곳에 대한 두려움에 압도된 나머지 아무도 입을 열지 않았습니다. 모두가 앞으로 펼쳐질 무시무시한 세계에 대한 공포와 그곳에 거주하는 자들의 비애를 미리 예감하고 있는 듯했지요.

까마득히 먼 곳에서 먹물처럼 시커먼 연기가 거대한 대지 위를 어둠의 장막처럼 뒤덮고 있었습니다. 그곳으로 다가가자 검은 구름이 마치 수많은 거대한 화산에서 뿜어져 나온 듯한 무시무시한 불길과 뒤섞여 있는 게 보였습니다. 공기가 너무 탁해 숨을 쉴 수조차 없더군요. 전에 한 번도 느껴본 적 없는 엄청난 피로감이 몰려오면서 사지가 마비되는 것 같았습니다.

마침내 원정대장이 멈추라는 명령을 내렸고, 우리는 거대한 검은 산의 정상에 착륙했습니다. 그 산은 마치 검은 잉크의 호수 위로 불룩 솟아 있는 것처럼 보였는데 멀리 지평선 위로 무시무시하고 소름 끼치는 세계가 모습을 드러내고 있었습니다.

우리는 그곳에서 잠시 쉰 뒤에 우리를 데려다준 친구들과 작별하기로 돼 있었습니다. 가져온 과일과 음식들로 간단히 요기를 한 뒤 대장이 우리 모두를 위해 보호와 힘을 간구하는 짧은 기도를 했습니다. 그리고 나서 모두들 바람이 휘몰아치는 산 정상 기슭에 누워 휴식을 취했지요.

달콤한 무의식상태에서 깨어나 보니 다른 사람들 역시 모두 일어나 있었습니다. 우리는 의심받지 않고 그곳으로 들어가기 위해 두세 명씩 그룹을 짓기로 했습니다. 어둠의 왕국 속으로 선교사처럼 흩어져 들어가 우리의 도움을 기다리는 이들을 구해내려는 것입니다.

놀랍게도 휴식을 취하는 동안 몸에 변화가 일어나 새로운 환경에 그럭저럭 적응이 되어 있었습니다. 마치 이 세계의 거친 물질을 뒤집어쓴 것 같달까요? 몸의 밀도가 짙어져 이전처럼 공중에 떠 있으려 해도 잘 되지 않았습니다. 공기도 더 이상 질식할 것 같은 느낌을 주지 않았고 팔다리를 무겁게 짓누르지도 않았습니다. 이곳에 머물 동안 필요한 식량을 각자 할당받은 뒤, 대장의 마지막 지시사항을 들었습니다.

하세인은 작별인사를 하며 아린지만 선생이 내게 남긴 조언을 전했습니다.

"내가 이따금씩 당신 애인과 친구들의 소식을 전하러 들르겠습니다. 그때 나를 통해 당신의 메시지를 전하셔도 됩니다. 기만과 거짓이 난무하는 지역에 와 있다는 사실을 잊지 마세요. 우리가 보낸 전령이라며 접근하는 사람도 형제단의 암호를 대지 않는 이상 믿지 마시고요. 이 사람들은 당신의 생각을 추측할 수는 있어도 정확히 읽어내지는 못할 겁니다. 당신이 영적으로 앞서 있기 때문이지요.

이들의 영역으로 들어갈 때는 일정 부분 이곳 사람들의 물질적 성분을 공유하게 되기 때문에 당신의 생각이 부분적으로 간파될 수도 있지만 그건 당신의 욕정이 당신과 그들 사이에 연결고리를 만드는 경우에만 해당됩니다."

그들은 당신을 유혹하고 함정에 빠뜨리기 위해 작당하여 모략을 꾸밀 겁니다. 그런 쪽으로 머리가 비상한 자들이니 조심하셔야 합니다. 이 지역에는 살아 있을 때 가장 뛰어난 두뇌의 소유자였던 사람들도 있어요. 하지만 너무 사악한 삶을 살았기 때문에 이 밑바닥까지 떨어져서 다른 사람들을 지배하고 있는 거지요. 지상에 있을 때보다 훨씬 악랄한 폭군이 되어 있답니다.

조심하시고 우리가 당부한 경고들을 늘 명심하세요. 임무가 완수될 때까지 간간이 충실한 친구들로부터 도움과 격려를 받게 될 겁니다. 큰일을 마치고 무사히 돌아오길 빕니다. 친구여, 그대들 모두에게 신의 은총이 함께 하길!"

나는 하세인과 작별하고 아쉬움을 뒤로 한 채 대원들과 출발을 했습니다. 밑으로 내려가면서 마지막으로 본 것은 어두운 하늘을 배경으로 흰옷을 입은 대원들이 손을 흔드는 모습이었습니다.

19

불벽을 통과하다

나와 함께 가게 된 동료는 전에 이곳에 와본 경험이 있는 터여서, 초심자인 내가 당황하지 않도록 잘 안내해주었습니다. 그는 우리가 곧 떨어져서 각자의 길을 가야 하지만 유사시에는 언제든지 상대방을 부를 수 있다고 말했습니다.

연기와 불길이 치솟는 거대한 언덕에 다가가면서 나는 동료에게, 풍경이 이상하리만치 실감난다고 말했습니다. 보통 물질계의 사람들은 영계가 반투명하고 형체도 없는 곳일 거라 상상하기 쉬운데, 전혀 그렇지 않답니다. 나는 이제 영계의 현실감 있고 견고한 환경에 어느 정도 익숙해진 상태입니다.

그럼에도 불구하고 이 두터운 연기구름과 활활 타오르는 불기둥은 내가 상상했던 지옥의 모습과 너무도 달랐습니다. 나는 영계를 돌아다니면서 어둡고 음울한 세계와 불행한 영들을 많이 봐왔지만, 지금껏 어떤 종류의 불도 본 적이 없었습니다. 그래서 지옥에 실제로 불이 존재하는 것은 아닐 거라 믿고 있었지요.

지옥불이란 게 단지 정신적인 상태를 나타내는 비유적 표현일 뿐이라 생각했던 것이지요. 실제로도 많은 사람들이 그렇게 가르쳐왔습니다. 지옥의 고통은 정신적이고 주관적인 것이지 객관적인 것은 아니라고 말하곤 했지요. 동료에게 이 점에 대해 묻자 그가 대답했습니다.

"양쪽 다 일리가 있는 말이에요. 이 불기둥과 연기는 이곳에 사는 불행한 존재들의 영적인 발산물에 의해 생긴 거니까요. 당신의 시각 능력은 영적인 사물에 열려 있기 때문에 이 불이 실제로 존재하는 것처럼 보일 겁니다. 하지만 육체를 입은 지상의 인간을 기적의 힘으로 이곳까지 데려온다면 아마 저 불이 보이지 않는다고 할 거예요.

실제로 저 안엔 지상적인 차원의 물질은 존재하지 않아요. 그럼에도 불구하고 저것들은 물질입니다. 물질계건 영계건 모든 존재는 일종의 물질로 싸여 있어요. 다만 그 견고함이 무한에 가까울 정도로 다양한 등급에 걸쳐 있기 때문에, 특정한 진동수가 아니라면 영계의 건물이나 신체도 사람 눈에는 보이지 않는 거지요. 저 불길은 이곳의 저급한 영들이 내뿜는 거친 진동으로 만들어진 것이라서, 이곳의 거주자들보다 당신에게 훨씬 더 뚜렷하고 실감나게 보일 겁니다."

이 동료의 이름은 '듬직한 친구'였습니다. 이 사람의 친구가 우정을 이용해 이 사람을 배신한 적이 있는데, 비난이나 모욕, 심지어 복수를 해도 시원찮을 판에 모든 걸 덮어주고 도움을 줬기 때문입니다. 그래서 듬직한 친구란 별명이 붙은 거지요. 정말 고결한 영이긴 하지만 지상에 있을 때 그다지 도덕적이지 못한 삶을 산 탓에, 죽은 뒤 지상 근처의 저급한 영계로 떨어졌다고 합니다. 그러나 빠른 속도로 상승해서 내가 두 번째 영계로 올라갔을 때 이미 그곳에서 살고 있었습니다. 그는 이곳에 한 번 와본 적이 있었습니다.

우리는 베수비오 산이 일만 개는 족히 들어감직한 거대한 분화구처럼 보이는 곳으로 다가갔습니다. 우리 위로 한밤중처럼 어두운 하늘이 펼쳐져 있었습니다. 무시무시한 불길만 아니었다면 칠흑 같은 어둠에 싸여 있었을 테지요. 그 거대한 불길은 이 땅을 에워싼 불벽과도 같아서, 이곳을 들어가거나 나올 때 반드시 통과해야만 했습니다.

"자, 프란체쏘! 이제 이 불벽을 통과해야 해요. 두려워하면 안 됩니다. 용기를 갖고 의지력으로 불의 입자들을 물리치면 불길이 몸에 닿지 않아요. 마치 홍해의 물처럼 양쪽으로 갈라져서 다치지 않고 지나갈 수 있지요. 만일 의지가 약하고 겁 많은 사람이라면 불의 힘에 밀려날 수도 있어요. 저 불길은 이곳을 지배하는 사나운 존재들의 강력한 의지력에 의해 생긴 겁니다. 이곳 사람들은 자신의 지배자들이 외부의 침범으로부터 자신을 지켜준다고 생각하거든요. 하지만 우리는 이들보다 영묘한 몸을 갖고 있기 때문에, 지상의 문이나 벽을 통과할 수 있는 것처럼, 이곳의 불이나 바위 등도 얼마든지 지나갈 수 있답니다. 물론 이곳에 사는 영들은 그 모든 게 단단하게 느껴지기 때문에 통과할 수 없어요. 영은 가볍고 영묘할수록 물질에 덜 얽매이지요. 물질에 얽매이지 않는다는 건 그만큼 물체를 움직이는 힘도 약해진다는 뜻이기 때문에, 지상에서 물체를 움직이려면 영매의 오라에서 나오는 물질화된 에너지의 도움을 받아야 합니다. 이곳도 마찬가지예요. 물체를 움직이려면 영매의 자질을 갖춘 영의 오라를 이용할 필요가 있어요. 그러면 우리의 고차원적인 영능력은 억제되지요. 이 낮은 영계로 들어가서 이곳의 거주자들이 우리의 몸을 볼 수 있게 하려면 이곳의 진동수에 우리를 어느 정도 맞춰야 하는데, 그렇게 되면 우리는 이들의 유혹에 쉽게 영향을 받게 됩니다. 내면에 잠들어 있던 저급한 본성이 다양한 형태로 나타날 테지만, 거기에 지배당하지 않도록 최선을 다해야 해요."

우리는 손을 꼭 잡고 불벽을 통과하기 위해 의지력을 모았습니다. 솔직히 처음 진입할 때는 순간적으로 두려움이 일었지만, 물러설 곳이 없다는 생각에 젖 먹은 힘까지 다해서 정신을 집중했지요. 그러자 곧 불기둥 안에 아치 모양의 터널이 뚫리면서 내가 그 안에 떠 있는 것이었습니다. 우리는 그 터널을 빠져나갔습니다. 당시엔 불기둥을 통과하는 데에 모든 에너지를 쏟아 부은 탓에 신경 쓸 여력이 없었지만, 지금 돌이켜보면 터널의 길이가 대략 1/4에서 0.5마일(400미터에서 800미터) 정도 되지 않았나 싶습니다.

터널 밖으로 나오니 칠흑 같은 밤이었지요. 단단한 지면을 딛고 서 있지 않았다면 검은 연기가 하늘을 뒤덮은 그곳은 마치 바닥 없는 심연처럼 보였을 것입니다. 검은 안개처럼 탁한 대기가 온통 시야를 가리고 있어서 그곳이 얼마나 넓은지 짐작조차 불가능했지요. 이 광활하고 무서운 영역 전체에 걸쳐 인간들이 거주하고 있다는 것이었습니다. 군데군데 뾰족한 바위산들이 보였는데 형태가 허물어진 것들도 있었습니다. 넓고 황량한 벌판에 질퍽거리는 시커먼 수렁들이 보였고, 기분 나쁜 형태의 기어다니는 동물들과 끈적끈적한 괴물들, 거대한 박쥐들이 우글거리고 있었습니다. 또 기괴한 모양의 나무들로 울창한 검은 숲도 보였는데, 이 나무들은 집요하고 끈덕진 게 꼭 사람 같아서, 근처에 발을 들여놓는 자들을 꼼짝 못하게 에워쌌습니다. 이 소름 끼치는 땅을 이후로도 여러 군데 둘러봤지만, 나뿐 아니라 그 누구라도 이들의 추악하고 불결한 모습을 말로는 도저히 형용할 수가 없을 것입니다.

이곳을 둘러보면서 눈이 점점 어둠에 적응된 탓인지, 주변의 물체들을 희미하게 식별할 수 있었습니다. 수많은 영들이 검은 벌판을 가로지르는 바람에 생겨난 듯한 큰 길이 보였습니다. 검은 벌판은 먼지와 재로 덮여 있었는데, 마치 잘못된 삶이 만들어낸 죽음의 재처럼 보였습니다.

큰 길을 따라 걷다 보니 검은 돌로 지붕을 얹은 포장도로가 나오더군요. 벽돌을 되는 대로 쌓아 만든 도로 입구엔 거대한 커튼처럼 생긴 검은 천이 걸려 있었지요. 나는 무심코 입구로 들어가다가 기겁을 하지 않을 수 없었습니다. 그 천은 영들의 머리카락으로 만들어진 것인데, 수많은 눈알들이 구슬처럼 매달려 있었습니다. 가장 무서웠던 건, 그 눈알들이 아직도 살아서 애원하는 듯한 눈빛으로 우리를 쳐다보고 있었다는 사실입니다. 마치 그곳에 온 이유를 읽어내려는 듯 우리의 몸짓 하나하나를 살피고 있었지요.

"이 눈들은 살아 있는 건가요?"

"영혼은 없지만 아스트랄 차원의 생명은 있어요. 이 눈들의 주인인 영이 아직 그 외피를 걸치고 살아 있다면 계속 이렇게 생명을 유지합니다. 이곳은 지옥의 관문 중 하나인데요. 관리자가 재미삼아 희생자의 눈을 달아놓고 있는 겁니다. 이 구역엔 죄다 이런 사람들만 있어요. 하나같이 극도로 잔인한 인생을 살았던 자들, 자비와 정의의 법칙을 깡그리 무시했던 자들뿐이지요. 여기까지 와서도 잔인한 욕망을 충족시킬 대상을 찾아다니느라 혈안이 돼 있어요. 결국 언젠가는 자기보다 강하고 똑똑한 놈들의 먹이가 되겠지만요. 그래서 이곳은 잔혹의 도시라 불리지요. 이곳의 지배자들은 넘쳐나는 악의 힘으로 사람들을 다스립니다. 이 눈알의 원래 주인들도 망가진 몸 안에 퇴화된 영혼의 씨앗을 품고 있어요. 지금 이 순간도 시력을 잃은 상태로 황량한 벌판을 떠돌거나 포악한 주인 밑에서 노예처럼 노역을 하고 있겠지요. 눈알과 눈알의 주인이 자기력을 통해 서로 연결되어 있기 때문에, 영혼이 외피를 벗어던지고 진보된 상태로 올라갈 때까지 계속 그 상태로 존재하게 됩니다."

우리가 이 무시무시한 문을 보며 수군거리는 동안 눈알 달린 커튼이 열리더니 이상한 형체를 한 두 명의 영이 나왔는데, 반은 인간이고 반은 동물이었습니다. 우리는 그 틈을 타 문지기에게 들키지 않고 슬쩍 안으로 들어갈 수 있었습니다. 문지기는 끔찍하게 생긴 거대한 괴물로 팔다리가 추악하게 일그러져 있어서, 아무리 무시무시한 괴물 이야기로도 그 몰골을 형언할 수 없습니다. 이 괴물이 오싹한 웃음을 터뜨리며 오들오들 떨고 있는 두 영에게 뭐라고 고함을 치자, 그들은 혼비백산하며 달아났습니다.

"저것들도 영혼이 있나요? 지상에서 살았던 존재들입니까?" 나는 그 겁먹은 괴물들을 가리키며 물었습니다.

"네, 그럴 겁니다. 야만인 중에서도 거의 야생동물과 다를 바 없는 비천한 삶을 살았겠지요. 그러니까 여기에 와 있는 거지요. 그들이 진보할 수 있는 가장 좋은 방법은 좀더 수준 높은 존재로 다시 물질계에 환생하는 건데, 이곳에서의 경험은 아주 짧겠지만 인과응보의 법칙이 존재한다는 교훈을 얻게 될 겁니다. 안타깝게도 이곳의 지배자에 대한 희미한 기억을 신의 이미지와 결부시킬 공산이 크지요."

"환생이란 것에 대해선 어떻게 생각하나요?"

"모든 영혼이 반드시 환생을 거쳐야 하는 건 아니에요. 하지만 영혼의 진보를 위해선 원칙적으로 수많은 환생 경험이 필요하다고 나는 믿습니다. 행성의 삶을 살기 위해 태어난 영들은 각자 수호령이 있는데요. 지상에서 안정된 생활을 영위하게끔 천상의 영역에서 감독하는 영들이지요. 수호령은 그 영에게 가장 적합한 방식으로 교육을 시킨답니다. 이 수호령을 다른 말로는 천사라고도 하지요. 이들은 각자가 속한 종파에 따라 생각이나 행동방식이 제각기 달라요. 어디에도 똑같은 존재는 없고, 모든 사람이 똑같이 가야 할 절대적인 길 같은 건 없으니까요. 각각의 종파는 지상에 그 사상을 어렴풋하고 불완전하게나마 반영하는 종단이 있는데, 천상에서 최고의 스승들이 완벽하게 체계를 잡아놓고 있어요. 중간영역의 영들을 통해 교리가 지상으로 전달되지요. 궁극적인 목표는 같지만, 목표에 도달하는 길은 저마다 달라요. 수호령은 영혼의 배아가 유아기와 청년기에 해당하는 기간을 거칠 동안 보살피고 돌봐줍니다. 처음 그 영혼이 자아의식의 빛을 보았을 때로부터 출발하여 수많은 체험과 발전을 거쳐 마침내 수호령과 동일한 수준의 지적이고 도덕적인 등급에 이르게 되지요. 영혼이 그 단계까지 성장하면 갓 태어난 다른 영혼의 수호령이 됩니다.

제가 배운 바로는 영혼의 배아는 처음엔 말 그대로 씨앗과 같다고 해요. 크기도 작고 무력하지요. 영혼의 배아는 신적인 정수의 불씨로서 창조되는데, 그 안에 완벽한 인간 영혼으로 성장할 모든 요소들을 담고 있어요. 이 배아는 불사불멸의 존재로부터 생겨난 것이어서 불사불멸의 본질을 지니고 있습니다. 그러나 성장하려면 물질계의 저급하고 어두운 환경 속에 뿌려져야 하는데, 처음엔 물질계의 저차원적인 생물 형태에서 시작해서 점점 고차원적인 형태로 뿌려짐니다. 각각의 동물들은 본질적으로 영혼의 배아의 일종이라 할 수 있고, 가장 높은 형태가 인간이 됩니다. (역자 주 — 영혼의 배아가 처음엔 단세포 생물로 시작하여 점차 고등동물의 형태를 거쳐 인간으로 성장한다는 뜻. 다시 말해 동물의 영혼은 궁극적으로 인간이 되기 위한 일종의 배아단계라 할 수 있다. 그러나 한 번 인간이 되고 나면 동물로 다시 돌아간다든가 동물과 인간 사이를 왔다 갔다 하지는 못한다. 뒤에 이 부분에 대한 언급이 다시 나온다.) 모든 씨앗은 다양한 단계와 경험을 거쳐서 가장 높은 단계에 이르게 되지요. 어떤 종파들은 영혼이 물질계에서 환생을 거듭하면서 부족한 점을 경험하고 전생의 잘못을 탕감해가면 더 빠르게 진보할 수 있다고 생각합니다. 그러므로 이 종파에 속한 어린 영혼들은 물질계로 계속 돌아오게 되고, 그때마다 새로운 가르침이 얻어지지요.

그러나 모든 영혼이 그러한 운명을 따르는 것은 아니에요. 물질계 못지않은 빠르고 효과적인 교육을 영계에서도 얼마든지 받을 수 있다고 생각하는 종파들이 있거든요. 그래서 이런 종파에 속한 어린 영혼들은 완전히 다른 과정을 거치게 되지요. 물질계가 아닌 저급한 영계로 보내져서 경험을 하게 되는 겁니다. 그들은 과거의 지상의 삶을 기억 속에서 되풀이하여 경험하면서, 지상에 있을 때의 과오를 영계에서 속죄합니다. 영혼들은 기질이나 개성이 저마다 다르기 때문에, 각자 다른 방법으로 훈련받지 않으면 안 돼요. 그렇지 않으면 모두가 똑같아져 세상이 너무 단조로워지고, 지상의 삶에 매력을 보태주는 '다양성'이 사라지지요. 이런 성질은 천상계에서도 계속 이어진답니다. 그래서 자기만의 잣대로 모든 영혼에게 적용되는 일반화된 법칙을 확정하려 들어서는 안 된다고 배웠어요.

이번 방문에서 우리는 악한 세계의 극히 일부분만을 보게 될 겁니다. 하지만 작은 행성인 지구보다는 넓은 지역을 가로지를 겁니다. 영계에서는 우주의 법칙에 따라 서로 닮은 존재끼리 끌어당기게 됩니다. 완전히 상반된 존재들은 서로를 밀어내기 때문에 각자의 영역에서 공존은커녕, 접촉조차 불가능해요. 우리도 이곳을 탐사하는 동안 국적이라든가 기질처럼, 뭔가 조금이라도 공통분모를 가진 사람을 찾아가게 될 겁니다."

20

황제의 도시

우리는 검은 대리석으로 포장된 넓은 둑길을 따라갔습니다. 양옆이 가파른 절벽이었는데 짙은 수증기가 구름처럼 깔려 깊이를 가늠할 수 없었습니다. 많은 영들이 우리 곁을 지나쳤습니다. 어떤 이들은 무거운 짐을 지고, 그 무게에 눌려 네 발로 기다시피 하고 있었습니다. 목에 쇠고랑을 차고 쇠사슬로 줄줄이 엮인 노예들이 잔뜩 떼를 지어 우리 옆을 지나가기도 했습니다. 그들은 두 번째 관문을 통해 나온 자들이었습니다.

관문 너머엔 거대한 요새 같은 도시가 자리 잡고 있었는데 어두운 건물들이 짙고 음산한 안개 너머로 아스라이 윤곽을 드러내고 있었습니다. 건물양식과 영들의 옷차림 등이 고대 로마의 요새화된 도시 같은 느낌을 주더군요. 다만 이곳은 뛰어난 건축술과 장대한 규모에도 불구하고, 모든 게 하나같이 불결하고 끔찍한 분위기를 풍겼습니다.

두 번째 관문은 첫 번째에 비해 훨씬 세련되고 개방돼 있어서 지나가는 인파에 묻혀 몰래 통과할 수 있었지요. 듬직한 친구가 말했습니다.

"곧 알게 되겠지만 이 도시는 지상에서 권세가 절정에 달했을 때의 모습이 영계에 고스란히 반영된 거예요. 지상에서 이 도시를 구성했던 입자들이 방사됐다가 인력에 끌려 이곳으로 내려와 도시와 건물을 이룬 거지요. 이보다 현대적인 외관의 건물들과 거주자들을 보면 이러한 도시들이 연이어 형성되는 과정을 볼 수 있어요.

이 도시의 영들은 대부분 아직도 자신이 지상의 그 도시에 있다고 믿고 있어요. 단지 왜 모든 게 이렇게 어둡고 더럽고 칙칙한지 몰라서 어리둥절해하고 있지요. 마찬가지로 이와 똑같은 도시의 영적인 원형이 천상의 높은 영역에도 존재합니다. 지상에 있을 때의 아름답고 선하고 고결했던 모든 것들이 그 원형으로 끌어당겨진 거지요. 그곳엔 선하고 진실한 영들이 거주하고 있어요. 그 도시에 거주한 인간들의 삶이 선했느냐 악했느냐에 따라 영적인 방사물이 위나 아래로 끌어당겨지기 때문인데, 지상의 이 도시에서는 선한 행동보다 악한 행동이 다반사로 일어났기 때문에 천상의 도시보다 이곳이 규모도 훨씬 크고 인구도 많은 것입니다. 세월이 흐르면 이곳의 영들도 진보해갈 테니 천상의 도시도 언젠가는 사람들로 가득 차게 되고, 이 지옥의 도시는 먼지처럼 사라져버리겠지요."

우리는 이제 지상의 도시에나 있음직한 좁은 거리로 들어섰습니다. 얼마 안 가 웅장한 궁전들로 둘러싸인 큰 광장이 나타났습니다. 우리 앞에 있는 궁전이 다른 것들에 비해 외관이 월등히 뛰어나 보였습니다. 큰 기둥들이 늘어선 장대한 현관 밑으로 엄청나게 넓은 대리석 계단이 깔려 있고, 뿌연 안개 너머로 많은 부속건물들이 보였습니다.

모든 게 참으로 거대한 규모였지만, 내 눈에는 하나같이 피로 얼룩지고 칙칙한 모습인데다 끈적끈적한 곰팡이로 뒤덮여 장엄한 광경이 볼썽사납게 변해 있었습니다. 건물의 기둥과 난간들이 죄다 뱀 같은 혐오스러운 장식으로 휘감겨 있어서 나도 모르게 눈살이 찌푸려졌지요. 게다가 대리석 보도블록 틈새로는 검고 끈끈한 진흙이 스며 나와 마치 도시 전체가 불결한 늪지 위에 떠 있는 듯했습니다. 땅에서는 악취를 풍기는 수증기가 올라와 기괴하고 오싹한 죄악의 소용돌이처럼 우리 주변을 감쌌습니다.

권세 있는 영들의 채찍이나 창에 쫓겨 궁전 문을 들락거리거나 거대한 광장을 기어다니는 영들이 여기저기 눈에 띄었습니다. 간간이 튀어나오는 증오에 찬 고함소리, 무시무시한 저주와 욕설… 정말이지 극악무도한 아수라장이 따로 없었습니다! 이 모든 풍경을 비애와 고통의 검은 먹구름이 덮고 있었지요.

순간 멀리 지상에 있었던 옛 로마제국 시대가 머릿속에 떠올랐습니다. 그러자 부귀영화를 누리며 폭정과 죄악의 참상에 빠진 이 도시의 모습이 거울에 비치듯 보였습니다. 숱한 남녀들이 자신들의 죄악으로 도시의 아름다움을 더럽히며 운명의 베틀로 옷감을 짜듯 천벌같은 또 하나의 도시를 창조해냈던 것입니다. 이 웅장한 도시의 모든 입자 하나하나가 사악했던 시대의 악령을 가두는 거대한 감옥을 이뤘달까요.

우리는 우뚝 솟은 문을 지나 넓은 계단을 올라가 황제의 궁정에 이르렀습니다. 말을 거는 사람도 없었고, 아무도 우리 존재를 인식하지 못하는 것 같았습니다. 몇 개의 작은 홀을 지나 알현실 앞에 도달했을 때 동료가 멈추더니 말했습니다.

"나는 같이 들어갈 수 없습니다. 전에 이곳의 지배자를 방문한 적이 있거든요. 나를 보면 의심을 할 테니, 여기 온 목적을 그르치게 될 겁니다. 당신은 여기서 한 불행한 영을 구해줘야 합니다. 그가 올린 참회의 기도가 천상계에 닿았고, 그 응답으로서 이렇게 당신이 내려온 것입니다. 그 사람을 찾는 건 어렵지 않을 거예요. 도움을 얻고자하는 그의 갈망이 우리를 이곳까지 이끈 거니까요. 이제 좀더 가까이 인도되겠지요. 나는 나대로 갈 길이 바쁘니 이쯤에서 잠시 헤어집시다. 하지만 머지않아 다시 만날 겁니다. 마음을 단단히 먹고 주의사항만 잊지 않으면 아무도 당신을 해치지 못해요. 그럼 건투를 빕니다. 우리 모두 최선을 다합시다!"

나는 듬직한 친구와 작별인사를 나눈 뒤 혼자서 알현실로 들어갔습니다. 그곳엔 수많은 남녀가 모여 있었고, 황제 시대의 번들번들한 장식으로 꾸며져 있었지만 하나같이 궁전 밖에서 받았던 더럽고 역겨운 느낌이 들 뿐이었습니다. 지상에 있을 때 오만한 귀족이었던 그들은 문둥병처럼 혐오스러운 질병을 앓고 있었는데, 문둥병보다 훨씬 끔찍해 보였습니다. 벽과 바닥은 검붉은 핏자국으로 얼룩지고, 이들이 걸친 위풍당당한 옷은 좀이 슨 데다 몸에서 나오는 고름과 분비물로 축축이 젖어 있었습니다.

거대한 옥좌에 황제가 앉아 있는 게 보였습니다. 그는 그곳에 모여 있는 사람들 중에서 지성과 카리스마가 단연 돋보이면서도 가장 더럽고 끔찍한 인상의 전형이라 할 만한 얼굴을 하고 있었습니다. 주위에 몰려든 사람들과는 비할 바가 못 될 정도로 잔인무도하고 사악한 표정이었지요. 나는 그 사내의 지성과 의지에서 풍기는 위풍당당함에 거부감이 들면서도 한편으론 내심 경탄을 금할 수 없었습니다.

그는 지옥의 잡다한 군상들 앞에서조차 군주의 권위를 내세우며 권력욕을 채우려 드는 것 같았습니다.

그를 바라보고 있자니 그는 몇 세기가 지난 지금까지도 자신의 진정한 자아에 눈뜨지 못한 채 허상만을 좇고 있다는 느낌이 불현듯 들었습니다. 도도한 인상에 이목구비가 뚜렷하고 잘생긴 얼굴, 잔인하고 냉혹한 표정과, 독수리처럼 부릅뜬 눈은 어딘가 모르게 남성적인 매력을 풍겼습니다. 지상에 있을 때는 혐오스럽고 사악한 면모가 육신에 가려져 있었지만 지금은 모든 게 백일하에 드러난 상태였지요.

그의 궁중은 지상에 있을 때와 비슷하게 돌아가고 있었고, 이들의 눈에는 모든 게 전과 다름없는 모습으로 비치고 있었습니다. 자신들에게 어떠한 변화가 생겼는지를 하나같이 전혀 알아차리지 못하고 있는 거지요.

아니, 하나같이 알아차리지 못한다는 말은 사실이 아니었습니다. 망토로 추한 얼굴을 가린 채 구석에 웅크린 남자가 보였습니다. 내가 보기에 그는 주변 사람들뿐만 아니라 자신의 추악함도 제대로 인식하고 있는 것 같았지요.

그 남자의 가슴 속에선 절망감과 더불어 좀더 나은 환경을 소망하는 마음이 싹트고 있었습니다. 아무리 험난한 길이라 할지라도 지옥에서 빠져나갈 수만 있다면 마다하지 않으리란 결기가 서려 있었지요. 그를 보자 내가 이곳에 온 이유가 그 사람 때문이란 걸 알 수 있었습니다. 어떻게 구할 수 있을지 짐작조차 할 수 없었지만, 왠지 나를 이곳까지 이끈 힘이 그 길을 열어줄 거란 느낌을 받았습니다.

내가 주위를 둘러보고 있는 동안에 어두운 영들과 그 지배자가 결국 내 존재를 알아차렸습니다. 사나운 분노가 황제의 얼굴을 일렁이며 지나갔습니다. 그는 굵고 거친 목소리로 격앙된 감정을 드러내며 다그치듯이 물었습니다.

"그대는 누구인가? 감히 어떻게 이곳엘 들어왔는고?"

"어두운 세계에 방금 도착한 이방인이올시다. 영계에도 이런 곳이 있다는 사실에 놀라 그만 길을 잃은 것 같사옵니다."

그는 거친 웃음을 터뜨리며 자신들이 영계의 많은 것을 안내해주겠노라고 쩌렁쩌렁한 목소리로 말했습니다.

"우리는 그대 같은 이방인들을 늘 각별히 환대해왔다. 우리의 만찬에 참석을 허하노라."

그는 자기 앞에 있는 긴 탁자의 빈자리를 가리키며 말했습니다. 지상에 있을 때 나왔을 법한 성대한 만찬이 마련되어 있었습니다. 얼핏 진짜처럼 보였지만, 사실은 모두 환영일 뿐이어서 대식가들은 식탐을 해소할 수 없다고 들은 적이 있습니다. 와인은 목구멍이 타들어갈 듯 얼얼한 맛이라, 마시면 갈증이 훨씬 심해진다고 합니다.

이곳에서는 어떤 것도 먹거나 마셔서는 안 되고, 어떠한 초대에도 응하면 안 된다고 주의를 받은 터였습니다. 잘못하면 내 힘이 다시 감각의 지배에 빠져들어 어두운 존재들의 영향력에 휘둘리게 된다는 것이었지요. 그래서 나는, "환대를 베풀어주시는 은혜에 감사드리오나, 사양하겠나이다. 지금 아무것도 먹거나 마시고 싶지 않사옵니다"라고 대답했습니다.

내가 거절하자 그의 눈에 분노의 빛이 번득였습니다. 그러나 그는 짐짓 관대한 태도를 보이며 가까이 오라고 손짓을 했습니다. 내 도움을 받아야 할 남자가 황제와 나의 대화를 엿듣고 놀라서 내게 다가왔습니다. 그는 내게 몸조심하라며 경고를 했는데, 무서운 곳에 멋도 모르고 떨어진 불운한 사람으로 여기는 것 같더군요. 그가 나를 염려해주는 바람에 우리 사이에 유대감이 생겼는데, 그것으로 내가 그를 빼낼 수 있는 매개를 삼을 수 있게 됐습니다.

내가 옥좌를 향해 몇 걸음 나아가자, 그 영이 나를 따라오며 속삭였습니다.

"저 자한테 속지 마시오. 지금이라도 늦지 않았으니 어서 달아나요! 내가 잠시나마 저들의 주의를 끌어보겠소."

나는 그에게 감사를 표하며 말했습니다. "저 사람이 누구건 도망치지 않을 겁니다. 계략에 빠지지 않도록 조심하면 되지요."

황제는 빠르게 오간 대화를 눈치채지 못한 듯, 조급하게 검으로 바닥을 내리치며 외쳤습니다.

"이리로 오라, 이방인이여! 황제를 기다리게 하다니 무엄하구나. 이 옥좌를 보라. 이곳에 앉아 황제의 자리가 어떤 건지 느껴보지 않겠는가?"

나는 그가 가리키는 옥좌를 바라보았습니다. 위에 덮개가 있는 거대한 의자였습니다. 날개 달린 웅장한 청동 인물상이 옥좌 뒤의 양쪽에 버티고 서 있는데, 좌우로 여섯 자는 돼 보였지요. 청동상이 마치 기둥처럼 머리로 덮개를 받치고 있었습니다.

나는 그런 자리에 앉고 싶은 생각이 조금도 없었습니다. 그 자리의 주인이 너무 혐오스러워 근처에 가고 싶지도 않았지요. 설령 호기심에 잠시나마 살펴보고 싶은 마음이 들었다 해도 내가 가까이서 본 광경 때문에 그러지 못했을 겁니다. 그 의자는 별안간 생명을 부여받은 것처럼 보였습니다. 그리고 의자를 몸이 으스러지도록 부둥켜안고 있는 어떤 불쌍한 영이 보이는 것이었습니다. 나는 그게 황제의 꼬임에 빠져 의자에 앉은 사람이란 걸 알았지요. 그 환영은 아주 잠깐 보였다가 사라졌습니다. 나는 황제 앞에 고개를 숙이며 말했습니다.

"저는 감히 폐하의 옥좌에 앉을 생각이 추호도 없습니다. 영광스럽지만 다시 한 번 사양할까 합니다."

그러자 그는 노발대발하며 호위병들에게 나를 옥좌에 끌어 앉히고 음식과 와인을 질식할 때까지 목구멍 속에 쑤셔 넣으라고 명했습니다.

곧바로 호위병들이 몰려왔고, 내가 도우려 했던 그 남자는 나를 보호하려고 내 앞으로 몸을 날렸습니다. 순식간에 우리는 난리법석을 떠는 무리에 둘러싸였습니다. 솔직히 말해 눈앞이 캄캄하고 겁이 더럭 나더군요. 그들은 우리에서 풀려난 야수들처럼 험악하게 달려들 태세였습니다. 그러나 그 위험천만한 상황은 내 안에 있는 전투본능을 모조리 끌어내주었습니다. 나는 의지력을 최대한 동원하여 그들을 물리치면서 나를 도우려 했던 가엾은 영을 붙잡고 선한 세력의 지원을 요청했습니다. 나는 그를 끌어안은 채 한 걸음 한 걸음 문쪽으로 나아갔습니다.

호위병 무리가 위협적인 몸짓으로 소리치며 쫓아왔지만, 내가 강한 의지의 힘으로 물리치고 있어서 우리를 건드리지 못했습니다. 마침내 문을 열고 밖으로 빠져나가자 문이 재빨리 닫히면서 그들의 추격을 막아주었습니다. 그러자 어디선가 나타난 강력한 팔이 우리를 끌어올려 어두운 벌판 위의 안전한 장소로 데려갔습니다.

나에게 구출된 사람은 혼절한 상태였는데, 천상계에서 내려온 네 명의 위엄 있는 영들이 그의 기진맥진한 몸에 자기력을 보냈습니다. 바로 그때 지금껏 한 번도 본 적 없는 놀라운 광경이 일어났습니다.

죽은 듯이 누워 있던 그 검고 볼썽사나운 육신에서 안개 같은 것이 올라오더니 점점 짙어지면서 그 사람의 영이 되는 것이었습니다. 가없은 사람의 정화된 영이 어두운 외피에서 벗어난 것입니다. 그러자 천사 같은 네 명의 영들이 아직 의식이 돌아오지 않은 그 영을 어린아이처럼 품에 안고서 공중으로 올라가더니 마침내 시야에서 사라져버렸습니다. 내 옆에 서 있던 또 다른 빛나는 천사가 말했습니다.

"기운을 내십시오! 그대는 이 암흑의 땅에서 많은 이들을 도울 것입니다. 회개한 죄인들이 나올 때마다 그를 보는 천사들의 기쁨은 이루 말할 수 없답니다."

그 말과 함께 그는 사라졌고 나는 지옥의 삭막한 벌판에 홀로 남겨졌습니다.

이단심문

내 앞쪽 저 멀리에 좁은 길이 나 있었는데, 나는 호기심에 그 길을 따라 가보기로 했습니다. 왠지 그 길이 도움을 기다리는 사람에게로 이어질 것 같은 예감이 들었지요. 한참을 걷다 보니 검은 산기슭에 거대한 동굴이 보이더군요. 흉측한 파충류가 온 데 기어다니고, 거대한 버섯과 끈적끈적한 액체가 흘러내리는 괴상한 식물들이 너덜거리는 수의처럼 천장에 달려 있었습니다. 바닥엔 썩은 물이 고인 웅덩이가 여기저기 있었습니다.

내가 돌아서려던 찰나에, 계속 가보라는 음성이 들려왔습니다. 그래서 동굴 안으로 들어가서 검은 웅덩이 언저리를 따라가자 바위 틈으로 작은 통로가 나 있는 것이 보였습니다. 그곳을 따라 들어가 모퉁이를 돌자 붉은 불빛이 보였습니다. 불빛 사이로 악귀처럼 생긴 검은 형체들이 분주하게 지나다니고 있었지요.

나는 통로의 한쪽 끝에 서 있었습니다. 내 앞으로 거대한 지하감옥 같은 둥근 천장이 있었는데, 바위가 울퉁불퉁 삐져나온 천장은 동굴 한가운데서 타오르는 거대한 불꽃의 연기에 가려 잘 보이지 않았습니다. 불길 주변에는 전형적인 지옥의 악마라 할 만한 자들이 떼를 지어 춤을 추고 있었습니다. 날카로운 괴성과 비명 같은 웃음소리를 내며 긴 창을 불 속에 찔러 넣기도 하고 발광을 하면서 춤을 추는데, 한구석에는 십여 명의 영들이 비참한 몰골로 웅크리고 있는 게 보였습니다. 춤을 추는 자들은 이들을 불 속에 던져 넣을 듯이 위협하며 달려들다가 고함을 지르고 악을 쓰며 물러나기를 반복했습니다.

이들에겐 내가 보이지 않는 것 같아서 용기를 내어 가까이 다가갔지요. 등골이 오싹하게도, 그 불꽃은 살아 있는 남자와 여자들의 몸에서 나는 것이었습니다. 그들의 몸은 불길에 연소되어 오그라들고 비틀어져 있었지요. 섬뜩한 악귀들이 창끝으로 그들의 몸을 이리저리 들쑤시고 있었습니다. 나는 오금이 저려 비명을 지를 뻔했습니다.

'이게 정말 현실이란 말인가? 아니면 이 무서운 공간이 만들어낸 환영일까?'

그러자 내 질문에 종종 응답을 해줬던 그 깊고 신비한 목소리가 들려왔습니다.

"그들은 지상에 있을 때, 힘없는 사람들을 숱하게 학살하면서 일말의 연민이나 가책도 느끼지 않았던 자들이다. 그 잔학함이 사나운 화염을 만들어내고, 그 희생자들의 가슴에 증오심을 일으킨 것이다. 영계에 뿌려진 불의 씨앗이 점점 자라나서 가해자들을 태우는 사나운 불길이 됐다. 그들에게 희생된 사람들의 고통은 그보다 몇십 배 더했다. 그 불의 고통을 통해 이 영들은 자신들이 학살했던 이들의 고통을 이해할 수 있고, 그렇게 지난날의 무자비함을 속죄함으로써 구원의 길이 열리는 것이다. 이러한 인과응보에 겁을 먹거나 놀라서는 안 된다. 이 영들은 지나치게 냉혹하고 잔인해서 고통을 당해보지 않으면 남들의 고통에 공감할 수 없다. 지상의 삶을 떠난 뒤에도 남들에게 더욱 심한 고통을 안겨주려 했기 때문에 그러한 극도의 증오심이 결국 스스로를 집어삼키고만 것이다.

이 불길은 사실 물질적인 것이 아니란 걸 알아야 한다. 비록 너와 거기 있는 사람들 눈엔 그렇게 보이겠지만, 영계에서는 정신적인 것 역시 객관적 형체를 취하기 때문에, 격렬한 증오심이나 지독한 열정은 실제로 살아 있는 불의 형태로 나타난다. 이제 너는 이 영들 중의 한 명을 따라가서, 잔인한 정의처럼 보이는 것이 실은 자비라는 사실을 깨닫게 될 것이다.”

음성이 더 이상 들리지 않게 됐을 때, 불길도 어느새 잦아들고 인광체처럼 푸르스름한 불똥만이 어둠 속을 흩날리고 있었습니다. 그런데 타고 남은 잿더미 속에서 영들의 형체가 일어나더니 동굴 밖으로 나가는 것이었습니다. 내가 그들을 따라가자 그중 한 명이 무리에서 떨어져 나와 근방의 작은 시가지로 들어갔습니다. 그곳은 서인도 제도나 남아메리카의 오래된 스페인계 도시처럼 보였습니다. 거리를 지나다니는 인디오들도 가끔씩 눈에 띄고, 스페인 사람들과 몇몇 다른 나라에서 온 이방인들도 보였습니다.

그 영을 따라 시가지를 걷다가 예수회 수도원처럼 보이는 큰 건물 앞에 이르렀습니다. 예수회는 스페인의 식민정책을 지원하고 많은 인디오들을 개종시키며 박해를 가했던 유명한 수도회입니다. 그 당시에는 그러한 박해가 열렬한 신심의 증거로 여겨졌지요. 이 영의 옆에 서자 지상에서의 그의 삶이 파노라마처럼 눈앞에 펼쳐졌습니다.

그는 생전에 예수회의 수장으로서 수많은 인디오와 이교도들 앞에서 재판관 노릇을 했습니다. 그리고 자신의 방침을 따라 개종하지 않는다는 이유로 수백 명의 사람들을 고문하고 화형에 처했습니다. 저항할 힘조차 없는 사람들을 학대하고 엄청난 금품을 탈취해 착복하기도 했지요. 요식적인 재판절차도 없이 감옥에 처넣고 고문한 뒤 화형시켰던 것입니다. 나는 그의 마음속에서 부와 권력에 대한 갈망과 희생자의 고통을 즐기는 가학적 성향을 읽을 수 있었습니다. 나는 영혼의 깊은 속내까지 읽을 수 있었는데, 그의 종교는 단지 허울에 불과해서 부귀영화와 권력의 갈망을 채우기 위한 방편일 뿐이었음을 알 수 있었습니다.

그리고 이 도시의 광장 주변으로 수백 개나 되는 거대한 불꽃이 용광로처럼 원을 이루며 타오르는 것이 보였습니다. 겁 많고 온순한 원주민들이 손발이 묶인 채 무더기로 불구덩이 속에 던져졌습니다. 고통스러운 울부짖음이 하늘을 찌르는 동안 이 잔인한 남자와 그의 패거리들은 성가를 부르며 죄악으로 더럽혀진 십자가를 높이 쳐들고 있었습니다. 사랑과 박애를 전하고, 신은 완전한 사랑임을 가르치러 왔다는 자들에 의해 그리스도의 이름으로 파렴치한 만행이 자행되고 있는 것입니다. 자칭 그리스도의 목자였던 이 남자는 희생자에 대한 동정심은커녕, 장엄한 화형 광경이 인디오들의 마음속에 공포감을 일으켜 황금을 순순히 갖다 바치게 할 것이란 잔머리 굴리기에만 여념이 없었지요.

그 후에는 그가 이렇게 긁어모은 재산으로 모국 스페인에 돌아가 흥청망청 주연을 베풀며 교계 안팎의 거물 행세를 하는 모습이 보였습니다. 멋모르는 순진한 대중은 그가 멀리 바다 건너 신대륙에 가서 교회의 깃발을 꽂고 사랑과 평화의 복음을 전한 줄로만 알았지요. 피에 굶주린 학살자를 성자라도 되는 양 떠받든 것입니다. 이쯤에서 나는 그에 대한 일말의 동정심마저 사그라져버리는 것을 느꼈습니다.

그 뒤에 다시 그의 임종 장면이 이어졌습니다. 사제와 수도자들이 그의 영혼이 천국에 들 수 있도록 미사를 올리는 모습이 보였지만 그는 천국 대신 자신의 사악한 삶이 만들어낸 사슬에 묶여 지옥으로 떨어졌습니다. 그에게 희생당한 무리가 그곳에서 이를 갈며 그를 기다리고 있었지요. 그들 또한 복수의 열망으로 인해 지옥으로 떨어졌던 것입니다.

그는 지옥에서 자신이 학대했던 사람들에게 둘러싸였습니다. 너무 선하고 순수한 나머지 지옥에 오거나 복수심을 품기 어려운 사람들의 경우는 혹한의 나라에서 얼음 감옥에 갇힌 남자를 괴롭혔던 것과 같은 종류의, 껍질만 남은 망령들이 대신 나왔습니다.

그러나 지옥에 떨어진 이 영은 오로지 권력을 상실한 데 대한 격한 분노만을 느끼고 있을 뿐이었습니다. 그는 다른 자들을 규합하여 자신을 에워싼 무리를 혹독하게 혼내줄 방법만을 궁리하고 있었습니다. 만일 자신의 희생자들을 또 한 번 죽일 수만 있다면 그는 그렇게 했을 것입니다. 그의 마음속엔 털끝만큼의 연민이나 가책도 없었습니다. 오직 자신의 무력함에 대한 분노만이 이글거리고 있을 뿐이었지요. 만일 그가 일말의 측은한 감정이라도 품었다면 자신과 원한 맺힌 희생자들 사이에 벽이 생겨났을 것입니다. 그리고 비록 고통이 크긴 했겠지만, 내가 보았던 것처럼 불구덩이에 던져지는 식의 물질적인 양상을 띠지는 않았을 것입니다.

그의 잔혹한 기질은 너무나 강해서 영적 불길의 연료 역할을 했고, 그리하여 결국 자신의 격렬함으로 인해서 스스로 벌을 받은 것입니다. 내가 봤던 그 악귀들은 희생자들 중에서도 가장 독한 사람들이라 복수심이 아직까지도 풀리지 않고 있었습니다. 반면에 구석에 쪼그리고 앉아 있던 몇몇 사람들은 더 이상 괴롭힐 생각은 없었지만, 그의 고통받는 모습을 지켜보는 것마저 그만두지는 못했습니다.

이제 참회의 마음에 새롭게 눈 뜬 그 영은 다시 도시로 돌아가서 예수회 형제들에게 자기가 저지른 것과 같은 과오를 되풀이하지 않도록 경고해주고 싶어했습니다. 그는 자신이 죽은 뒤 많은 시간이 흘렀다는 사실과, 그 도시가 자신이 살았던 곳의 영적 반영물이란 사실을 깨닫지 못했지요. 나는 그가 조만간 지상으로 다시 보내져서 자신이 살았을 때 보여주지 못했던 자비와 동정심을 사람들에게 가르치는 생을 살 거란 말을 들었습니다.

그러나 우선 그는 이 어두운 세계에서 해야 할 일이 남아 있었습니다. 자신의 범죄로 인해 이곳에 떨어진 영들이 해방될 수 있도록 노력해야 하는 것입니다. 나는 그가 지상에서 거주했던 곳의 반영물인 건물의 문 앞에서 이 남자와 헤어져 내 갈 길을 갔습니다.

로마황제의 도시처럼 이 도시도 거주자들의 죄악으로 인해 외관이 우중충하게 퇴색되어 있었습니다. 울부짖으며 무거운 사슬을 끌고 다니는 어둠의 유령들로 대기가 가득 차 있었지요. 도시 전체가 무덤 위에 세워지고 피와 눈물의 붉은 안개에 감싸여 있는 듯했습니다. 폭력과 강탈과 압제로 벽을 쌓은 거대한 형무소 같달까요?

그런데 그때 내게 어떤 환시가 보였습니다. 백인들이 그 땅에 발을 들여놓기 전, 평화로운 원주민들이 어린아이 같은 순수함으로 과일과 곡식을 따먹으며 소박하게 살아가는 모습이었습니다. 그들은 자신들 고유의 이름을 붙여놓은 절대자를 경배했는데, 그 경배는 영적이고 진실했습니다. 그들의 단순한 신앙과 덕성은 어떠한 신조나 교회에도 속하지 않는, 우주의 절대자로부터 직접 받은 선물이었지요.

그리고 나는 황금에 눈이 먼 백인들이 해안에 상륙하는 모습을 보았습니다. 순진한 원주민들은 그들을 형제처럼 맞으며 천진난만하게도 자신들이 모아놓은 보물을 보여주었습니다. 그러자 백인들은 마각을 드러내며 원주민들을 약탈하고 학살했습니다. 나는 백인들이 원주민들을 고문하고 노예로 만들어 광산에서 죽을 때까지 노역시키는 모습을 보았습니다. 그 평화롭고 행복했던 낙원이 피눈물로 차오르는 과정을 낱낱이 지켜봤지요.

그 뒤에 멀리 스페인에서 진실하고 자애로운 사람들이 건너오는 모습이 보였습니다. 그들은 자신들만이 인간을 구원하고 영생을 누리게 할 수 있는 참된 신앙을 갖고 있다고 굳게 믿었지요. 신이 지구상의 작은 지점에만 빛을 내리고, 나머지 대다수의 지역은 어둠과 오류 속에다 방치했다고 생각한 것입니다. 자신들에게 허락된 신앙의 빛을 받지 못한 헤아릴 수 없이 많은 사람들이 바로 그 이유 때문에 멸망했다고 생각했지요.

이 선량하고 순수한 사람들은 그릇된 종교에 빠져서 어둠 속을 헤어나오지 못하는 이들을 안타까워한 나머지, 바다 건너 먼 미지의 땅까지 자신들의 신앙을 전파하러 온 것입니다. 나는 이 선량하지만 무지한 사제들이 해변에 상륙하는 모습을 보았습니다. 그들은 원주민이 있는 곳이라면 어디든 가서 자신들의 신앙을 전파하며, 그 자체로 존중받아 마땅한 원주민의 신앙을 흔적도 안 남기고 파괴했습니다. 그들은 인정 많은 사람들이어서 자신들의 영적인 행복을 위해 노력하는 와중에도 가난하고 억눌린 원주민들의 삶을 개선하려고 많은 노력을 기울였습니다. 도처에 구호소와 교회와 학교를 세웠지요.

그때 스페인으로부터 성직자를 포함한 많은 무리가 건너오는 것이 보였습니다. 그들은 교회의 선행이나 진리의 전파가 아니라, 신대륙의 황금과 그 밖의 사적인 욕망을 채우는 일에만 정신이 팔려 있었습니다. 모국에서 좋지 않은 일을 저지르고 도피하려고 건너온 사람들도 많았습니다. 이런 사람들이 무더기로 건너와 순수하고 선량한 사람들 틈에 섞여들다가 결국 수적으로 우세해지자 곳곳에서 선한 사람들을 제치고 그리스도를 내세운 압제자가 되었던 것입니다.

그리고 나는 종교재판이 신대륙에서 노예제와 학정의 마지막 고리로 정착되는 것을 보았습니다. 종교재판은 불행한 원주민들이 거의 전멸할 때까지 숨통을 조이는 역할을 했지요. 그 땅을 찾은 이들은 지옥의 불길 같은 탐욕 속으로 걷잡을 수 없이 빨려 들어갔습니다. 대부분 황금에 눈이 멀어 아무것도 보지 못했고, 부자가 되려는 생각 외엔 아무것도 하지 못했습니다.

그 시대의 광기와 지독한 탐욕 속에서 이 지옥의 도시, 즉 지상 도시의 영적 반영물이 형성된 것입니다. 입자에 입자가 쌓여 지상의 도시와 영계의 반영물 사이에 끈끈한 인력의 사슬이 형성되고, 지상도시의 사악한 거주자들이 한 명 한 명 끌려 내려왔습니다. 말 그대로 지상의 삶이 자신들의 영적 거주지를 만들어낸 것입니다. 그리하여 이 모든 수도자와 사제들, 귀부인들, 군인과 상인들, 심지어 불행한 원주민들까지 모두 지옥으로 떨어지게 된 것이지요.

그때 어디선가 비명소리가 들리는 바람에 환영이 사라졌습니다. 큰 정사각형 건물의 입구에서 나는 소리였지요. 그곳의 창문은 감옥처럼 창살이 나 있었습니다. 보이지 않는 인도자의 신비로운 음성에 끌려 안으로 들어가 보니 지하감옥 같은 방이 나왔습니다. 수많은 사람들이 한 남자를 둘러싸고 있더군요. 그 남자는 허리에 쇠로 만든 벨트가 채워진 채 쇠사슬로 벽에 묶여 있었습니다. 형형한 눈빛과 헝클어진 머리카락, 누더기 같은 옷을 보아하니 갇힌 지 족히 몇 년은 된 것 같았습니다. 뺨이 움푹 패고 뼈만 앙상하게 남은 것이 굶주림으로 죽어가는 것 같았습니다. 하지만 이곳은 죽음이 존재하지 않기 때문에, 죽어서 고통으로부터 해방될 수도 없었습니다.

그 사람 근처에 또 다른 남자가 팔짱을 끼고 고개를 숙인 채 서 있었습니다. 쇠약하고 피골이 상접한 몰골, 수많은 상처자국과 흉터가 오히려 묶여 있는 사람보다 더 가련해 보일 지경이었지요. 그들 주변에는 또 다른 영들이 춤을 추고 고함을 질러댔습니다. 하나같이 그악스럽고 타락한 모습이었습니다. 그들 중 몇몇은 인디오들이었고 스페인 사람 몇 명, 그리고 영국인도 한둘 보였습니다. 모두가 묶인 남자를 향해 날카로운 단검을 던지고 있었는데 제대로 맞히는 적이 한 번도 없었습니다. 또 그들은 욕설을 퍼부으며 남자의 얼굴에 주먹을 휘둘렀지만 이상하게 한 방도 맞지 않았습니다. 그는 늘 그렇게 사슬에 묶인 채 움직이거나 도망가지도 못하고 그곳에 서 있을 뿐이었습니다. 그리고 또 다른 남자가 옆에서 묵묵히 그를 바라보기만 했습니다.

그 광경을 보고 있으려니 두 남자의 과거사가 눈앞에 생생히 펼쳐졌습니다. 먼저 사슬에 묶인 남자가 궁궐처럼 멋진 집에 살고 있는 모습이 보였습니다. 그는 스페인에서 파견된 판사로, 법정을 주관하는 임무를 맡고 있었습니다. 그러나 뒷구멍으론 자신의 직책을 이용하여 현지인들로부터 금품을 갈취하거나, 고위층에 밉보인 이들을 탄압하는 일을 서슴지 않았습니다. 또 한 사람은 상인이었는데, 훌륭한 저택에서 살면서 아름다운 아내와 자녀를 두고 있었습니다.

그런데 상인의 아내를 보고 흑심을 품은 판사가 오랫동안 집적거리다가 계속 거절당하자 남편을 이단 혐의로 감옥에 처넣고 아내를 겁탈한 것입니다. 아내가 수치심을 못 이겨 자결하자 판사는 심복을 시켜 아이마저 교살했습니다.

남편은 그 사실도 모르는 채 감옥의 형편없는 식사와 처우로 심신이 갈수록 피폐해졌습니다. 그는 불안하고 답답한 마음에 숨이 넘어갈 지경이었습니다. 마침내 이단 심문 법정에 넘겨져 이교의식을 행하고 내란음모를 꾸몄다는 죄목으로 고소됐지요. 그가 혐의를 부인하자 자백을 강요하는 고문이 이어졌고, 그 와중에 애꿎은 친구들의 이름을 대는 바람에 이들마저 공범으로 줄줄이 체포되었습니다. 곤혹과 분개에 빠진 남자는 한사코 결백을 주장했지만 다시 감옥으로 이송되어 결국 수감 중 아사했습니다.

이 남자는 죽은 뒤 아내 곁으로 가지 않았습니다. 그의 아내는 순수하고 마음씨 고운 여인이라 자신을 죽인 사람마저 용서했기 때문에 죽은 뒤에 아이와 함께 천상계로 갔습니다. 그러나 남편은 가족을 파멸시킨 판사에게 강렬한 원한을 품고 있었기 때문에, 아내와의 사이에 넘을 수 없는 벽이 생긴 것입니다.

남편은 죽은 뒤에 지상을 떠날 수도 없었습니다. 증오심과 복수심으로 인해 지상에 결박된 것입니다. 자신이 당한 것은 용서할 수 있었지만, 아내와 자식이 당한 끔찍한 일은 도저히 용납할 수 없었던 그는, 사랑하는 가족을 상봉하는 일도 제쳐놓고 밤낮으로 판사에게 들러붙어 복수의 칼날을 갈았지요. 예전에 나를 유혹했던 자들과 같은 지옥의 악마들이 그 영 주변으로 몰려가서 육신을 입은 사람을 통해 판사의 가슴에 비수를 꽂는 방법을 가르쳐주었습니다. 판사를 죽이면 육신과 분리된 그 영을 지옥으로 끌고 갈 수 있다는 것이었습니다.

그는 감옥과 영계에서 피눈물을 흘려가며 키워온 복수의 염원이 워낙 강렬해서 아내가 선한 마음으로 누그러뜨려 주려고 무진 애를 썼지만 허사였습니다. 온화한 아내의 영이 남편에게 접근하려 해도 그를 에워싼 악념의 벽에 번번이 막혀버린 것입니다. 남편 또한 아내를 다시 보리라는 희망은 접은 상태였습니다. 천국으로 간 아내가 자신을 오래전에 잊었을 거라고 생각했지요.

남편은 2백 년 전 지상에 살았을 당시의 편협한 로마 가톨릭 신앙을 여전히 신봉하고 있었습니다. 그래서 이단 심문을 받고 죽을 때 이미 사제의 파문을 받은 상태였고, 죄인으로 몰려 종부성사도 못 받았으므로 자신은 천국에 가 있을 아내와 자식으로부터 영원히 떨어져 있을 수밖에 없다고 생각했습니다. 그러니 그에겐 오로지 복수를 해서 원수도 자신과 똑같은 고통을 맛보게 하리란 일념밖엔 없었습니다.

결국 그는 지상의 한 남자를 조종하여 판사를 살해하는 데 성공했습니다. 그의 손이 남자의 손을 한 치의 오차도 없이 이끌어서 판사의 가슴에 칼을 꽂았지요. 그리하여 판사의 육신은 죽고 영은 지옥의 지하감옥으로 떨어져서 자신이 남들에게 한 것과 똑같이 쇠사슬로 묶인 채 희생자들을 대면하게 됐습니다.

그곳엔 판사가 죽음으로 몰아넣었던 다른 억울한 영들도 와 있었습니다. 이들은 그의 주변에 몰려들어 지옥의 뜨거운 맛을 호되게 보여주려 했습니다. 그러나 이 판사가 불굴의 의지력을 발휘하여 계속 버텼기 때문에, 아무도 그를 때리거나 심지어 건드릴 수조차 없었습니다. 칼도 던지는 족족 빗나갈 뿐이었지요. 두 영이 중오심을 불태우며 그렇게 대치하고 있는 동안, 다른 영들은 그리스 비극의 합창단처럼 들락거리면서 궁지에 몰린 사람을 괴롭힐 방법을 짜내려 골몰하고 있었습니다.

멀리 밝은 영계에서는 그의 아내가 간절히 기도하며 남편이 마음을 누그러뜨리고 복수심을 거둬들일 날만을 고대하고 있었습니다. 그녀의 기도가 나를 이 지하감옥까지 이끈 것입니다. 상인의 슬픈 사연을 환시로 보여준 것 또한 그녀였지요. 자신이 아직도 남편을 그리워하며, 남편이 천상계로 올라와서 행복한 안식에 들 날만을 기다리고 있다는 사실을 전해달라는 것이었습니다. 나는 오랜 세월 불태워온 복수심에 지친 기색이 역력한 그에게 다가갔습니다. 이제 그의 마음은 사랑하는 아내를 향한 그리움으로 가득 차 있었습니다.

나는 그의 어깨에 손을 얹고 말했습니다. "당신이 왜 여기에 와 있는지 알고 있습니다. 당신이 당한 끔찍한 사연도 알고 있구요. 나는 당신 아내의 말을 전하려고 이곳에 온 사람입니다. 그분은 지금 밝은 세상에서 당신을 기다리고 있어요. 당신을 기다리다 지치고, 당신이 아내의 품보다 복수에 더 집착한다는 사실을 받아들이기 힘들어하고 있지요. 당신은 언제든지 자유로워질 수 있는데도 불구하고 스스로를 그곳에 가두고 있다고 전해달랍니다."

남편은 내 팔을 붙들고 그 말이 진실인지 거짓인지를 읽어내려는 듯 오래도록 뚫어지게 나를 쳐다보았습니다. 이윽고 그는 한숨을 쉬고 물러서며 말했습니다.

"당신은 누구요? 여기에 왜 온 거요? 보아하니 이곳 사람들과는 다른 듯한데, 희망을 가지란 얘기를 했소만 지옥에 떨어진 자에게 무슨 놈의 희망이 있겠소?"

"이곳에도 희망은 있습니다. 영원하고 자비로운 신은 누구에게서도 희망을 걷어가지 않으시지요. 인간이 아무리 그의 뜻에 어긋난 삶을 산다 해도 말입니다. 나는 당신처럼 과거사로 비탄에 빠져 있는 사람들에게 희망을 전하려고 파견된 사람입니다. 나를 따라오면 좀 더 나은 세상에 이를 수 있는 길을 안내해드리겠습니다."

그는 머뭇거리며 마음속으로 갈등을 일으키고 있었습니다. 만일 자신이 떠난다면 원수가 자유의 몸이 되어 풀려날 텐데 도저히 그 꼴을 봐줄 수는 없었던 겁니다. 나는 다시 그의 아내와 아이에 대한 이야기를 들려주며 다시 만나고 싶지 않냐고 물었습니다. 그는 손으로 얼굴을 감싸 쥐고 괴로운 듯 눈물을 흘렸습니다. 내가 그의 손을 잡아 일으키자 그는 더 이상 아무 저항 없이 따라나섰습니다. 나는 그를 도시 밖으로 데리고 나왔습니다. 그곳에서 밝은 영들이 우리를 기다리고 있는 것이 보이더군요. 나는 그들에게 그 남자를 맡기고 떠났습니다. 그는 아내가 사는 곳과 비슷한 영적 수준에 이를 때까지 아내를 이따금씩 볼 수 있는 영역으로 인도될 것입니다. 언젠가는 아내와 함께 지상에 있을 때보다 훨씬 더 행복한 삶을 누리게 되겠지요.

나는 그 도시로 돌아가지 않았습니다. 그곳에선 더 이상 할 일이 남아 있지 않은 것 같았기 때문입니다. 그래서 도움이 필요한 새로운 곳을 찾아 길을 떠났습니다.

어둡고 적막한 벌판의 한복판에 외로이 서 있는 오두막이 보였습니다. 더러운 건초 위에 어떤 남자가 누워 있었는데, 꼼짝달싹 못하고 숨이 곧 넘어갈 듯한 기색이었습니다.

그는 지상에 있을 때 친구와 함께 억척스레 번 돈을 혼자서 차지하려고 빼앗아 달아난 적이 있었습니다. 홀로 남겨진 친구는 시름시름 앓다 그만 죽었지요. 그러다 어느덧 자신도 죽고 나니 친구처럼 버려진 신세가 되어 꼼짝 못하고 누워 있게 된 것입니다.

나는 그에게 밖으로 나가 남들을 돕는 일을 하면 친구를 죽게 만든 잘못을 속죄할 수 있다고 말해줬습니다. 만일 그에게 그럴 의지가 생긴다면 나도 그를 도울 수 있다고 생각했기 때문입니다.

그는 분명 누추한 오두막에 넌더리가 난 듯했습니다. 하지만 왜 자기가 남들 일에 신경을 써야 하는지 모르겠다고 대답하더군요. 그럴 시간이 있으면 자신이 묻어둔 돈을 찾아 흥청망청 쓰는 게 낫다는 것이었습니다.

그는 교활한 눈빛으로 나를 훔쳐봤습니다. 혹시 내가 그 돈을 탐내서 찾아내려는 건 아닌지를 살피는 눈치였지요. 나는 그에게 친구를 찾아 속죄해야 한다고 거듭 말했지만 도통 들으려 하지 않았습니다. 오히려 버럭 화를 내며 친구가 죽은 건 상관없어도, 자신이 이런 곳에 누워 있는 건 분통이 터져 못 참겠다는 것이었습니다.

그는 그곳을 빠져나가도록 도와달라고 졸라댔습니다. 나는 그가 상황을 개선할 수 있는 방법을 재차 말하며 설득했지만 아무런 소용이 없었지요. 거동이 가능해지면 노략질과 살인을 다시 시작해야겠다는 생각으로만 가득 차 있었기 때문입니다.

나는 결국 그곳을 떠날 수밖에 없었는데, 그는 힘없는 손으로 돌을 집어 내 쪽으로 던지며 욕을 하더군요. 나는 마음속으로 질문을 던졌습니다.

'이 사람은 앞으로 어떻게 될까?'

그때 대답이 들렸습니다.

"그는 폭력적인 죽음을 당한 뒤에 방금 이곳에 도착한 사람이다. 머지않아 기력을 되찾을 것이고, 자신 같은 약탈꾼들과 무리를 이루어 안 그래도 무서운 이곳을 더욱 무섭게 만들어 놓을 것이다. 아마 수백 년이 지난 뒤에야 선한 삶에 대한 갈망이 싹틀지 모른다. 그럼 그때부터 성장을 시작하겠지만 속도는 매우 느릴 것이다. 이 사람처럼 오랫동안 죄악의 사슬에 묶여서 오랫동안 성장이 멎은 채 타락한 사람은 종종 잠재력이 개발될 때까지 세월의 주기를 몇 번이나 거쳐야 하는 수도 있다."

나는 이 삭막한 벌판을 한동안 헤맨 후 몹시 지치고 피곤해져 바닥에 털썩 주저앉았습니다. 그리고 이 무서운 땅에서 봤던 것들을 하나하나 떠올려보기 시작했습니다. 수많은 악행과 고통의 광경이 마음을 우울하게 만들더군요. 내가 워낙 태양과 밝은 빛을 좋아하는 남국 출신이라 그런지, 이처럼 어둡고 구름만 잔뜩 낀 날씨가 더욱 힘겹게 느껴졌던 것 같습니다.

나는 진절머리가 났습니다. 아, 지상에 두고 온 그녀는 지금 어떻게 지내고 있을까? 아직 친구로부터 그녀에 대해 아무 소식도 전달받지 못한 상태였지요.

이곳은 밤과 낮이 없기 때문에 시간이 얼마나 흘렀는지도 알 수 없었습니다. 영원토록 어두운 밤만이 침묵 속에서 흐르고 있었지요. 나는 그녀의 생각으로 가득 차서, 이곳에서 일을 마치면 기쁜 마음으로 재회할 수 있도록 그녀를 지켜달라고 기도했습니다.

그때 내 주변이 희미한 빛으로 가득 채워졌습니다. 별빛 같은 광채가 점점 커지더니 빛으로 틀을 잡은 근사한 액자가 나타났습니다. 그리고 그 안에 나를 바라보며 미소 짓는 그녀가 보였습니다. 그녀의 입술이 뭔가를 말하는 듯 열렸습니다. 그러더니 손을 들어 입을 맞춘 뒤 나에게 키스를 보내는 것이었습니다. 수줍고 어여쁜 그 모습이 어찌나 황홀하던지 나도 벌떡 일어나 키스를 보냈습니다. 그녀를 더 가까이서 보려는 순간 그림은 사라져버리고 나는 다시 어두운 벌판에 홀로 남겨졌습니다. 그러나 나는 더 이상 슬프지 않았습니다. 그 환영이 나를 기쁘게 해서 다른 이들에게 기쁨을 나눠줄 힘과 용기가 불끈 솟았기 때문입니다.

해적

나는 일어서서 다시 걸었습니다. 잠시 뒤 지독하게 혐오스러운 몰골의 무리가 나를 따라붙었습니다. 그들은 누더기 같은 외투를 걸치고, 얼굴에는 노상강도처럼 검은 복면을 쓰고 있었습니다. 그들에겐 내가 안 보이는 것 같았습니다. 이곳의 거주자들은 대체로 지성이나 감각이 떨어져서, 높은 영계에서 내려온 사람을 직접 접촉하기 전까진 알아보지 못하는 듯했습니다. 뭐하는 사람들인가 궁금해서 그들을 따라가보기로 했지요.

이윽고 또 다른 일당이 보물이 담긴 가방처럼 보이는 것을 들고 나타나자 내가 따라갔던 자들이 그 일당을 기습했습니다. 그들은 무기를 지니지 않았고, 이빨과 손톱으로 야수처럼 싸웠습니다. 맹수처럼 손톱을 날카롭게 세우고 달려들어 목덜미를 쥐어뜯고 할퀴고 물었습니다. 적어도 절반은 부상을 입고 나동그라졌고, 나머지는 보물을 향해 달려들더군요. 그런데 그 보물이란 것이 내 눈엔 자갈 더미로밖에 보이지 않았습니다.

몸이 성한 자들이 모두 떠난 뒤에, 나는 신음을 하며 나뒹구는 나머지 영들을 돕기 위해 다가갔습니다. 그러나 부질없는 짓이었습니다. 오히려 나를 찢어발기려고 덤벼들지 뭡니까. 사람이라기보다 야수에 가까운 모습들이었습니다. 몸통도 짐승처럼 굽어 있었고, 팔이 원숭이처럼 길고, 손가락과 손톱이 맹수의 발톱 같았습니다. 어떨 땐 걷다가도 어떨 땐 짐승처럼 네 발로 기어 다녔지요. 면상도 거의 사람이라 부를 수 없을 정도였습니다. 으르렁거리며 늑대처럼 송곳니를 드러내는 것이 영락없는 짐승의 모습이었지요.

나는 인간이 짐승으로 변하는 이야기를 다룬 소설이 생각났습니다. 이게 바로 그 괴물이 아닐까 싶었지요. 그들의 눈매엔 교활한 빛이 드러나 있었는데, 그건 영락없는 인간의 모습이었고, 정교한 손동작도 동물이 흉내 낼 수 없는 것이었습니다. 더군다나 말을 했고 울부짖음과 신음이 욕지거리나 비속어와 뒤섞여 나왔는데 이 또한 동물에게선 볼 수 없는 것이었습니다.

"이런 자들에게도 영혼이 있습니까?" 내가 묻자 대답이 들려왔습니다.

"그렇다. 억눌리고 퇴화돼 흔적조차 사라진 상태지만, 이런 자들에게도 영혼의 배아는 존재한다. 이 자들은 해적이나, 노상강도, 약탈꾼, 노예상, 인신매매범들이었다. 너무 야만적인 삶을 산 나머지 인간의 특징이 부분적으로 사라져서 짐승처럼 되어버렸다. 그들의 본능은 야만스런 짐승과 같아서 짐승처럼 살고 짐승처럼 싸우는 것이다."

"이들에게도 아직 희망이 있습니까? 도울 수 있는 건가요?"

"이들에게도 희망은 있다. 대부분 아주 오랜 세월 희망과 무관한 삶을 살겠지만, 지금 당장 도움을 줄 수 있는 사람도 전혀 없는 건 아니다."

정신을 차려보니 발밑에 어떤 사람이 내 쪽으로 기어오려 안간힘을 쓰고 있었습니다. 너무 기진맥진해 그 이상은 움직이지 못하는 것 같았습니다. 다른 자들보다 끔찍함이 덜한 모습이었고 얼굴에 인간적인 면모가 많이 남아 있었습니다. 고개를 숙이자 그의 입에서 중얼거리는 소리가 들려왔습니다.

"물! 제발 물을 다오! 창자가 타들어간다."

나는 물이 없는데다 어디서 구할 수 있는지도 몰랐습니다. 그래서 새벽의 나라에서 가져온 진액을 몇 방울 입에 떨어뜨려 주었습니다. 진액은 만병통치의 영약답게 마법 같은 효력을 발휘했습니다. 그는 곧 몸을 일으키더니 나를 바라보며 말했습니다.

"당신은 마법사군요. 타들어가던 속이 시원해졌소. 지난 몇 년 동안 이런 적이 없었는데 말이오. 이곳에 온 뒤로는 몸속에 늘 불덩어리가 있는 것 같았소."

나는 그를 그곳에서 끌고 나와 몸에 에너지를 넣어주었습니다. 그러자 그의 통증이 멎었습니다. 이 사람을 두고 가야 할지 어쩔지 몰라 주춤거리고 있는데, 그가 내 손을 잡고는 호들갑스럽게 입을 맞췄습니다.

"아, 제가 어떻게 보답을 해야 할까요? 그토록 오랫동안 고생해왔는데 이렇게 구해주시니 뭐라고 감사를 드려야 할지 모르겠습니다."

"정말 그렇게 감사하다면, 나처럼 남들을 도우며 똑같은 감사를 받고 싶지 않습니까? 어떻게 하면 되는지 가르쳐드릴까요?"

"네! 가르쳐만 주신다면 기꺼이 따르겠습니다요!"

"좋습니다. 가능하다면 빨리 여기를 떠나도록 합시다."

그는 나와 함께 할 일을 찾으러 떠났습니다.

그는 전에 해적이었는데 노예무역에 종사했다고 합니다. 해적선의 항해사 노릇을 하다 어떤 싸움에서 목숨을 잃었습니다. 정신을 차려보니 동료들과 같이 이 어두운 곳에 와 있었다고 합니다. 얼마나 오래 있었는지는 모르지만 까마득하게 긴 시간이 흐른 모양이었습니다.

그와 동료들은 무리를 지어 늘 싸움을 벌였습니다. 다른 패들과 싸움이 없을 땐 자기들끼리라도 싸웠습니다. 싸움만이 유일한 낙이었습니다. 이곳에선 타는 듯한 갈증을 달랠 방법이 없었습니다. 뭔가를 마시기만 하면 백배 천배 더 속이 탔는데, 마치 목구멍 속으로 불덩이를 밀어 넣은 듯했다고 합니다.

"아무리 고통스러워도 죽을 수가 없어요. 최고로 끔찍한 저주에 빠진 거지요. 죽음을 넘어선 곳에 떨어진 겁니다. 자살을 시도해도, 나를 죽일 수 있을 만한 놈을 만나 죽자고 달려들어도 소용없어요. 고통에서 빠져나갈 방법 자체가 없단 말입지요. 우리는 굶주린 늑대들 같아요. 싸움을 걸어오는 놈들이 없으면 우리끼리라도 지쳐 떨어질 때까지 싸우거든요. 그러고는 아파서 끙끙거리다가도 기력을 되찾으면 오늘은 어떤 놈을 덮칠까 하고 두리번거리며 싸돌아다니지요. 나는 이곳을 벗어날 수 있기를 오랫동안 고대해왔답니다. 이젠 거의 기도하는 심정이 됐다구요. 신께서 나를 용서하고 기회를 주신다면 무슨 짓이든 하고 싶었지요. 내 옆에 서 있는 당신을 처음 봤을 때, 결국 천사가 왔구나 싶더군요. 그림에 나오는 것처럼 날개나 뭐 그딴 건 안 갖고 계시지만 말입니다. 그런데 그림으로 치자면, 지옥의 모습도 정확히 그려놓은 게 없더란 말입지요. 그림쟁이들이 알지도 못하면서 대충 그려놓은 거 아니겠습니까?"

그 말을 듣자 나도 모르게 웃음이 나왔습니다. 네, 이 비극의 땅에서 웃음을 터뜨린 것입니다. 내가 일을 제대로 하고 있다는 생각에 마음이 한결 가벼워졌습니다. 나는 그에게 내가 누구며 어떻게 이곳에 왔는지를 말해주었습니다.

그러자 그가 말했습니다. 사람들을 돕고 싶다면, 근처에 엄청나게 많은 영들이 갇혀 있는 매우 음산한 늪지가 하나 있는데 자기가 그리로 안내할 수 있고 옆에서 도움을 줄 수도 있다는 것이었습니다. 그는 내가 자기를 버려두고 떠날까봐 조바심을 내는 것처럼 보였습니다. 나는 이 사람에게 마음이 끌렸는데, 일단 나에게 몹시 고마워하고 있었고, 나는 나대로 길동무가 생긴 게 고마웠기 때문입니다.

짙은 안개가 시야를 가리는 통에 처음엔 늪지에 도착했다는 사실조차 깨닫지 못했습니다. 차갑고 축축한 느낌만이 얼굴을 스쳤을 뿐입니다.

이윽고 눈앞에 거대한 진흙의 바다가 펼쳐졌습니다. 악취가 풍기는 검고 끈적끈적한 기름때 같은 진흙 위로, 부풀어오른 몸통과 돌출된 눈을 가진 괴상한 파충류들이 여기저기 뒹굴고 있었습니다. 사람 같은 얼굴을 한 거대한 박쥐들이 흡혈귀처럼 상공을 맴돌고, 고약한 냄새의 수증기가 썩은 표면 위로 모락모락 올라오는데, 기이한 유령 같은 형체를 이뤘다가 금방 새로운 모양으로 변하며 팔을 흔들고 머리를 부들부들 떠는 것이 흡사 감각도 있고 말도 할 줄 아는 것처럼 보였습니다. 그러나 금세 안갯속으로 녹아들어 다시 또 다른 흉물로 변하곤 했습니다.

거대한 오물 늪의 기슭에는 진흙투성이의 큼지막하고 흉측한 생물들이 기어다니다가 팔다리를 편 채 드러눕거나 늪 속으로 뛰어들기도 했습니다. 나도 모르게 몸서리가 쳐지더군요. 이런 더러운 늪에 인간의 영이 정말 있을까 의심이 들었지요. 바로 그때 어둠 속 어디선가 구슬픈 울음소리가 들려왔습니다. 심장이 얼어붙을 것처럼 절망스런 절규였지요.

그 사이에 눈이 안개에 익숙해졌는지, 두 팔로 허우적대는 사람의 형체가 여기저기 눈에 들어왔습니다. 나는 그들에게 내 쪽으로 걸어 나오라고 소리쳤습니다. 그러나 그들은 나를 보지 못하고, 내 말을 듣지도 못했습니다.

해적의 말에 따르면 그들은 바로 코앞에 있는 것만 알아볼 뿐, 다른 건 보지도 듣지도 못한다는 것이었습니다. 자신도 늪에 빠진 적이 있지만 혼자 힘으로 기어 나왔다면서, 대부분은 다른 사람의 도움 없이는 그렇게 할 수 없을 거라고 했습니다. 몇 년째 그러고 있는 사람도 많다는 것이었습니다.

또다시 울부짖는 소리가 들렸는데, 이번엔 아주 가까이서 나는 소리였습니다. 순간 늪 속에 뛰어들어 그 사람을 끄집어낼까 하고도 생각해봤지만 엄두가 나지 않았습니다. 상상만 해도 끔찍한 일이라 주춤대고 있는 사이, 다시 절박한 울부짖음이 들려왔습니다. 이번엔 어쩔 수 없다는 생각이 들어 역한 느낌을 참고 안으로 뛰어들었습니다.

비명이 들리는 곳으로 나아가자 곧 그 남자에게 닿을 수 있었지요. 거대한 안개 유령이 나풀거리며 머리 위로 달려들었습니다. 그 남자는 목까지 잠겨 당장에라도 가라앉을 듯 보였습니다. 나 혼자 그를 끄집어내기란 불가능한 것 같아 해적에게 도와달라고 외쳤습니다.

그러나 그는 어디로 갔는지 보이지 않았습니다. 해적이 나를 함정에 빠뜨리고 내뺐다는 생각에 나는 그곳을 다시 빠져나가려고 버둥거렸습니다. 그러자 그 불쌍한 영은 너무도 애절하게 자기를 버리지 말라고 하소연했습니다.

그래서 나는 젖 먹던 힘을 다해 그 사람을 끌어당겼고 그는 자신의 발목을 휘감은 수초에서 간신히 풀려날 수 있었습니다. 나는 그를 절반은 끌고 절반은 부축하여 가까스로 기슭까지 데려왔습니다. 그 불쌍한 영은 곧바로 의식을 잃고 쓰러졌습니다. 나도 기진맥진하여 숨을 헐떡이며 그 곁에 앉아 쉬었습니다.

해적 친구가 어디 있는지 주위를 둘러봤더니 그도 늪 속으로 꽤 먼 거리까지 들어가서 누군가를 끌어내고 있었습니다. 그 모습을 보고 있으려니 끔찍한 상황임에도 왠지 우스꽝스러운 느낌이 들었습니다.

그는 영을 끄집어내려고 발악하며 미치광이처럼 몸부림쳤는데, 마치 심약한 자의 정신을 번쩍 들게 하려고 일부러 그러는 것처럼 보였지요. 그 가엾은 사람이 천천히 나가도 좋으니 살살 좀 당겨달라고 애원하는 것도 무리는 아니었습니다. 나는 그들에게 다가가 해적이 구한 사람을 먼저 끄집어낸 사람 옆에 뉘었습니다.

해적은 구출작업의 성공에 의기양양해져서, 다시금 누군가를 구하러 나가려 했습니다. 나도 멀지 않은 곳에서 울부짖는 소리가 들려 또 다른 두 사람을 구했습니다.

처음에는 아무도 볼 수 없었지만, 잠시 후에 도깨비불 같은 희미한 작은 불빛이 어둠 속을 비추자 누군가가 움직이며 도움을 청하는 게 보이더군요. 솔직히 썩 내키지는 않았지만 나는 다시 진흙 속으로 뛰어들었습니다.

그곳에 다다르자 한 남자가 어떤 여자를 끌어안은 채 기운을 내라고 말하고 있었습니다. 나는 죽을 힘을 다해 두 사람을 끌어올렸습니다. 해적도 이미 누군가를 끌어올려 놓고 있었습니다. 그리하여 그곳에 참으로 이상한 무리가 생겨났습니다.

나중에 들은 바에 의하면, 지상 인간들의 역겨운 생각과 불결한 욕망의 영적인 산물이 끌리고 모여서 그 거대한 늪을 이룬 것이었습니다. 그곳에 빠진 영들은 지상에 있을 때 혐오스러운 짓에 흠뻑 빠져 있었고, 죽은 뒤에도 육신을 가진 사람들을 통해 그러한 쾌락을 계속 탐한 자들로, 과도한 탐닉으로 인해 지상 영계조차 그들에겐 가까이하기에 너무 먼 영역이 되어버린 것입니다. 그들은 인력의 힘에 끌려 이 끔찍한 곳까지 떨어지게 됐고, 자신들에 대한 혐오감이 치유제의 역할을 할 때까지 계속 그곳에 머물게 됩니다.

내가 구한 영들 가운데 한 명은 찰스 2세의 궁정에서 내로라하던 인사였습니다. 죽은 뒤에 그는 지상 영계를 오랫동안 떠돌다가 점점 추락하여 결국은 이 밑바닥까지 오게 된 것입니다. 그의 쓸데없는 오만함이 발목을 붙잡는 수초 노릇을 하는 통에 내가 풀어주기까지 수렁 속에서 꼼짝달싹도 못했답니다. 또 다른 사람은 조지 왕 초기의 유명 극작가였습니다. 엉겨 붙어 있던 두 남녀는 루이 15세의 궁정에서 일하다가 함께 그곳에 떨어졌습니다. 해적에게 구출된 이들도 모두 비슷한 이력을 갖고 있었습니다.

몸에 온통 들러붙은 진흙을 어찌해야 좋을지 몰라 곤혹스러웠는데 마침 근처에 맑은 물이 솟는 샘이 눈에 띄었습니다. 모두가 그 물에 진흙을 말끔히 씻어냈습니다. 나는 구조된 영들에게, 도움을 받은 대가로 다른 이들을 구하라고 말하고 몇 가지 조언을 해준 뒤, 다시 길을 떠났습니다. 해적만은 나를 계속 따라오려 해서 그를 데리고 가기로 했습니다.

****

이곳에서 벌어진 일들을 다 이야기하려면 책으로도 몇 권이 될 것이고 독자들도 아마 지루해하실 겁니다. 그래서 지상의 시간으로 몇 주는 됐음직한 시간을 건너뛰어, 바람이 휘몰아치는 어떤 산에 도착했을 때의 이야기로 넘어가도록 하겠습니다. 그 무렵 우리는 그간 노력한 결과에 대해 다소 낙담하고 있었습니다. 조언을 새겨듣고 도움을 받는 사람도 간간이 있었지만 경멸과 조소를 퍼붓는 이들이 대부분이었기 때문입니다. 심지어 참견하지 말라며 공격을 퍼붓는 경우도 적지 않았지요. 정말이지 다치지 않은 게 다행일 정도였습니다.

우리가 마지막으로 구원을 시도한 이들은 허름한 오두막 앞에서 싸움을 하고 있는 지독히도 혐오스런 몰골의 남녀였습니다. 남자가 여자를 너무 심하게 두들겨 패는 바람에 나는 둘 사이에 끼어들지 않을 수가 없었는데요. 그러자 남녀가 합세해 달려들더니 여자가 내 눈을 도려내려고 손가락으로 찌르는 것이었습니다. 다행히도 해적이 옆에 있어서 위기를 모면할 수 있었습니다.

사실을 말하자면, 말리러 갔다가 오히려 공격을 당했을 때 순간적으로 이성을 잃은 나머지 그들과 같은 수준으로 떨어질 뻔했습니다. 그랬다면 높은 차원의 영들로부터 더 이상 보호를 받지 못했을 것입니다.

그 두 남녀는 지상에 있을 때 돈을 노리고 어떤 노인을 잔인하게 살해한 죄가 있었습니다. 그 여자는 노인의 젊은 아내였고 남자는 여자의 정부였던 것입니다. 그들은 벌로 교수형을 당했는데, 그런 전력이 둘 사이에 강한 인연의 끈을 만들어내어서, 엄청나게 미워하면서도 떨어질 수가 없게 되었습니다. 서로 상대방 때문에 이곳에 떨어졌다고 믿고 있었고, 상대방이 자기보다 훨씬 잘못이 많다고 생각했지요. 그들은 서로를 배신하려 안달이 나 있었는데, 그것이 두 사람 모두의 숨통을 조이고 있었습니다. 마치 서로 싸우기 위해 태어난 사람들 같았지요. 증오에 빠진 사람을 묶어놓는 것만큼이나 가혹한 형벌이 또 있을까 싶더군요. 그들에게는 어떠한 도움도 불가능한 상태였습니다.

그 특이한 남녀를 뒤로하고 떠난 뒤 얼마 지나지 않아, 우리는 거대한 검은 산기슭에 이르렀습니다. 신기하게도 희미한 인광 같은 것이 주위를 비추고 있어서 주변을 살펴볼 수 있었지요. 중도에 길이 끊긴데다 바위산이 워낙 가파르게 경사져 있어서 더듬거리며 힘겹게 기어올라야 했습니다.

이 저급한 영계의 영향을 일정 부분 받고 있는 탓에, 나는 새벽의 나라에 거주하는 이들의 특권인 공중부양능력을 상실한 상태였습니다. 중턱까지 가까스로 올라간 뒤에야 다시 정상을 향해 터벅터벅 걷기 시작했지요.

희미하게 비치는 이상한 불빛 덕택에 길 양쪽으로 무시무시한 심연처럼 보이는 깊고 가파른 바위 절벽이 있는 게 보였습니다. 그곳에서 가끔 사람들의 울부짖음과 신음, 그리고 도움을 청하는 기도 소리마저 들려왔습니다. 그런 곳에조차 영들이 있다는 게 놀라울 따름이었지요.

그들을 어떻게 도와줄지 난감해하고 있는데, 곁에서 늘 엄청난 열정을 보여주곤 하던 해적 친구가 바위틈에 무성히 나 있는 마른 풀들을 뽑아 밧줄을 만들자고 제안했습니다. 밧줄로 자기를 내려주면 사람들을 끌어올려보겠다는 것이었습니다. 해적 출신이라 줄타기엔 더 이상의 적임자가 없을 것 같았습니다.

정말 좋은 방법인 것 같아서 우리는 곧 사람의 무게를 버틸 수 있는 밧줄을 만들었습니다. 영계에도 물질의 무게가 존재하는데, 영계의 등급에 따라 달라집니다. 낮은 영계일수록 물질이 단단하고 무거워지지요. 물질계 사람들의 눈엔 해적 친구가 형체도 무게도 없는 것처럼 보이겠지만, 약간의 영능력만 있으면 그의 존재를 보고 느낄 수 있습니다. 물론 더 높은 영계에 있는 존재는 훨씬 보기가 어렵겠지요. 그러므로 잡초를 엮어 해적 친구의 하중을 견딜 만한 밧줄을 만드는 게 지상의 사람들이 생각하듯 터무니없는 일은 아니라고 할 수 있습니다.

해적은 밧줄 끝을 바위에 고정시켜놓고 뱃사람다운 날렵한 솜씨로 내려갔습니다. 그리고는 바닥에서 신음하는 영의 몸에 줄을 단단히 감았습니다. 나는 영을 끌어올려 안전하게 눕힌 다음, 다시 줄을 던져 해적을 끌어올렸습니다. 그런 식으로 몇 사람을 더 구했습니다.

우리가 도울 수 있을 만큼 도왔을 때, 이상한 일이 일어났습니다. 희미한 빛이 돌연 사라지더니 칠흑 같은 어둠에 빠진 겁니다. 그때 허공 속에서 신비한 음성이 들려왔습니다.

"이제 가거라. 이곳의 일은 끝났다. 너희가 도운 사람들은 자신이 만들어놓은 함정에 빠진 자들이다. 다른 사람을 빠뜨리려고 만든 함정에 자기가 빠진 것이다. 참회와 속죄의 갈망으로써 구원자를 불러들여 자신들이 파놓은 감옥에서 해방될 때까지, 그들은 그곳에 갇혀 있게 된다. 이 산에는 아직 많은 영들이 있다. 그들은 풀려나면 오직 다른 이들에게 위험이 될 뿐이어서 아무한테도 도움을 받을 수 없다. 그들이 불러일으킬 파괴와 악행이 클수록 갇히는 시간도 길어진다. 그러나 이 비참한 감옥은 지상의 삶이 만들어낸 산물일 뿐이다. 그리고 이 절벽도 그들이 희생자들에게 강요했던 절망의 영적인 반영물일 뿐이다. 마음이 온순해지고 악 대신 선을 갈구하는 마음이 자랄 때까지 이 감옥은 열리지 않아서, 타인을 가혹하게 대함으로써 스스로 생매장된 이곳으로부터 구원받지 못할 것이다."

음성이 멎었고, 우리는 암흑 속을 더듬거리며 산을 내려와 평지에 이르렀습니다. 영원한 밤이 계속되던 그 어두운 계곡, 이기심과 학대로 인해 솟아난 높은 산이 소름 끼치도록 무서웠기에, 더 이상 그곳에서 할 일이 없다는 말이 그렇게 반가울 수 없었답니다.

그 후에 간 곳은 기괴한 나무들로 뒤덮인 악몽 같은 숲이었습니다. 앙상한 가지들이 마치 살아 있는 팔처럼 뻗어 나와 불운한 방랑자들을 휘감았습니다. 뿌리도 구렁이처럼 비비 꼬면서 지나가는 사람의 발을 걸었지요. 나무의 몸통은 화염에 그슬린 것처럼 거무스름했고, 껍질에서 찐득하고 불결한 진액이 흘러나와 강력한 접착제처럼 손대는 족족 들러붙게 만들었습니다. 기괴하고 어두운 기생식물이 거대한 장막처럼 가지를 덮고 있다가 숲을 지나가는 사람들을 감싸며 놀라게 했습니다. 숨이 막혀 기진맥진한 사람들의 희미한 흐느낌이 숲 속 여기저기서 흘러나왔습니다. 이 특이한 감옥에 붙들린 영들은 풀려나려고 몸부림치고 있었지만 한 발자국도 움직일 수 없었습니다.

나는 이들을 어떻게 도와야 할지 몰랐습니다. 어떤 이들은 비비 꼬인 뿌리에 발이 걸려 있었고, 또 어떤 이는 손이 나무 몸통에 들러 붙어 있었습니다. 어떤 이는 검은 이끼의 덮개 속에 싸여 있었고, 또 어떤 이는 머리와 어깨가 나뭇가지에 꽉 붙들려 있었습니다. 사나운 짐승들이 근처를 어슬렁거리고 거대한 독수리가 머리 위를 날아다 녔지만 이곳에 붙들린 사람들을 건드리지는 못하는 것 같았습니다.

"이들은 어떤 사람들입니까?"

내 질문에 대답이 들려왔습니다. "그들은 타인의 고통을 즐겼던 자들이요, 사람을 야수 우리 속에 던져 넣고 갈가리 찢기는 모습을 보며 쾌락을 맛봤던 자들이다. 아무 이유도 없이 잔인한 욕정을 채우 려고 수많은 방법으로 힘없는 사람들을 고문하고 위험에 빠뜨려 죽 였던 자들이다. 이곳에서 타인에 대한 자비와 동정의 교훈을 배우고 고통 속에서 타인을 구하고자 하는 열망을 배울 때에만 풀려날 수 있 다. 그때까진 아무도 그들을 돕거나 풀어줄 수 없다. 인간의 역사를 되돌아볼 때, 얼마나 많은 사람들이 지구 전역에서 동족을 노예 삼아 학대하고 고문했는지 떠올린다면 이 거대한 숲이 영들로 가득 차 있 는 것도 이상할 게 없을 것이다. 교훈 삼아 이 무서운 곳을 봐두는 게 좋을 것이다. 이들 중에 도움을 줄 수 있을 만큼 마음을 바꾼 사람은 아직 없다. 그러니 좋은 일을 할 수 있는 다른 곳으로 떠나거라."

공포의 숲을 떠나 얼마 동안 걷다가 반갑게도 하세인을 마주치게 됐습니다. 그러나 아린지만 선생의 경고가 떠올라, 사전에 약속한 암 호를 말했더니 응답 신호가 들려오더군요.

그는 아버지와 그녀로부터의 메시지를 전해줬는데, 그녀는 달콤한 사랑의 말과 격려를 보내왔습니다. 하세인은 내가 이제 사악함과 지성을 겸비한 영들의 세계로 가게 될 것이라고 했습니다.

"그들은 살아생전 지배자들이었고, 모든 분야에서 최고의 지성이었습니다. 그러나 능력을 함부로 악용한 나머지 천재성이 은총에서 저주로 탈바꿈했지요. 그들이 당신에게 미끼를 던져 유혹하고 온갖 기만으로 술책을 부릴 때 경계를 늦추시면 안 됩니다. 그러나 그들 중에 도움을 주어야 할 사람들이 있어요. 누군지는 본능적으로 알게 될 겁니다. 그들 또한 당신의 말을 기꺼이 받아들이고 고맙게 여길 거구요. 다음부터는 내가 당신에게 메시지를 가져오지 않고 다른 사람이 대신 올 겁니다. 그러니까 가장 주의해야 할 것은 암호를 말하고 상징을 보여주지 않는 한, 누가 무슨 얘길 해도 믿지 말아야 한다는 겁니다. 당신은 지금 사실상 적진 깊숙이 침투해 있는 상태라서 저들이 당신의 실체를 알게 되면 겉으론 안 그런 척 위장해도 내심 분노하게 됩니다. 그러니 저들의 거짓된 약속을 조심하고, 특히 친근하게 보일 때가 가장 위험하다는 점을 명심하셔야 해요."

나는 경고를 마음속에 새기겠다고 약속했습니다. 그는 내가 잠시 해적 친구와 떨어져야 한다고 덧붙였습니다. 내가 가는 곳까지 해적이 동행하면 안전을 보장할 수가 없다는 것이었습니다. 그러나 해적이 어두운 세계를 떠날 수 있도록 도와주겠다고 약속했습니다. 하세인에게 그녀와 아버지에게 전할 메시지를 준 뒤에, 나는 그들과 헤어져 하세인이 일러준 방향으로 향했습니다. 나는 내가 받은 사랑의 메시지에 크게 고무되어 있었습니다.

22
함정

　얼마나 걸었을까. 듬직한 친구가 길가에 앉아 나를 기다리고 있는 게 보였습니다. 나는 그에게서 많은 이야기를 들을 수 있게 되어 정말 기뻤습니다. 그는 한동안 나와 동행하도록 지시를 받았다고 했습니다. 그리고 자기가 겪은 이상한 일들을 많이 얘기해줬는데, 아주 재미있는 내용이지만 내가 직접 겪은 일이 아니라 언급은 하지 않겠습니다.

　듬직한 친구는 나를 높은 탑에 데리고 가서 우리가 앞으로 방문할 도시를 둘러보게 했습니다. 전망을 미리 봐두는 게 도움도 되고 흥미로울 거라면서 말입니다. 주변을 늘 감싸고 있던 검은 안개도 이날만큼은 짙지 않아서 비교적 멀리까지 볼 수 있었습니다. 예전에 묘사했던 희미하고 이상한 불빛과, 또 이곳 거주자들의 욕정으로 인해 생겨난 음산한 불길도 시야를 넓혀주었습니다.

　검은 암석으로 지어놓은 듯한 높은 탑 꼭대기에 오르자, 눈 아래에 어둡고 넓은 세상이 펼쳐졌습니다. 먹구름이 지평선 위로 걸려 있고 근처에는 거대한 도시가 있었는데, 지금껏 가본 다른 도시들과 마찬가지로 웅장함과 황폐함이 묘하게 뒤섞인 야릇한 풍경이었습니다.

　나무 없는 거무튀튀한 황무지가 도시 주변을 둘러싸고, 어두운 핏빛 안개가 죄악과 비애의 도시를 온통 뒤덮고 있었습니다. 장중한 성채들과 우뚝 솟은 대저택들, 멋진 건물들이 죄다 쇠락해 있었고, 거주자들의 죄악으로 오염되어 있었습니다. 이 건물들은 거주자들의 지상의 삶이 만들어낸 연결고리가 이곳을 지탱해줄 때까지만 존속됩니다. 영들이 회개하여 연결고리가 끊어지면 모두 붕괴되어 티끌처럼 사라질 것입니다. 그러면 다시 또 다른 이들의 죄악으로부터 새로운 도시가 생겨납니다. 이 도시엔 대저택들이 있고 그 바로 옆에는 돼지우리 같은 집들이 붙어 있었는데, 도시에 사는 영들의 삶과 야망이 한데 뒤엉켜 거주지가 뒤죽박죽 무질서하게 형성된 것입니다.

　지상에서 인연을 맺고 산 사람들이 영계에서도 함께 무리지어 산다는 것을 생각해본 적이 있으신지요? 지상에서 형성된 자기력의 결속이 영계의 운명을 결정짓는데, 그 인연의 사슬을 끊기란 보통 어려운 일이 아닙니다. 그러다 보니 내 앞에 늘어선 건물들 중엔 콧대 높은 귀족의 야망이 창조해낸 대저택이 있는가 하면, 그의 종들과 식객들과 아첨꾼들의 초라한 거주지가 바로 그 옆에 붙어 있는 거지요. 귀족들과, 그들의 사악한 야망의 도구 노릇을 했던 추종자들 사이에 자기력의 연결고리가 존재했던 것처럼, 이들도 동일한 형태의 관계를 맺고 있었습니다. 귀족이 자신을 따르는 무리의 끈덕진 추종으로부터 벗어날 수 없듯이, 추종자들도 귀족의 횡포로부터 벗어날 수 없긴 마찬가지입니다. 어느 한 쪽에서 고귀하고 순수한 욕구가 일어나 현재의 영적 수준을 끌어올리지 않는 이상 관계는 지속되고, 그리하여 지상의 삶의 오싹한 모방이 끝없이 재연되는 것입니다. 과거의 행위가 움직이는 파노라마처럼 되풀이되므로 죄악의 욕망이 완전히 사그라질 때까지 지옥의 고통을 벗어날 수 없는 것이지요.

이 거대한 도시 위로 강철과 같은 회색이 감도는 희미한 빛이 떠 있었습니다. 이것은 거주자들의 강력한 지성으로부터 방사된 빛이라고 합니다. 그들의 영혼은 타락했지만 꽤 발달되어 있는 상태였고, 상당히 높은 등급의 지성이 비열한 목적에 이용되고 있었습니다. 그러다 보니 참된 영혼의 빛이 결핍되어 그처럼 이상한 회색빛을 띠게 된 것입니다.

도시의 다른 부분들엔 대기가 불과 섞여 있는 것처럼 보였습니다. 불길이 공기 속을 유령처럼 번득이며 이리저리 떠다니는데도 거리를 지나가는 영들은 전혀 의식을 못하는 것 같았습니다. 그 불길은 자신들의 거친 정욕으로부터 생겨난 영적 발산물이었기 때문이지요.

이 도시를 바라보고 있노라니 문득 기이한 느낌에 사로잡혔습니다. 무너져 내린 벽들, 황폐한 건물들에서 어딘가 모르게 친숙하고 낯익은 느낌이 들었던 것입니다. 아! 그 도시는 지상에서 내가 살았던 곳이었습니다. 나는 동료에게 이게 뭘 의미하느냐고 소리 높여 물었습니다. 지금 이 광경은 도대체 무엇인가, 내가 사랑하는 도시의 과거인가 미래인가, 아니면 지금의 모습인가?

그가 대답했습니다. "셋 다예요. 당신 앞에는 과거의 건물들과 영들이 있습니다. 지금 생겨나는 건물들도 있구요. 앞으로 그곳에 거주할 사람들이 자신을 위해 만들고 있는 중입니다. 기존의 건물에 거주하는 자들이 죄업을 끝내고 해방되면 지금 막 형성 중인 건물들이 등장할 겁니다. 잘 봐두셨다가 지상으로 돌아가서 동향 사람들에게 그들 앞에 놓인 운명을 전해주세요. 당신의 메시지가 단 한 사람의 심금을 울릴지라도, 그리하여 단 한 건물의 등장만을 막을 수 있다 해도, 이곳의 방문과 당신의 일은 충분한 가치를 지니게 됩니다. 그러나 그게 당신이 이곳에 온 유일한 목적은 아닙니다. 이곳에서도 구해야 할 영들이 있어요. 그들이 지상으로 돌아가면 자신이 경험한 인과응보를 나팔 불듯이 알려서 사람들을 구하려들 겁니다.

잘 생각해보세요. 세상은 한때 유아기에 머물러 있었지만 그 뒤로 많은 세대가 지나갔습니다. 사람들의 삶과 생각에도 큰 발전이 있었지요. 죄악의 구렁텅이에 떨어져 있던 사람들이 지상으로 돌아와서 경고를 한 것이 힘을 발휘하여 그런 발전이 일어날 수 있게 했다고도 할 수 있지 않을까요? 신은 한때 반항하고 죄를 지었지만 이제는 회개한 자녀들을 지상으로 보내서, 지옥의 형벌을 부정하고 죄악의 수렁에 빠져든 사람들을 일깨우고 돕습니다. 이런 사실을 사람들에게 널리 알리는 것은 비현실적인 일이 아니에요. 당신과 나는 둘 다 죄인이었어요. 우리는 죽은 뒤였는데도 신의 자비를 얻었지요. 하물며 지상에 살고 있는 사람들에게 희망이 없겠습니까? 그들이 우리보다 더 낮은 영역으로 떨어진다 해도, 그들이 올라갈 수 있는 한계를 우리처럼 인식능력이 짧은 자들이 감히 어떻게 규정할 수 있겠어요. 절대로 그럴 수 없습니다! 우리가 이 지옥에서 보는 공포가 영원히 지속될 거란 생각은 잘못된 겁니다. 신의 자비는 인간이 상상할 수 없을 만큼 크답니다."

우리는 탑에서 내려와 도시로 들어갔습니다. 내가 지상에 있을 때 자주 갔던 광장에 이르자, 큰 군중이 모여들어 누군가가 포고령을 낭독하는 것을 듣고 있었습니다. 사방에서 야유와 고함이 터져 나오는 것으로 미뤄보면 그 포고령이 냉소와 분노를 자극한 게 분명했습니다. 가까이 가서 보니 그것은 지상에서 얼마 전 공표됐던 것으로, 사람들에게 더 많은 자유와 진보를 약속하는 내용이었습니다. 그러나 그 포고령은 학대와 폭정의 본산인 지옥에서는 오히려 탄압의 욕구만을 불러일으킬 뿐이었습니다. 이곳의 영들은 그 포고령을 온 힘을 다해 무력화시키겠다고 맹세했습니다.

더 많은 이들이 탄압받을수록, 그리고 폭력으로 탄압에 맞설수록, 이곳의 존재들은 그 분란에 끼어들어 갈등을 키움으로써 존재가 더욱 강화됩니다. 사람들이 자유로워지고 개화될수록 그만큼 이 영들에겐 악한 상념을 조장하여 자신들의 존재감을 확장시킬 기회가 줄어드는 거지요. 이 어둠의 영들은 전쟁과 재난과 유혈참극을 미친 듯이 반깁니다. 늘 지상으로 돌아가 인간의 사납고 잔인한 열정을 자극하고 싶어하지요. 인간의 격정이 폭발하는 국가적 탄압이나 소요의 시기에는 저급한 영계의 거주자들이 자기들과 비슷한 욕망의 힘에 이끌려 지상으로 올라와서 혁명을 자극하고 부추깁니다. 처음엔 고귀하고 순수한 동기로 시작됐던 혁명도 이러한 세력들의 영향을 받으면 결국 과격한 학살과 참극의 구실로 전락해버리게 되지요.

이 같은 과도함은 반작용을 불러와서 어둠의 영들과 그들이 조종하는 인간들은 그보다 더 강한 힘에 의해 일소되어버립니다. 파괴와 고통의 잔해만을 남긴 채 말입니다. 그리하여 지옥의 밑바닥에는 무수한 불행한 영들이 자신을 유혹했던 사악한 영들과 함께 새로 들어오게 되는 것입니다.

내가 군중을 지켜보고 있을 때 듬직한 친구가 한 무리의 영을 가리켰습니다. 멀리서 우리를 보며 수군거리는 게, 곧 다가와 말을 걸 것 같았습니다.

"잠시 떨어져 있어야겠군요." 그가 말했습니다. "당신 혼자서 저들을 상대하는 게 좋을 것 같아요. 나는 전에 이곳에 와본 적이 있기 때문에 알아볼지도 모르거든요. 멀리 가진 않을게요. 도움이 필요할 때 다시 만나게 될 겁니다. 지금은 떨어져 있어야 할 것 같은 예감이 드네요."

그가 그 말과 함께 자리를 피하자, 어둠의 영들이 온갖 방법으로 친근한 척하며 내게로 접근해왔습니다. 마음속으로 극심한 혐오감이 일었지만 예의를 갖춰 대하자는 생각이 들었습니다. 그들은 끔찍할 정도로 추하고 사악한 인상들이었습니다.

한 명이 내 어깨를 건드렸습니다. 어디선가 본 듯한 얼굴이었지요. 그가 징글맞은 웃음을 터뜨리며 말했습니다.

"어이구, 이 친구를 여기서 보는구먼 그래. 내가 누군지 모르겠나? 전에 지상 영계에 있을 때 본 적이 있을 텐데 말씀이야. 여기 계신 이 양반들도 마찬가지지만 나도 그때 자네를 도와주려고 숱한 어려움을 무릅썼었는데, 치사하게 안면 깔고 돌아섰던 기억이 안 나시냐고? 사람 데리고 노는 것도 유분수지 원. 다 지나간 일이긴 하지만 말일세. 보다시피 우리가 워낙 순한 양 같은 사람들이라서 그러려니 하고 넘어가는 거지만서도. 허허."

또 다른 사람이 다가와 내게 얼굴을 바싹대고 악마 같은 미소를 지으며 말했습니다. "여어! 결국 이곳까지 오셨군 그래! 뭔가 한 건 터뜨린 게 분명한데, 과연 누굴 죽이셨을까? 여기선 한두 명 갖곤 어림도 없다는 거 알지? 맥베스에 나오는 유령들처럼 일렬종대로 줄을 세울 정도는 돼야지. 수백 명을 죽인 큰형님도 한 분 와계시다네. 자네가 혹시 그 형님을 죽인 건 아닌가? 하! 하! 하!"

그는 다시 소름 끼치는 웃음을 터뜨렸습니다. 나는 그들을 피해 자리를 떴습니다. 하마터면 살인자가 될 뻔했던 그때의 기억이 섬광처럼 떠올랐기 때문입니다. 나를 에워싸고 복수의 방법을 알려주던 작자들이 바로 이들이란 걸 깨달은 것입니다. 나는 그들을 떠나려 했지만, 그들은 나를 보낼 생각이 없는 것 같았습니다. 내가 그들이 바라던 대로 이곳에 떨어졌으니, 이제 나를 데리고 놀면서 굴욕을 되갚을 심산인 듯 보였지요.

나는 그들의 속셈을 간파했지만 그들은 표면상 꽤나 살갑고 우호적인 태도를 취했습니다. 어찌해야 좋을지 몰라서 망설여졌습니다. 일단 따라가는 척하며 의도를 살피다가 기회를 봐서 달아나는 게 좋을 것 같았지요. 그래서 그들이 내 손을 잡아끌고 가도록 내버려두었습니다. 그 무리는 자신들의 본거지인 광장 근처의 넓은 집으로 향했는데, 그 안에 있는 친구들에게 나를 소개시킬 참이었습니다. 듬직한 친구가 곁을 지나다가 내 얼굴을 힐끔 보며 주의사항을 마음으로 전했습니다.

"가는 건 좋은데 저들의 향락에 마음을 빼앗기거나 의식을 저들 수준으로 떨어뜨리지 않도록 조심하세요."

우리는 집 안으로 들어가 회색빛의 넓은 돌계단을 올라갔습니다. 건물의 모든 부분이 마찬가지였지만 계단 또한 수치와 죄악의 흔적으로 얼룩져 있었지요. 여기저기 부서지고 큰 구멍이 나 있었는데 몇몇 구멍은 사람이 빠질 정도로 큼직해서 마치 어두컴컴한 지하감옥처럼 보였습니다. 구멍을 지나치려는 순간 누군가가 나를 뒤에서 떠밀더군요. 미리 대비를 하지 않았더라면 꼼짝 못하고 밑으로 떨어졌을 것입니다. 내가 살짝 옆으로 피하자 나를 민 사람이 대신 빠질 뻔했지요. 그러자 나머지가 그 모습을 보고 낄낄거리며 나를 노려보았습니다.

그때 나를 민 사람이 누군지 불현듯 생각났습니다. 사랑하는 그녀가 나를 이 악마들로부터 구해주었을 때, 그녀 주변을 감싼 불기둥에 손을 넣었다 화상을 입었던 바로 그 녀석이었지요. 손을 검은 외투 밑에 조심스레 감추고 있었지만, 불에 데여 오그라든 손과 팔이 보였습니다.

우리는 계단 끝의 크고 화려한 방으로 들어갔습니다. 불빛에 비친 커튼은 완전히 넝마 같았고, 핏자국으로 범벅이 되어 있었습니다. 이곳에서 죽임을 당한 사람들이 한둘이 아닌 것 같았습니다. 방 안에는 고풍스러운 가구들이 놓여 있었는데, 지상의 화려한 가구들을 닮았지만 어딘가 모르게 불결한 분위기를 풍겼습니다.

이 방은 수많은 남녀로 가득 차 있었습니다. 남자건 여자건 성적인 매력과 특색을 죄다 잃어버린 모습이었지요. 밤중에 지상의 빈민굴을 배회하는 노숙자들도 이보단 낫겠다 싶더군요. 지옥이 아니라면 여자들이 이렇게 추한 몰골로 다니는 모습을 보기란 어려울 것입니다. 남자들도 지독하긴 마찬가지여서 도저히 말로 형언할 수 없었습니다. 먹고 마시고 고함치는 사람들, 춤추거나 도박판을 벌이고 서로 싸우는 사람들도 있었습니다. 한마디로 지상의 방탕함을 극한까지 몰고 간 최악의 막장이라 보시면 됩니다.

나는 그들이 지상에 있을 때의 삶을 어렴풋이 볼 수 있었습니다. 하나같이 죄를 지었는데, 수치스러운 생활을 한 것은 말할 것도 없고 이런저런 이유로 살인을 저지른 공통점이 있었습니다. 내 왼편에 있던 여자는 16세기에 공작부인으로 살았는데, 질투심과 탐욕으로 자그마치 여섯 명이나 독살을 했습니다. 그 옆의 동시대를 살았던 남자는 자객을 동원해서 밉보인 자들을 암살했고 말다툼을 하다 자기 손으로 직접 죽인 사람도 한 명 있었지요.

또 다른 여자는 자신이 낳은 사생아를 사회적 지위와 경제적인 문제 등의 이유로 죽였습니다. 그녀는 이곳에 온 지 몇 년밖에 안 됐지만, 다른 누구보다도 수치심과 양심의 가책에 시달리는 것 같았습니다. 그래서 나는 그녀 곁으로 다가가 말을 걸어보기로 했습니다.

내가 방에 들어서자 사람들이 폭소를 터뜨리고 야단스럽게 박수를 치며 맞이했습니다. 대여섯 명의 사람들이 나를 붙들더니 자기 테이블로 끌고 가려 했습니다. 그때 누군가가 소리쳤습니다.

"자, 새로 온 형제의 저주를 빌며 모두 함께 건배합시다! 이 친구에게 시원한 와인 한 잔으로 세례를 베풀자구요!"

내가 그들의 의도를 알아차리기도 전에, 모두 술잔을 높이 쳐들고 소름 끼치는 웃음을 터뜨리며 고함을 질러댔습니다. 그러자 그중 한 명이 타는 듯한 와인을 내게 끼얹었습니다. 경계심을 늦추지 않고 있던 내가 잽싸게 피하는 바람에 와인은 대부분 바닥에 쏟아졌지만, 겉옷에 살짝 튄 몇 방울이 황산처럼 타들어갔지요. 와인 자체도 마치 불붙은 위스키처럼 푸르스름한 불꽃으로 변하더니 화약처럼 펑 소리를 내며 사라졌습니다.

그들이 이번엔 내게 음식이 가득 담긴 쟁반을 내밀었습니다. 얼핏 보기에 산해진미 같았지만 자세히 들여다보니 징그러운 구더기들이 드글거리고 있었지요. 내가 고개를 돌리자 추악하고 무시무시한 노파가 탁한 눈빛으로 악마 같은 표정을 짓고 서 있는 바람에 움찔하고 물러서지 않을 수 없었습니다. 노파는 내 목에 손을 감고 딴에는 요염한 미소랍시고 지은 듯한 인상을 쓰면서 나를 자신들의 카드놀이 테이블로 끌고 가려 했습니다. 하느님 맙소사! 이 노파는 지상에 있을 때 절세미인이었습니다!

"우리 게임은 이긴 사람이 진 사람을 마음대로 할 수 있다우. 과거에 맛봤던 재미를 되살리려고 우리가 고안해낸 게임이지. 이곳엔 딸 수 있는 돈도 없고, 딴다 해도 쓸 곳이 없거든. 손에만 들어오면 쓰레기로 변하니 말야. 그래서 이 게임엔 돈 대신 다른 걸 걸지. 진 사람이 이긴 사람의 노예가 되기로 모두 합의를 봤어. 어때? 아주 재미있을 것 같지 않아? 일단 해보면 알게 될 거야."

그녀는 도도함과 증오심이 묘하게 뒤섞인 목소리로 덧붙였습니다. "여기 있는 다른 인간들은 다 하층민이야. 인간 쓰레기들이지. 그치들로부터 벗어나길 잘 했어. 그러나 나로 말할 것 같으면 공작부인이고, 여기 있는 친구들도 다 귀족 출신이야. 자네도 상류층처럼 보이니 우리 패에 넣어주지."

노파가 여왕처럼 거드름을 피우며 자기 곁에 앉으라고 눈짓을 했습니다. 그녀가 조금만 덜 끔찍했어도 유혹에 빠져 게임에 끼어들었을지 모르지만 인상이 너무나 역겨웠기 때문에 카드놀이에 관심 없다고 거절하고 ─ 실제로도 관심이 없습니다 ─ 그곳을 빠져나왔습니다.

나는 처음에 말을 걸어보려 했던 그 여자에게로 가기로 마음먹었습니다. 머지않아 사람들 틈새를 비집고 들어가 그녀에게 접근할 수 있었습니다. 나는 그녀에게 혹시 전에 아이를 죽인 적이 있냐고 나지막이 말을 걸었습니다. 그녀가 놀란 표정으로 대답을 못하고 머뭇거리더군요.

"쉬운 일은 아니겠지만 이곳을 떠날 수 있어요. 그리고 싶지 않으세요?"

내 말에 그녀의 표정이 밝아졌습니다. 그녀는 간절한 말투로 더듬거리며 말했습니다.

"무, 무슨 말씀이시죠?"

"내 말을 믿으셔도 돼요. 나를 따라오면 이곳을 떠날 방법을 찾아보겠습니다."

그녀는 동의의 표시로 내 손을 잡았습니다. 주변의 영들이 겉으로는 친근한 척 위장을 하고 있지만 언제 본색을 드러낼지 몰랐기에 조용히 손만 잡은 것입니다.

공작부인과 그 일당은 탐욕스러운 카드놀이에 여념이 없었습니다. 그들은 서로 속임수를 썼다고 상대편을 비난하며 말다툼을 했습니다. 누군가가 속임수를 썼으리란 건 의심의 여지가 없었습니다. 따분한 일상에 변화를 줄 큰 싸움이 막 시작될 것 같았습니다. 그때 나는 사람들이 내가 도망가지 못하도록 문 앞에 몰려 있다는 걸 눈치 챘습니다. 손에 화상을 입은 녀석이 문 근처에서 노예처럼 비천한 자들과 귓속말을 주고받고 있었지요.

대여섯 명이 나에게 와서 함께 춤을 추자고 했습니다. 그들의 춤은 옛날 마녀들이 벌인 악마 파티를 묘사한 책들에나 나올 법한 광적인 춤으로, 더 이상의 설명이 불가능할 정도였습니다.

옛날이야기에서나 봤던 것들이 결국 사실이었단 말인가? 나는 속으로 흠칫 놀라며 그 광경을 지켜보았습니다. 예전에 마녀로 지목됐던 불행한 사람들은 실제로 지상에 잠시 올라온 이 악령들의 지배를 받아서 무서운 난교 파티를 벌였던 게 아닐까요? 모르긴 해도 지금 내가 보고 있는 광경과 마녀들의 모습은 상당히 비슷한 점이 많았습니다. 물론 마녀로 지목된 사람들은 대부분 비난보다는 동정을 받아야 할 어리숙한 사람들이었지만 말입니다.

이들은 도저히 춤이라 부를 수 없는 발광을 떨며 서서히 내 주변을 에워싸고 있었습니다. 낌새를 간파한 나는 그 자리를 빨리 떠야 한다는 것을 직감했습니다. 나는 여자의 손을 잡고 벽 쪽으로 붙으면서 어떤 일이 있어도 손을 놓아서는 안 된다고 속삭였습니다.

그곳에 있던 모든 영들이 내 쪽을 향해 모여들었습니다. 광포하고 야만스러운 눈빛이 방금 전까지 흥겨운 척하던 모습과는 사뭇 대조적이었지요. 다투고 시기하던 자들마저 어느덧 하나가 되어 나를 짓밟고 갈가리 찢어놓을 태세였습니다. 여기저기 증오와 협박의 말들이 터져 나오는 순간에도 춤추는 악령들은 괴상한 몸짓을 멈추지 않고 있었습니다. 일순간 거대한 분노의 함성이 그들로부터 터져 나왔습니다.

"스파이다!"

"배신자야!"

"적이 잠입했다! 저주 받은 놈이 위에서 내려와 희생자를 데려간다!"

"때려눕혀!"

"밟아 죽여! 산산조각 내버려!"

"지하감옥에 쳐넣어라!"

성난 악마들이 마치 눈사태가 난 것처럼 달려들었지요. 이제 끝장이란 생각과 함께 이곳에 들어온 게 후회막심해졌습니다. 그런데 악마들이 코앞까지 달려든 순간, 등 뒤의 벽이 열리면서 듬직한 친구와 또 다른 영이 우리를 잡아끌었습니다. 벽이 너무나 빨리 닫히는 바람에 악마들은 우리가 어떻게 사라졌는지도 몰랐을 것입니다.

그 건물과 조금 떨어진 밖으로 나와서 돌아보니 벽이 투명해지면서 내부의 모습이 훤히 들여다보였습니다. 영들이 우리를 놓친 잘못을 서로에게 전가하면서 악다구니를 치며 싸우고 있었습니다.

"보세요. 당신이 잠시라도 저들의 여흥에 끼어들었다면, 우리가 구해낼 수 없었을 거예요. 잠시라도 저들의 물질적인 자기력에 싸이면 몸이 너무 거칠어져서 벽을 통과할 수 없게 되지요. 당신과 저 영들의 인연은 완전히 끝난 게 아니라서 언젠가는 다시 마주치게 될 겁니다. 지상 영계에 있을 때 비록 잠깐이긴 했지만 저들의 영향력에 굴복하여 제안을 따르려 했었기 때문에 저들과 당신 사이에 인연의 고리가 생긴 겁니다. 당신이 영적으로 성장해서 저들과의 사이에 건널 수 없는 심연을 만들어놓지 않는 이상은 인연을 끊기가 매우 어려울 겁니다. 당신이 아직 욕정을 완전히 극복하지는 못했다고 들었습니다. 억누르고 제어하는 방법을 배우긴 했지만, 과거에 당신한테 잘못한 사람들에게 앙갚음하려는 욕망은 아직 사그라들지 않았어요. 그러면 저들과의 인연에서 완전히 벗어날 수가 없습니다. 특히 저들의 영향력이 강해지는 영역에 들어왔을 때는 더욱 그렇지요. 나 또한 당신과 같은 어려움을 극복한 경험이 있어서 깊은 상처를 준 사람을 용서하는 게 얼마나 힘든지를 누구보다도 잘 안답니다. 하지만 당신도 결국 나처럼 완전히 극복하고 자유로워지게 될 겁니다. 그때가 되면 이 어둠의 영들도 당신이 가는 길을 막을 수가 없게 되지요.

이젠 당신을 한 궁전으로 안내할 참인데, 그 궁전의 주인을 보면 아마 깜짝 놀랄 겁니다. 그는 당신보다 훨씬 앞선 시대에 살았던 사람이지만 워낙 유명해서 당신도 이름을 알고 있어요. 이미 짐작했겠지만 당신은 이곳 사람들의 내면을 읽을 수 있답니다. 당신 앞에선 아무도 속마음을 위장하지 못해요. 당신이 이처럼 투명하고 명료하게 볼 수 있는 힘을 가진 건, 당신에게 순수한 사랑의 에너지를 꾸준히 보내주는 여자친구 덕택이란 걸 아셔야 합니다. 그분의 사랑이 당신에게 선악을 분별하는 힘을 주는 거예요.

당신과 그녀 사이에는 강한 연결고리가 이어져 있지요. 그래서 의식은 못해도 당신은 그녀의 고귀한 본성을 어느 정도 공유하고, 그녀도 당신의 강인함을 공유하게 됐습니다. 지금 당신의 영적 수준으로는 어둠의 존재들의 속임수에 넘어갈 소지가 다분하지만, 그녀로부터 명료한 인식능력을 얻고 있기 때문에 속내를 간파할 수 있는 거예요. 그 어떤 기만도 당신의 감각 앞엔 무용지물이 돼버리지요. 그녀의 사랑이 당신을 보호하는 막강한 힘이 되고 있는 겁니다. 그녀의 사랑이 당신을 모든 시련에서 보호하는 방패가 되어줄 거란 얘기를 들었어요.

이곳을 떠나기 전 당신에게 한 가지 보여줄 게 있는데, 교훈적이긴 하지만 마음을 착잡하게 만들까봐 염려가 되네요. 그것은 미래의 당신이 될 수도 있는 어떤 사람의 모습입니다. 만일 그녀의 사랑이 없었다면 당신은 혼자서 죄악과 욕정의 짐을 떠안고 싸웠을 테고, 순수함과 사랑의 원천을 송두리째 빼앗겨서 결국 그 사람처럼 돼버렸을 겁니다. 이곳에서의 여행이 끝나면 그 사람을 만날 수 있는 곳까지 안내해드리지요. 그 사람을 보면 당신은 누구보다도 그를 잘 이해하고 감싸줄 수 있을 겁니다. 그리고 감사의 마음으로 당신이 받은 모든 걸 다른 이들에게 베풀 수 있게 될 거예요."

그의 말이 끝난 뒤 우리는 조용히 그곳을 떠났습니다. 마음이 너무 복잡해져서 아무 말도 꺼낼 수 없었지요. 우리는 그 가엾은 여자를 높은 영계에서 온 천사에게 맡겼습니다. 그녀는 성장에 필요한 모든 지원을 받게 된다고 했습니다.

23

조상을 만나다

우리는 도시 외곽에 우뚝 서 있는 장엄한 궁전에 도착했습니다. 이 궁전 또한 이상하리만치 눈에 익으면서도 한편으론 낯설어 보이기도 했습니다. 한참을 돌아다니다보니 지상에 있는 이 도시의 원형이 생각났습니다. 이곳은 그 아름다운 지상의 도시를 악몽에서 본 듯한 느낌이랄까요. 모든 게 기괴하고 소름끼쳤습니다. 젊었을 적엔 종종 이 아름다운 궁전을 바라보면서 자부심을 느끼곤 했었지요. 내가 이 궁전과 주변의 넓은 영토를 소유했던 가문의 일원이었기 때문입니다. 하지만 지금은 대리석에 곰팡이가 슬고 테라스와 조각상들은 부서진 데다 건물 앞부분이 검은 거미줄로 온통 뒤덮여 퇴락한 모습이 완연했습니다. 아름답던 정원은 역병이 휩쓸고 지나간 자리처럼 삭막한 불모지로 변해 있었지요. 그 광경을 보고 있노라니 걷잡을 수 없는 서글픔과 비애가 밀려왔습니다. 침통한 마음으로 친구를 따라 궁전 안으로 들어갔습니다.

넓은 계단을 올라가자 거대한 문이 마치 우리를 영접하듯 저절로 열렸습니다. 주변을 지나다니던 영들도 우리의 방문을 기다리고 있었던 양 인사를 했습니다. 마지막 문 앞에 이르렀을 때 듬직한 친구가 나를 떠나며 다른 곳에서 다시 만나자고 했습니다.

문이 열리자 붉게 타오르는 거대한 불길이 눈에 들어왔는데 마치 용광로의 문을 열어젖힌 듯 후끈거리고 숨이 막혔습니다. 처음엔 방 안에 불이 난 줄 알았는데, 불꽃이 점차 사그라들며 희미한 빛으로 변하더니 이번엔 회색빛 안개가 홀에서부터 몰려왔습니다. 얼음처럼 차가워 심장의 피가 얼어붙을 것만 같았습니다.

열기와 냉기가 이처럼 기이하게 교차하는 현상은 이곳을 지배하는 인물의 독특한 본성 때문이었습니다. 그는 뛰어난 지성의 소유자로, 불같은 열정과 이기적인 냉혹함을 동시에 지니고 있었습니다. 이런 성향으로 인해 그의 행실은 뜨거운 정열과 차가운 계산의 기묘한 양면성을 띠었고, 영계의 거처 역시 극도의 열기와 냉기 사이를 오갔던 것입니다. 그는 살아생전과 마찬가지로 자신의 영역에 있는 모든 이들을 철저히 지배하고 있었습니다.

이 거대한 홀의 높은 곳에 권력자의 휘장이 새겨진 권좌가 있었는데, 그곳에 그가 앉아 있었지요. 벽에는 고색창연한 벽걸이 융단이 걸려 있었지만 빛이 바랜 채 너덜거렸습니다. 마치 그 남자의 생각과 살아온 이력들이 융단 속에 함께 짜여 들어가 부패한 모습으로 아로 새겨진 것 같았습니다. 뒤편에 걸린 넝마 같은 직물 커튼 위에 이 남자의 끔찍한 삶이 파노라마처럼 적나라하게 펼쳐져 있었습니다. 한 번도 햇빛이 통한 적 없는 듯한 거대한 창문들에는 지상에서와 비슷하게 멋진 벨벳 커튼이 걸려 있었는데, 복수심에 찬 유령들이 그 사이사이에 몰래 숨어 있었습니다. 이 사람의 욕정과 야망에 희생된 이들의 유령이었지요.

내가 안으로 들어가자 이 무서운 곳의 주인이 권좌에서 일어나 환영의 인사로 나를 맞이했습니다. 순간 나는 모골이 송연해졌습니다. 그가 바로 우리 가문의 조상이란 사실을 깨달았기 때문입니다. 우리 후손들이 너나없이 자랑거리로 여겼던 바로 그 사람이었지요. 나는 초상화에 나와 있는 그와 얼굴이 닮았다는 말을 자주 듣곤 했습니다. 거만하고 잘생겼던 그 얼굴은 의심의 여지 없는 바로 그 사람이었습니다.

　아! 이 얼마나 기묘하고도 끔찍한 변화인가! 얼굴 곳곳에 수치와 모욕의 낙인이 박혀 있었습니다. 지옥에서는 모든 사람이 있는 그대로의 모습으로 나타납니다. 티끌만큼의 사악함도 감출 수가 없지요. 이 남자는 정말 나쁜 사람이었습니다. 그토록 음탕한 시대였건만 이 사람은 그중에서도 호색한으로 악명이 높았고, 거리낄 것 없는 그 잔혹사의 시대에서도 동정심과 양심의 가책을 내비치지 않는 것으로 유명했습니다. 이제 그 낱낱의 실상이 이 사람 주변에 펼쳐진 그림들을 통해 드러나고 있는 것입니다.

　나는 그와 내가 어쩌면 닮은꼴일지도 모른다는 생각에 등골이 오싹해졌습니다. 제왕과 같은 권력을 휘둘렀다는 이유만으로 그와 인척관계임을 자랑스럽게 떠벌리고 다녔던 이들의 비뚤어진 허영심에 치가 떨렸지요. 이 남자는 나와 인척관계라서인지 큰 관심을 갖고 말을 걸어왔습니다.

　그는 내가 이곳에 온 것을 환영하고, 자신과 같이 이곳에서 지내길 바란다고 말했습니다. 지상에서 인척관계로 맺어진 인연이라 그는 내 지상의 삶에 남다른 관심을 가졌고 이따금 영향을 미치기도 했습니다. 내가 이 사람처럼 위대한 인물이 되겠다는 야심을 품었을 때, 그의 영이 나에게로 끌려 지상으로 올라와서 나의 자부심과 오만을 부채질했던 것입니다. 자부심과 오만은 어떤 면에서 그 자신의 특성이기도 했습니다.

그는 내가 지상에서 한 어떤 행동이 다름 아니라 바로 자신이 부추겨서 일어난 일이었다는 사실을 자랑스레 떠벌였습니다. 그런데 그 일은 내가 지금껏 한 행동 중에 가장 수치스러운 것이었고, 일생을 바쳐 원상태로 돌려놓으려 애썼던 것이었습니다. 그는 내가 비록 자신처럼 일국의 지배자는 아니었지만 지성계의 왕과 같은 권력을 누릴 수 있게끔 자신이 돌봐왔다고 말했습니다. 그는 나를 통해서 다시 사람들 위에 군림하길 바랐습니다. 그럼으로써 이처럼 어둡고 부패한 곳으로 추방된 데 대한 위안을 삼으려 했던 것이지요.

"오호라!" 그가 외쳤습니다. "썩어 문드러진 해골들의 납골당 같은 곳이긴 하다만, 네가 왔으니 그나마 다행이구나. 나와 함께 힘을 합치면 지상의 사람들을 복종시킬 수는 없더라도 두렵게 만들 수는 있을 게야. 나는 너에게 여러 번 실망했었다. 오, 우리 고귀한 가문의 아들아! 네가 달아날까봐 내가 얼마나 노심초사했는지 아느냐? 나는 너를 이곳으로 끌어들이기 위해 몇 년이나 애써왔다. 그러나 보이지 않는 어떤 힘이 늘 방해를 하더구나. 의심의 여지 없이 확실하다고 여겼을 때조차 너는 번번이 뿌리치고 내 통제를 벗어나곤 했다. 그래서 결국 포기하려 했었지. 하지만 나는 어떠한 경우라도 쉽사리 포기하는 법은 없다. 내가 너와 함께하지 못할 때는 부하들을 보내어 너를 보살폈느니라. 보살펴? 흐흐흐! 그럼! 보살피고 말고. 이제 드디어 네가 여기 왔구나. 이제 다시는 나를 떠나지 않으리라 믿는다. 내가 너를 위해 준비한 것들이 얼마나 대단한지 보거라."

그는 손을 잡아 나를 자기 옆자리에 앉혔습니다. 그의 손은 불보다 뜨겁게 타오르는 것 같았습니다. 나는 잠시 머뭇거렸지만 일단 앉아서 무슨 일이 일어나는지 지켜보기로 했습니다. 그러면서도 내심 유혹으로부터 지켜달라는 기도를 잊지 않았습니다.

그는 나에게 와인이나 음식을 대접하지 않았습니다. 내가 그런 것들을 하찮게 여긴다는 사실을 간파했기 때문입니다. 대신에 그는 매우 아름다운 음악을 한 곡 들려줬습니다. 오랫동안 천상의 음악을 들을 수 없었던 나에게 그 곡은 정말 강렬한 느낌으로 다가올 수밖에 없었지요. 그리스 신화의 사이렌이 선원들을 유혹할 때 불렀을 법한, 매우 고혹적이고 관능적인 선율이 한껏 고조되다 잦아들고 다시 고조되었습니다. 지상의 어떠한 음악도 그렇게 아름다우면서 동시에 무서운 느낌을 주지는 못할 것입니다. 그 음악은 머리와 가슴까지 나를 흠뻑 취하게 하고 내 영혼을 거센 공포와 혐오감으로 채웠습니다.

이번엔 우리 앞에 거대한 검은 거울이 올라왔는데, 그 안에 지상의 여러 모습들이 보였습니다. 내가 앞으로 그런 부류의 매혹적인 음악을 많이 만드는데, 그 음악의 마력을 통해 수많은 사람들의 마음과 생각을 휘젓고 내면 가장 밑바닥의 열정을 일깨워서 급기야는 본성과 영혼을 잃어버리게끔 만드는 모습이었습니다.

그러더니 이번엔 자신의 영향력으로 지배되는 군대와 국가들을 보여주더군요. 그는 지상의 권력기관을 통해 사실상의 통치를 하고 있었습니다. 여기서도 그는 내가 그의 권력을 나눠가지게 될 것이라고 말했습니다.

또 나는 지성과 문학계에서 내가 거머쥐게 될 권력을 보았습니다. 내가 지상의 사람들에게 상상력과 표현력을 불어넣어서 지성과 관능에 호소하는 책을 써내게끔 하는데, 그 도착된 매력이 사람들에게 방종을 야기하고 도발적 사상과 가증스러운 기르침들을 수용하게 만드는 것이었습니다.

그는 계속해서 그림들을 보여주면서 지상의 인간들이 어떻게 영에게 조종당하는지를 설명했습니다. 충분한 의지력과 지성을 갖춘 영은 사람들을 도구로 삼아 권력과 온갖 종류의 관능적 쾌락을 충족시킵니다. 대부분 전부터 알고 있던 사실이긴 했지만, 생각보다 훨씬 광범위한 조종이 자행되고 있다는 사실에 혀를 내두르지 않을 수 없었지요. 강력한 힘을 가진 고차원적 존재들의 견제가 없다면 과거의 나 같은 인간들은 꼼짝 못하고 당할 수밖에 없습니다.

그는 고차원적 존재들을 사사건건 훼방을 놓는 보이지 않는 힘으로만 인식하고 있더군요. 아마 자신과 성향이 같고 함께 일할 수 있는 영매를 찾아내지 못하는 한, 계속 그렇게 무지한 상태로 남아 있을 겁니다. 아무튼, 바로 이런 악령들로 인해 사람들을 유린하고 인간사를 수치스럽게 만들어온 괴물들이 탄생하곤 했던 것입니다. 하늘에 감사하게도, 인류와 영계가 천사들의 가르침으로 정화되어 그러한 현상이 줄어들고 지상계는 악령들의 영향권에서 점점 멀어지고 있습니다.

마지막으로 거울 속에 어떤 여자의 모습이 나타났습니다. 이루 말할 수 없이 아름답고 매혹적인 자태여서 나는 정말로 사람이 맞는지 가까이서 보려고 일어났습니다. 그때 내가 사랑하는 그녀의 얼굴을 한 천사가 안개처럼 뿌옇게 나타나 내 앞을 가로막았습니다. 그러자 일시적인 감각의 환영이 사라지면서 거울 속 여자의 얼굴이 난데없이 천박하고 메스꺼운 모습으로 탈바꿈하는 것이었습니다. 나는 그 여자의 정체를 알게 됐습니다. 남자들이 넋을 잃게 한 뒤 배신하고 파멸시켜 지옥으로 보내는, 진정한 의미의 사이렌이었지요.

내 안의 일렁거리는 불쾌감이 자기력의 파동을 일으킨 모양인지 음악과 영상들이 심하게 요동치다 사라졌습니다. 이제 그 남자와 단둘이만 남게 되었습니다. 그는 내가 자신의 휘하로 들어오면 이 모든 즐거움을 선사하겠다고 말했습니다. 그러나 그의 말이 귀에 들어올 리 없었고, 그의 약속들도 유혹이 되지 못했습니다. 내 마음속에선 그 모든 것들이 그저 두렵게만 느껴질 뿐이었습니다.

나는 그곳을 벗어나고 싶었습니다. 그러나 냉큼 뿌리치고 나가려 해도 한 발자국도 움직일 수가 없었습니다. 보이지 않는 쇠사슬이 온몸을 꽉 붙들어 맨 듯했지요. 그가 분노와 우월감이 서린 웃음을 터뜨리며 비아냥대는 말투로 외쳤습니다. "내 호의와 약속이 필요 없다는 건가! 갈 테면 가라! 무슨 일이 생기는지 곧 알게 될 터이니."

여전히 나는 한 발자국도 움직일 수 없었습니다. 불길한 예감이 스멀스멀 올라오면서 팔다리와 머리가 서서히 마비되어 갔습니다. 흐릿한 안개가 주변에 모여들더니 차갑게 나를 감쌌습니다. 으스스한 모습의 거대한 유령들이 점점 가까이 다가왔습니다. 오, 끔찍하게도 그것들은 내가 과거에 저지른 악행들이었습니다. 이 남자의 부추김으로 인해 내 안에 자리 잡고 있던 사악한 생각과 욕망들이 그와 나 사이에 그러한 고리를 만들어냈던 것입니다.

그가 당혹스러울 정도로 사납고 잔인한 웃음을 터뜨렸습니다. "네가 정말 그렇게 나보다 선한 인간이라 생각하느냐!" 그는 그 괴상한 유령들을 가리키며 똑똑히 보라고 말했습니다. 홀이 점점 어두워지며 섬뜩한 유령들이 주변 가득 넘실거렸습니다. 그것들이 점점 검고 무서워지더니 나를 사방으로 에워쌌습니다.

그때 발밑에 거대한 구멍이 열리며 지하감옥이 모습을 드러냈습니다. 그 안에는 아우성치는 사람들로 득실거렸습니다. 그는 분노로 거친 경기를 일으키며 악마 같은 웃음을 터뜨렸습니다. 그리고는 유령들에게 나를 검은 구덩이 안으로 집어던지라고 명령했습니다. 그때 홀연히 머리 위에서 별빛이 반짝이며 밧줄 같은 광선이 내려왔습니다. 두 손으로 빛줄기를 움켜쥐자 빛살이 내 주위로 뿜어져 나왔습니다. 나는 그 무서운 궁전을 빠져나와 먼 곳으로 이송됐습니다.

간신히 정신을 차려보니, 빈터에 듬직한 친구가 있는 게 보였습니다. 그리고 다름 아닌 아린지만 선생이 나에게 에너지를 넣어주고 있었습니다. 내가 너무 충격을 받아 탈진해버렸기 때문입니다. 아린지만 선생은 자상하고 따뜻한 목소리로 이러한 시련을 겪도록 내버려둔 이유를 설명해주었습니다. 내가 방금 만난 남자의 본색을 알아두면 미래에 나를 노예로 만들려는 그의 술책으로부터 나 자신을 방어할 수 있기 때문이었습니다.

"네가 그자를 자랑스럽게 생각하고 너의 조상으로 받드는 한, 그의 힘이 계속 너에게 영향을 미치게 된다. 그러나 이제는 너의 공포감과 거부감이 그의 영향력을 밀어내는 힘으로 작용할 것이다. 너의 의지는 그자만큼 강하다. 그의 보호도 필요치 않다. 네가 그와 함께 있을 때 그가 무의식 속에서 너의 감각을 현혹시키고 의지력을 마비시켰기 때문에 만일 내가 너를 구하지 않았다면 잠시만이라도 너를 복종시켜 큰 타격을 입혔을 것이다.

아직 그의 영역에 머물러 있으므로 스스로를 통제하는 능력을 잃지 않도록 주의를 기울여야 한다. 네가 동요하지 않는 이상 어느 누구도 너의 통제력을 빼앗지 못한다. 이제 나는 다시 너를 떠난다. 너의 여행도 머지않아 끝날 것이다. 그리고 네가 사랑하는 여자로부터의 진심 어린 사랑의 마음이 보상으로 너를 기다리고 있을 것이다."

올 때도 그랬듯이 그는 신비롭게 사라졌습니다. 듬직한 친구와 나는 어떤 일이 기다리고 있을지 자못 궁금해하며 다시 길을 떠났습니다.

내가 앞으로 있을 일에 대한 생각에 잠겨 있을 때, 두 영이 심각한 표정으로 우리에게 달려와 희망의 형제단원이 맞냐고 물었습니다. 지상의 애인으로부터 메시지를 전해줄 게 있다는 것이었습니다. 처음에 나는 그들이 그녀가 보낸 사람이라 여겨 몹시 기뻐했습니다. 이곳의 여느 영들과는 다른 모습이었기 때문입니다.

그들의 옷은 독특한 청회색이었는데 마치 안개가 몸을 감싸고 있는 것 같았지요. 그리고 얼굴을 분간할 수가 없었습니다. 그때 뭔가 수상한 낌새가 느껴졌습니다. 청회색 안개가 점점 엷어지면서 추악한 몰골이 드러났기 때문입니다. 듬직한 친구가 경고의 표시로 내 손을 잡았습니다. 나는 조심스레 그들이 가져온 메시지가 뭐냐고 물었습니다.

한 명이 대답했습니다.

"예언자의 이름으로 말씀드립니다. 당신이 사랑하는 여자분이 지금 몹쓸 병에 걸려 당신에게 즉각 와달라고 기도하고 있어요. 도착하기 전에 죽어서 당신이 좇아올 수 없는 영계로 떠나는 일이 없도록 빨리 와달랍니다. 그녀에게 신속히 갈 수 있는 지름길로 당신을 안내해드리겠습니다."

처음엔 그들의 말에 더럭 겁이 났습니다. "그녀를 언제 봤죠?"

"이틀이 채 안 됐어요. 우리가 즉시 데려다드리겠습니다. 당신의 동양인 선생이 그녀 옆에 있으면서 특별히 우리를 보냈어요."

나는 그들이 거짓말을 한다는 것을 알아챘습니다. 나의 동양인 선생은 방금 내 옆을 떠났고, 그녀가 아프다는 말을 한 적이 없었기 때문입니다. 나는 모른 척하며 말했습니다.

"형제단의 비밀암호를 보여주시오. 그렇지 않으면 여러분과 동행할 수 없습니다."

안개가 걷히면서 이제 그들의 어두운 정체가 또렷이 보였습니다. 그러나 겉으로는 아무것도 못 본 척했지요. 그들은 즉각 대답을 하지 못하고 서로에게 귓속말을 했습니다. 나는 계속 다그쳤습니다.

"만일 여러분이 내 수호령이 보낸 분들이라면, 암호를 분명 알고 있을 것이오."

"그럼요. 알다마다요. 말씀드리지요. '희망은 영원하다.'"

그러고는 멋쩍은 듯 웃는 것이었습니다.

"좋습니다. 계속하시오. 그게 끝이 아니잖소?"

"끝이 아니다… 뭐가 더 남았나요?"

그가 당황스런 표정을 지었습니다. 또 다른 영이 팔꿈치로 슬쩍 찌르며 무언가를 귓속말로 속삭이더군요. 그러자 그가 대답했습니다.

"희망은 영원하다. 그리고 진실은… 음 그러니까… 진실은… 뭐였더라?"

"필연이다." 다른 영이 말했습니다.

나는 둘에게 최대한 온화한 미소를 지으며 말했습니다. "아주 똑똑한 친구들이군. 그럼 이제 상징을 보여주겠소?"

"상징? 제기랄! 상징 같은 건 없소."

"상징이 없다고? 그럼 내가 보여줘야겠군."

그러자 그들이 나를 강제로 붙잡으려고 팔을 들었습니다. 그중 한 명의 손이 오그라들어 있었습니다. 나는 그가 복수를 하려고 일을 꾸민 자라는 걸 알 수 있었습니다.

그들이 달려들 때 나는 뒤로 물러서서 진리의 성스러운 상징을 내보였습니다.

그들은 꼼짝 못하고 움츠러들며 마치 세게 얻어맞고 기절이라도 한 것처럼 바닥에 쓰러졌습니다. 우리는 그들을 쉽게 내버려두고 그곳을 떠났습니다.

나는 듬직한 친구에게 그들이 이제 어떻게 될 것 같냐고 물었습니다.

"머지않아 깨어나겠지요. 당신이 충격을 줘 잠시 기절한 것뿐이에요. 그러나 다시 우리를 쫓아와 음모를 꾸밀 겁니다. 만일 당신이 그들과 함께 갔다면 그들은 당신을 곤경에 빠뜨려 심각한 해를 입혔을 겁니다. 그들은 자신들의 영역에서 큰 힘을 갖고 있다는 걸 늘 명심하셔야 해요. 그들의 안내를 받는 순간 그 힘의 영향권에 놓이는 거지요."

24

베네데토

듬직한 친구가 도시를 한 군데 더 들러보자고 제안했습니다. 그녀의 한결같은 사랑이 없었다면 내가 그 전철을 고스란히 밟았을, 그 기구한 운명의 남자를 보기 위해서입니다. 그와 나의 과거사는 서로 달랐지만 어떤 면에선 비슷한 점도 있었다고 합니다. 기질적으로도 비슷해서 이 사람을 알아두는 게 나로선 큰 도움이 될 거란 얘기였습니다. 장래에 내가 그를 도울 일이 생길지도 모르고요.

"이 사람이 이곳에 온 지 10년이 넘었지만 성장의 욕구를 품게 된 건 최근이에요. 이곳을 처음 방문했을 때 그를 발견해 도움을 주고 형제단에 가입시킬 수 있었지요. 듣기로는 이제 이곳을 떠나 더 높은 차원으로 간다는군요."

우리는 공중을 날아올라 넓은 물 한복판에 떠 있는 거대한 도시의 상공에 이르렀습니다. 탑들과 거대한 건물들이 물 위로 솟아 있었습니다. 다른 도시들에서 봐왔던 잿빛의 어두운 구름과, 불처럼 붉은 증기가 하늘 위로 뒤덮여 있었습니다. 이 도시는 영계의 베니스 같은 느낌이 들었습니다. 듬직한 친구에게 그 말을 했더니 그가 대답했습니다.

"맞습니다. 여기서 유명한 사람들을 많이 보게 될 거예요. 역사에 굵직한 이름을 남긴 사람들이지요."

우리는 시내의 운하와 광장을 가로질러 갔습니다. 역시 그곳은 화가들과 조각가들로 유명한 도시의 타락한 반영체였습니다. 거대한 도살장의 검붉은 피 같은 운하가 웅장한 건물들의 대리석 계단에 물결치며 더러운 찌꺼기를 남기고 있었지요. 건물의 벽돌과 포장도로에도 핏물 같은 액체가 스며 뚝뚝 떨어졌습니다. 불그스름한 그림자가 드리워진 공기가 몹시 탁하게 느껴졌습니다. 운하의 붉은 물 깊숙이 헤아릴 수 없이 많은 해골들이 보였습니다. 암살이나 혹은 그보다 합법적인 살인으로 죽임을 당하고 운하에 매장된 사람들이었습니다. 시내 곳곳의 벌집처럼 자리 잡은 지하감옥들엔 수많은 영들이 갇혀 있었는데 사나운 호랑이 같은 눈빛으로 복수심에 불타 으르렁거리고 있었지요. 그 영들은 야만스런 동물보다 더 사나워서 가둬둘 필요가 있었습니다. 도시의 관리와 수행원들, 거만한 귀족의 행렬 뒤를 군인과 선원, 노예와 상인들, 사제들, 하층민과 어부들, 그 밖의 모든 계층의 남녀들이 지나다니고 있었습니다. 모두가 하나같이 비천하고 혐오스러운 모습이었습니다. 그들이 지나다닐 때 지하감옥에 있는 해골유령들의 손이 보도블록 사이로 삐져나와 비참한 감옥으로 끌어내리려는 것처럼 보였습니다. 많은 이들이 무언가에 쫓기고 있거나 사로잡힌 것 같았고, 얼굴 가득 수심이 낀 표정이었습니다.

물에서 멀리 떨어진 곳엔 유령선들이 떠 있었는데 쇠사슬을 맨 채 노를 젓는 노예들로 가득 차 있었지요. 그러나 그 노예들은 정치적인 음모나 사적인 복수의 희생자들이 아니라 가혹한 공사감독과 수완 좋은 공모자들로, 생전에 많은 이들을 죽음으로 몰아넣었습니다. 더 먼 바다엔 거대한 배들이 떠 있었고, 인근의 파괴된 항구엔 아드리아 해적선의 영적 반영물이 보였습니다. 그 안엔 살아생전 약탈과 노략질을 일삼던 해적의 영들로 가득 차 있었습니다. 그들은 이제 자기들끼리 전투를 벌이며 서로를 약탈하고 있었습니다.

도시의 물길 위에는 유령선 같은 곤돌라들이 떠 있었는데, 생전의 일이나 쾌락에 여전히 마음이 쏠려 있는 영들을 가득 태우고 있었지요. 간단히 말해 이 베니스에선 내가 본 다른 도시들과 마찬가지로, 순수하고 진실된 사람들, 진정한 애국자들과 이타적인 시민들을 제외한 나머지 인간 군상이 거주하고 있었습니다. 오직 악한 사람들만이 남아서 서로를 해치거나 복수를 가했습니다.

작은 다리의 난간에 앉아 있으려니 우리 형제단의 옷을 입은 사람이 보였습니다. 내가 초기에 입었던 짙은 회색 옷이더군요. 그는 팔짱을 끼고 있었는데 얼굴이 후드에 가려 보이지 않았습니다. 나는 이 남자가 바로 그 사람이란 걸 대번에 알아볼 수 있었습니다.

뜻밖에도 이 사람은 베니스의 유명 화가였는데 젊은 시절 아주 가깝지는 않았지만 나와 안면이 있는 사이였습니다. 그 이후로 이 사람을 다시 만나지 못했기 때문에 나는 그가 죽었는지조차 모르고 있었습니다. 솔직히 고백하건대 나는 그와의 대면에서 엄청난 충격을 받았습니다. 아름다운 꿈에 부푼 미술학도였던 젊은 시절이 떠올라, 어쩌다 이 지경이 됐는지가 궁금해졌지요. 듬직한 친구가 이 남자의 과거에 대한 이야기를 먼저 나눈 뒤 그에게 다가가 말을 걸어보자고 했습니다.

이 남자의 본명은 그냥 잊혀지는 게 좋을 것 같아 베네데토라고만 해두겠습니다. 그는 나와 연락이 끊긴 뒤 갑작스레 유명해져서 그림이 꽤 높은 값에 팔려 나갔다고 합니다. 그러나 이탈리아는 이제 부유한 나라가 아니라서, 그의 후원자들은 주로 베니스를 찾는 영국인이나 미국인들이었지요. 그들의 거처에서 그는 자신의 삶에 어두운 그림자를 드리우게 될 한 여자를 만났습니다.

듬직한 친구가 이야기했습니다.

"베네데토는 젊고 잘 생긴 데다 재능 있고 교육수준도 높은 인물이었습니다. 게다가 가난하지만 뼈대 있는 가문 출신이라 베니스 상류층의 환영을 받았습니다. 베네데토가 마음을 빼앗긴 여자 역시 최상류층의 여자였지요. 베네데토는 자신이 사랑하는 여자가 재능과 평판 말고는 아무것도 가진 것 없는 젊은 예술가의 아내로 만족할 거란 착각에 빠져 있었습니다.

그들이 처음 만났을 때 그녀는 갓 스물이었는데, 얼굴과 몸매 모두 완벽할 정도로 아름다웠고 남자들의 마음을 사로잡는 매력을 갖고 있었습니다. 게다가 베네데토를 물심양면으로 뒷받침했기에 이 가엾은 청년은 그녀의 사랑이 자신처럼 진실한 것이라고 믿었습니다.

그러나 그녀는 뭇 남자들의 감탄과 헌신에 목말라하는, 냉담하고 타산적이고 야심 많은 여자였지요. 그녀는 베네데토처럼 열정적이고 극단적인 사람이 추구하는 부류의 사랑을 이해할 수가 없었습니다. 그녀는 단지 그의 관심에 우쭐하고 그의 뜨거운 헌신에 황홀했을 뿐입니다. 그토록 잘 생기고 재능 있는 청년을 사로잡았다는 사실에 자부심을 느꼈을 뿐, 그를 위해 뭔가를 희생하겠다는 생각은 티끌만큼도 갖고 있지 않았습니다. 더군다나 그를 한창 유혹하고 있을 때조차, 중년 귀족의 부인이 되기 위해 온갖 연줄을 동원하고 있었지요. 그녀는 그 늙다리 귀족을 경멸하고 있었지만 그의 재산과 사회적 지위를 필요로 했습니다.

베네데토의 꿈은 머지않아 산산조각났습니다. 하루는 그가 그녀의 발 앞에 무릎을 꿇고 자신의 모든 사랑을 그녀에게 바치겠노라 고백을 한 겁니다."

"그래서 어떻게 됐나요?"

"그녀는 쌀쌀맞은 태도로 바보같이 굴지 말라고 쏘아붙였습니다. 가난하고 보잘것없는 신분의 사람과는 결혼할 수 없다며 걷어찬 거지요. 미치도록 고통스러워하는 그의 입장은 아랑곳하지도 않고 말입니다. 상심한 베네데토는 베니스를 떠나 파리로 가서, 불행한 열정의 추억을 묻어버리려고 온갖 방탕한 생활에 빠져들었습니다. 몇 년이 흐른 뒤 상처에서 치유된 베네데토는 운명처럼 다시 베니스로 돌아왔지요. 그는 자신의 어리석은 과거에 침이라도 뱉고 싶은 심정이었고, 또 그럴 준비가 되어 있었어요. 이제 어느덧 유명 화가가 되어, 그림값을 부르는 대로 받을 수 있었거든요. 그동안 그녀는 후작부인이자 사교계의 여왕이 되어 아첨꾼들에 둘러싸여 있었지요. 베니스에서 그녀를 모르는 사람은 없었습니다. 베네데토는 그녀를 만나면 차갑고 무관심하게 대하기로 마음먹었습니다. 하지만 그녀의 의중은 달랐지요. 한번 자신에게 빠진 사람은 영원한 사랑의 노예가 되어 결코 벗어날 수 없다는 이기적인 망상에 사로잡혀 있었거든요.

그녀는 다시 베네데토의 마음을 빼앗으려고 수단방법을 가리지 않았습니다. 아, 자신의 선택에 후회하고 있노라는 그녀의 감언이설에 베네데토의 마음은 맥없이 무너져 버렸습니다. 결국 그녀와 내연의 관계를 맺게 됐지요. 그리고 한동안 행복감에 취해 살았지요. 그러나 그것도 잠시뿐, 그녀는 누구건 싫증을 금방 느끼는 스타일이었습니다. 결국 새로운 정부, 그녀에게 몸바쳐 충성하는 새로운 노예를 물색하기 시작했지요. 그녀는 베네데토의 독점욕과 헌신적인 사랑을 지겨워했어요. 존재 자체가 귀찮아진 겁니다. 결국 머지않아 또 다른 남자가 나타났지요. 젊고 부자에 잘 생기기까지 한 그에게 흠뻑 빠진 후작부인은 베네데토에게 그 사실을 알리며 결별을 통보했습니다. 그의 책망과 거친 항의, 격렬한 분노, 그 모든 것에 짜증이 난 그녀는 전보다 더 차갑고 무례하게 굴었지요. 그럴수록 남자는 더 애간장이 타, 협박도 하고 애원도 해보고 변심하면 자살할 거란 말까지 했지요. 한바탕 심하게 다툰 뒤 결국 그들은 헤어졌습니다. 다음 날 그가 다시 그녀를 찾았을 때 그녀는 하인을 통해 만남을 거절하며 아주 무례한 말을 전했습니다. 냉혹한 후작부인의 노리갯감이 되어 두 번이나 헌신짝처럼 버림받았다는 극도의 수치감… 불같은 성격의 그는 견딜 수 없는 지경이 됐지요. 그는 작업실로 돌아가 권총으로 머리를 쐈습니다.

그가 의식을 되찾고 깨어났을 때는 무덤의 관 속에 있었습니다. 육체는 파괴됐지만, 영을 육체에서 해방시킬 수는 없었어요. 육체가 모두 부패할 때까지 영이 육체를 벗어날 수 없기 때문이지요. 부패하는 육체의 입자가 계속 영을 에워싸고 있어서, 육체와 영 사이의 연결이 끊어지지 않은 겁니다.

아, 이 얼마나 무서운 운명인가요! 이 얘기를 듣고 몸서리치지 않을 사람이 누가 있겠어요? 지긋지긋한 삶의 고통과 불만에서 벗어나려고 앞뒤 안 가리고 저지른 행동이 어떤 결과를 초래하는지 보세요.

지상에 남은 사람들이 자살자에게 정말 자비를 베풀고 싶다면, 매장을 하지 말고 화장해야 합니다. 육체의 입자가 빠르게 해체되면서 영이 육체의 속박에서 바로 풀려날 수 있으니까요. 자살자의 영은 육체를 떠날 준비가 돼 있지 않아요. 마치 덜 익은 과일 같아서, 자신을 키워준 나무에서 분리되지 않는 거지요. 엄청난 충격을 받고 몸 밖으로 빠져나왔지만 연결고리가 사라질 때까지 계속 묶여 있는 겁니다.

가끔 베네데토는 의식을 잃었고, 그동안만은 자신의 끔찍한 상태를 지각하지 못했어요. 고마운 망각의 상태에서 깨어나면서, 지상의 육체가 썩어 없어지는 동안 영이 조금씩 육체로부터 자유로워지고 있다는 것을 알아차렸지요. 그러나 육신이 소멸되는 과정에서 엄청난 고통을 겪어야 했습니다. 육신의 갑작스러운 파괴는 영에게 난폭하고 고통스러운 충격을 안겨주지만, 설상가상으로 이처럼 장기간의 부패로 인한 고문까지 더해진답니다.

드디어 육체의 속박으로부터 벗어난 그의 영은 무덤을 빠져나왔지만 아직 생명줄이 끊어지지 않아 무덤 위에 떠 있었어요. 그러나 마침내 마지막 끈이 끊어지면서 지상계를 자유로이 돌아다닐 수 있게 됐습니다. 처음엔 감각이 희미하게 발달된 상태였지만 조금씩 주변을 인식할 수 있었지요. 그러면서 지상의 삶에서 가졌던 정열과 욕망이 되살아났고, 그런 욕망을 충족시키는 방법도 알게 됐답니다.

그는 감각의 쾌락을 통해 비탄과 쓰라림을 잊으려 했지만 헛수고였어요. 과거의 기억이 계속 그를 괴롭혔으니까요. 그의 가슴속엔 복수의 열망이 불탔지요. 그 여자에게 자신이 당한 것과 같은 고통을 가할 수 있는 힘을 얻고 싶었어요. 결국 강렬한 집중을 통해 그녀가 있는 곳으로 갈 수 있었습니다. 그녀는 이제 나이가 들었지만 여전히 아첨꾼들에게 둘러싸여 있었지요.

이제 나이를 먹을 만큼 먹었는데도 여전히 무정했고, 억울하게 죽은 베네데토의 운명에 대해 털끝만큼의 가책도 못 느끼고 있었지요. 이런 여자를 사랑하느라 그 모진 고통을 받았다고 생각하니 분통이 터져 미칠 지경이었습니다. 결국 모든 생각이 하나로 모아졌습니다. 어떻게 하면 이 여자를 지금의 위치에서 끌어내릴 수 있을까. 이 여자가 인간의 생명보다 귀하게 여겼던 그 모든 것들을 어떻게 하면 송두리째 빼앗을 수 있을까.

그는 결국 성공을 했어요. 영들은 인간이 상상하는 것 이상의 힘을 갖고 있답니다. 그는 그녀가 그토록 자랑스러워하던 위치에서 한 계단씩 한 계단씩 추락하는 것을 지켜봤습니다. 처음에는 재산, 다음은 명예, 그녀가 덮어썼던 모든 가식이 떨어져 나가면서 실제의 모습이 드러났지요. 타락한 요부, 남자들의 영혼을 장난감처럼 갖고 논 여자, 수많은 남자의 가슴을 멍들게 하고 인생을 파멸시키면서도 눈썹 하나 까딱 안 하는 여자, 남편의 명예는 안중에도 없이 마음껏 바람을 피우는 여자, 음모를 꾸미고 매번 새로운 희생양을 찾아 부와 권력을 키워간 여자란 사실이 백일하에 드러난 겁니다. 베네데토는 비참한 어둠 속에 있으면서도 그녀를 끌어내리고 위선의 가면을 찢은 것이 바로 자신이라는 사실에 통쾌해했지요.

한편 그녀는 어떻게 그 많은 사건들이 동시다발로 일어나서 자신을 파멸의 길로 몰아넣은 것인지가 의아스러웠지요. 그토록 조심스레 준비했던 계획들이 어떻게 좌절된 걸까. 그토록 마음 졸이며 지켜왔던 비밀들이 어떻게 일거에 다 탄로날 수가 있었던 걸까. 그녀는 하루하루 불안에 떨며 전전긍긍하기 시작했지요. 마치 보이지 않는 어떤 힘이 자신을 파멸의 길로 몰아넣는 듯한 느낌을 받은 거예요. 문득 베네데토가 죽기 전에 했던 협박이 떠올랐습니다.

'나를 계속 이렇게 절망에 빠뜨린다면 지옥으로 떨어져서 너를 꼭 데리러 오마!' 그때 그녀는 베네데토가 자신을 죽일지도 모른다고 생각했습니다. 하지만 그가 자살하자 안도의 한숨을 쉬었고, 가끔 무슨 일이 있을 때 잠깐씩 떠올린 적을 제외하고는 대부분 그를 잊고 살았지요. 그러나 지금은 머릿속이 늘 그에 대한 생각뿐이었습니다. 그녀는 강박적으로 떠오르는 불안감에서 빠져나올 수가 없었지요. 그가 무덤에서 나와 자신을 괴롭히는 건 아닐까 하는 생각에 진저리를 쳤지요.

실제로 베네데토의 영은 그녀 곁에 붙어 다니며 귀에다 대고 복수하러 왔다고 말하고 있었습니다. 한때 달콤했지만 이제는 타오르는 지옥의 불길이 된 옛사랑에 대해서도 속삭였구요. 그녀도 눈으로 볼 수는 없었지만 그의 존재를 의식하고 있었습니다. 사람들이 많은 곳으로 도망쳐보기도 했지만 허사였지요. 어디를 가든 따라다녔으니까요. 날이 갈수록 베네데토의 존재는 점점 뚜렷하고 사실적인 것이 됐답니다.

황혼빛이 깔린 어느 날 저녁, 마침내 그녀는 그를 보게 됐습니다. 무시무시한 증오심에 불탄 험악하고 살벌한 모습이었지요. 가뜩이나 신경쇠약에 빠져 있던 그녀는 심한 충격을 받고 쓰러져 즉사했습니다. 베네데토는 결국 원한을 갚은 겁니다. 그리고 그 뒤로 자신의 이마에 카인의 낙인이 찍혔다는 것을 알게 됐지요.

그러자 두려움이 엄습했습니다. 자기가 한 행동들에 혐오감이 밀려왔어요. 한때 그는 그녀를 죽이고 육신을 떠난 영을 붙잡아 영원토록 고통을 가하려 했었지요. 죽고 나서도 살아 있을 때와 마찬가지로 안식을 빼앗으려 했던 겁니다. 그러나 이젠 복수 뒤에 밀려오는 공포로부터 도망쳐야겠다는 생각밖에 없었습니다. 그의 내면에 선한 마음이 아직 남아 있었기 때문이지요. 후작부인을 죽인 충격이 복수심의 진정한 본질을 그에게 일깨워준 겁니다. 그는 지상으로부터 달아나 지옥의 이 도시에 떨어졌어요. 그리고 나를 만나게 됐지요."

듬직한 친구가 계속 말을 이어갔습니다.

"나는 후회하는 그에게 도움을 주고 그가 저지른 잘못을 되돌릴 최선의 방법을 가르쳐줬어요. 그는 지금 자신이 그토록 사랑하고 증오했던 여자를 기다리는 중입니다. 그녀에게 용서를 구하고, 그녀를 용서하기 위해서지요. 그녀 또한 인생 자체가 죄악이었기에 이곳에 내려와 있습니다. 이 다리가 지상에서 그들이 자주 만났던 곳이지요."

"그럼 그녀가 곧 오나요?"

"네. 금방 올 거예요. 만남을 끝내면 이 남자는 더 이상 이곳에 머물지 않게 돼요. 좀더 높은 영역으로 올라갈 겁니다. 그곳에서 잠시 안식을 취한 뒤 길고 고통스러운 성장의 길을 밟겠지요."

"그녀도 그와 함께 이곳을 떠나나요?"

"아니에요. 그녀 또한 성장하도록 도움을 받겠지만, 이들의 길은 서로 많이 떨어져 있어요. 이들 사이엔 유사점이 없어요. 오직 열정과 교만, 상처받은 자기애가 있을 뿐이지요. 여기서 헤어지면 더 이상 못 만날 겁니다."

우리는 베네데토에게 다가갔습니다. 내가 그의 어깨에 손을 대자그가 돌아보았지요. 처음엔 누군지 못 알아보더군요. 그래서 내 소개를 하면서, 언젠가 둘 다 높은 영계로 올라가 지상의 우정을 이어갈 수 있다면 얼마나 좋겠냐고 말했습니다. 나 또한 그처럼 죄를 지었었고 한동안 고통받았지만, 지금은 성장을 위해 노력 중이라는 말도 했지요.

그는 나를 다시 만난 게 반가웠는지, 헤어지면서 진심이 담긴 마음으로 내 손을 꼭 잡았습니다. 한때 사랑했지만 지금은 쓰라린 추억으로 남은 그녀를 만나려고 기다리는 그를 뒤로한 채 우리는 발길을 돌렸습니다.

* * * * * * * *

우리가 베니스를 빠져나와 롬바르디아 평원의 반영물인 듯한 곳으로 가고 있을 때였습니다. 갑자기 어디선가 애타게 도움을 청하는 소리가 들렸습니다. 오른편으로 조금 돌아가 보니 두 영이 땅바닥에 쓰러져 있고, 그중 하나가 와달라는 몸짓을 하더군요.

나는 도움이 필요한 사람이란 생각이 들어 듬직한 친구에게 먼저 가라고 말한 뒤 무슨 일인지 보려고 그쪽으로 갔습니다. 그 영은 나에게 손을 내밀며 자신을 일으켜달라고 기어들어가는 소리로 말했습니다. 내가 고개를 숙이자 놀랍게도 그가 손으로 내 다리를 움켜잡으며 팔을 물어뜯으려 했습니다. 그러는 동안 또 다른 영이 갑자기 뛰어올라 늑대처럼 내 목을 물려고 했습니다.

예기치 않은 사태에 분노가 치밀어 올랐습니다. 나는 가까스로 그들을 떨쳐내고 뒤로 물러섰는데, 비틀거리다 돌아보니 뒤에 큰 구덩이가 있었지요. 한 발짝만 더 갔다면 그 속으로 떨어졌을 것입니다.

그때 낮은 차원의 감정을 일으켜 저들과 같은 수준이 되면 안 된다는 경고가 기억났습니다. 나는 분노를 터뜨린 것을 후회하며 침착하게 냉정을 되찾기로 했습니다. 다친 척했던 영이 내 쪽으로 기어오고 있었고 또 다른 영은 사나운 짐승처럼 달려들 태세였습니다. 이제 보니 한 녀석의 손이 오그라들어 있는 게 얼마 전 거짓 메시지로 나를 속이려 했던 그자들이 분명했습니다.

나는 그들을 노려보며 접근하지 못하도록 의지의 힘을 최대한 발휘했습니다. 그러자 그들은 움찔하며 멈춰서더니 땅 위에 나뒹굴며 한 쌍의 늑대처럼 이빨을 드러내고 으르렁거렸습니다. 그러나 나에게는 한 발짝도 다가오지 못했습니다. 그들을 그대로 두고 떠나 믿음직한 친구를 쫓아가 방금 전 일어났던 일을 이야기해주었지요.

그가 웃으며 말했습니다. "사실 그들이 누군지 말해줄 수 있었지만, 당신 스스로 알게 해도 문제없을 거란 느낌이 들었어요. 당신의 의지와 결단력으로 스스로를 방어하는 게 얼마나 중요한지를 배울 기회라고 생각했지요. 당신은 강한 의지를 타고난 사람이에요. 다른 이들의 권리를 억압하는 데 쓰지만 않는다면 매우 유용하고 소중한 자질이 될 겁니다. 영계에서 일할 때 의지력을 잘 이용하면 주변 사람들뿐 아니라 무생물에게도 영향을 미칠 수 있어요. 그 두 녀석은 앞으로도 가끔씩 마주칠 텐데, 어느 쪽이 주도권을 쥐고 있는지를 분명히 해두시는 게 좋을 거예요. 이제 다시는 직접 훼방을 놓지 못하겠지만, 지상 영계에서 일하는 동안 당신의 계획을 망치려고 늘 기회를 엿볼 겁니다."

25

지옥의 격전

길을 계속 가다 보니 우리 앞으로 광활한 평야가 펼쳐져 있고 어두운 영들의 거대한 무리가 구름처럼 모여 있었습니다. 듬직한 친구의 제안으로 그들의 움직임을 보기 위해 작은 언덕으로 올라갔습니다.

"이제 우리는 이곳에서 일어나는 두 적대세력들 간의 거대한 전투를 보게 될 겁니다. 저들은 전쟁과 약탈과 유혈을 낙으로 삼는 자들이지요. 지상에 있을 때의 잔인함과 야심 때문에 이곳에 떨어졌는데도 여전히 전쟁을 일삼으며 지옥의 패권을 놓고 싸우고 있답니다.

그들이 어떻게 힘을 모아 상대를 공격하는지, 전략 수행의 기술 같은 것들을 눈여겨보세요. 지상에서 군대를 지휘했던 강력한 영들이 이곳에서도 자신들의 마력에 저항하지 못하는 불행한 영들을 규합하여 지상에서 그랬듯이 자신들의 전투 깃발 아래로 동원하지요.

이 강력한 지도자들이 죽음보다 끔찍한 싸움을 곧 벌일 테지만, 그건 죽음으로도 끝낼 수 없는 싸움이 될 것입니다. 이들은 이렇게 영원히 끝나지 않을 듯한 전투를 되풀이해요. 어느 한 쪽의 지도자가 환멸감에 빠져서 좀더 고결한 형태의 투쟁을 갈망할 때까지 전투는 계속되지요. 승자가 패자를 고문하고 학대할 권리를 가질 뿐인 저급한 전투보다 더 고귀한 형태의 전투를 원할 때까지 말입니다.

사적인 야망과 잔인한 욕망에만 악용되는 천부적 자질과 본능이 정화되기만 한다면, 이들은 강력한 협조자가 될 거예요. 지금은 한낱 파괴자에 지나지 않지만, 악용되는 의지력이 언젠간 그들의 지체된 성장을 돕는 데 쓰일 날이 오지요. 이러한 성장이 언제 일어날지는 영혼 속에 잠재된 고결함, 선과 정의와 진리에 대한 잠재된 사랑이 언제 깨어나느냐에 달려 있지요. 지금은 땅속에 묻힌 씨앗처럼 악한 성질의 과도함으로 인해 선이 오랫동안 묻혀 있는 형국이지만, 잠든 영혼이 깨어나 선의 싹을 틔워 회개하면 풍성한 수확을 거두게 될 겁니다."

광활한 평야 위에 대치 중인 두 강력한 군대가 전열을 가다듬는 모습이 보였습니다. 여기저기서 강력한 영들이 자신의 부대를 이끌고 있었습니다. 양쪽 진영의 선봉에는 루시퍼의 모델이었을 법한 장엄한 영들이 있었습니다. 그들이 발산하는 강렬한 카리스마와 고도의 지략은 매우 인상적이었고, 그 위풍당당함은 타락한 지옥에서조차 사람을 사로잡는 매력이 있었습니다. 그러나 어둡고 험상궂은 표정, 잔인하고 광포한 눈빛이 그 아름다움을 퇴색시키고 있었지요.

두 영은 각자 전차를 타고 있었는데, 말이 아닌 타락한 영들이 끌고 있었습니다. 그 영들은 짐승처럼 채찍을 맞으며 적진으로 돌진했습니다. 저주받은 영의 비명 같은 거친 음악과 우레 소리가 터져 나오더니, 양측의 군사들이 뛰쳐나가 전투를 개시했습니다. 거친 야수 떼처럼 밀어붙이고 엉겨붙고 짓밟히는 속에서 튀어나오는 날카로운 비명은 안 그래도 극악무도한 지옥을 더욱 살벌한 곳으로 만들어놓았습니다.

이 영들의 군대는 지상의 전투처럼 돌격과 후퇴와 재돌격을 반복했습니다. 그들은 인간이 아니라 악마처럼 싸웠습니다. 이빨과 발톱 말고는 무기가 없었기 때문입니다. 무기를 들고 싸우는 인간들의 전투도 무시무시하지만, 이 전투는 그보다 곱절은 무섭더군요. 그들은 늑대나 호랑이처럼 싸웠습니다. 무리를 이끄는 두 강력한 지도자들은 군사들을 독려하면서 형세의 변화에 따라 전투를 지휘했습니다.

이 두 왕은 모든 이들 중에 단연 뛰어난 자들인데, 병사들에게 싸움을 시키는 것으로 만족을 못 하여 직접 상대방을 쳐부수기로 작정했습니다. 그들은 양쪽 진영에서 높이 치솟아 증오의 눈길로 서로를 노려보았습니다. 그러더니 긴 검은 옷을 날개처럼 늘어뜨리며 공중을 날아올라 서로를 부둥켜안고 엎치락뒤치락하며 패권을 건 사투를 벌이기 시작했습니다. 마치 더러운 까마귀 떼들이 발밑의 벌레들을 놓고 싸우는 동안 두 마리 독수리가 창공에서 싸움을 벌이는 것 같았지요. 나는 까마귀들보다 독수리들의 싸움에 눈길이 갔습니다. 그들이 어떻게 무기 없이 손과 의지력만으로 싸움을 벌이는지 관심을 갖고 지켜보았습니다.

그들은 소리나 비명조차 지르지 않고 서로를 죽기 살기로 움켜쥔 채 잠시도 쉬지 않고 싸웠습니다. 이글이글 타오르는 눈빛으로 서로를 노려보고, 상대편의 얼굴을 그을릴 듯한 뜨거운 입김을 내뿜으며, 목덜미를 움켜잡고 이빨로 물어뜯으려 하고 있었습니다.

몸을 뒤틀고 안간힘을 쓰며 필사적으로 싸우다가 마침내 하나가 고꾸라졌습니다. 그러자 다른 쪽이 번쩍 들어 벌판 언저리 바위틈의 깊은 낭떠러지로 끌고 갔습니다. 까마득한 구덩이에 적장을 던져 넣어 영영 가둬둘 참이었습니다. 그러나 싸움은 쉽사리 결판이 나지 않았습니다. 쓰러진 쪽이 끝까지 물고 늘어지며 같이 떨어지려 했기 때문입니다. 그러나 그의 힘은 급격히 떨어지고 있었습니다. 절벽에 이르러 승자가 포효를 하며 패자를 무시무시한 절벽 밑으로 던져버렸습니다.

나는 그 광경에 전율을 느꼈습니다. 이번엔 고개를 돌려 벌판 위에서 여전히 계속되고 있는 전투를 봤습니다. 승리한 장수의 군대가 마침내 패장의 군대를 무찔러서, 부상병들만 남고 모두 사방팔방으로 흩어져 달아났습니다. 승리한 군사가 포로들을 끌고 갔는데 그들에게 어떤 운명이 기다리고 있을지는 가히 짐작하고도 남음이 있었지요.

그들의 야만스러움에 혀를 내두르고 있을 때 듬직한 친구가 어깨를 두드리며 말했습니다.

"이제 우리가 나설 차례예요. 저쪽으로 내려가 도울 만한 사람이 있는지 찾아봅시다. 패잔병들 중에 전쟁에 염증과 공포를 느끼는 자들이 있을지 몰라요. 그들은 우리의 도움을 기꺼이 받으려 할 겁니다."

그래서 우리는 평야로 내려갔습니다. 격전지였던 곳엔 부상당하고 기절한 자들이 나뒹굴고 있었지요. 나머지는 먹이를 찾아 떠난 새 떼들처럼 어디론가 가버리고 없었습니다. 나는 몸부림치고 신음하는 무리를 보며 어디서부터 구호를 시작해야 좋을지 몰라 난감해하고 있었습니다. 그곳은 인간 세계의 어떠한 격전지보다도 참혹했습니다.

지상에 있을 때 고향 마을의 거리를 낙엽처럼 메운 시체들을 본 적이 있었습니다. 가슴이 미어지고 울분이 치밀었지만, 그곳엔 최소한 고통을 멈춰줄 죽음이 있었고, 그로 인한 평화가 있었지요. 그리고 아직 살아 있는 사람을 도울 수 있다는 희망이 있었습니다. 그러나 이 끔찍한 지옥에는 희망도, 고통받는 사람을 구원해줄 죽음도, 비참한 암흑을 걷어낼 여명도 존재하지 않았습니다. 이들은 다시 살아나 암울한 어둠과 야수처럼 사나운 자들에 둘러싸인 끔찍한 삶을 견뎌내야 합니다.

나는 몸을 굽혀 발밑에서 신음하는 부상자의 머리를 들어올리려 했습니다. 그는 형체를 알아보기 힘들 정도로 짓뭉개져 있었습니다. 그때 신비스런 음성이 들렸습니다.

"지옥에도 희망은 있다. 그렇지 않다면 그대가 여기엘 무엇하러 왔겠는가? 동이 트기 직전이 가장 어두울 때다. 이 패배자들에겐 변화의 시기가 찾아왔다. 이들을 짓밟은 바로 그것이 이들을 구해낼 것이다. 좀더 고결하고 선한 것에 대한 동경, 악을 꺼리는 마음이 지옥과 그 거주자들의 힘인 사악함을 약화시킨다. 그리고 무자비한 힘으로 남들을 공격해 해를 입히는 짓을 주저하게 만든다. 그래서 결국 싸움에 패하는 것이다. 그러나 이곳에서는 힘의 상실이 더 높은 상태로 나아가는 문을 열어줘서 높은 희망의 희미한 빛을 보게 만든다. 그러니 참상에 빠진 그들을 애도하지 말고 고통을 덜어주도록 하라. 그들은 이곳에서 죽음 같은 잠에 빠졌다가 눈을 떠보면 더 높은 영계의 새로운 삶 속에 있게 될 것이다."

"어두운 절벽 밑으로 떨어진 그 강력한 영은 어떻게 됩니까?"

"그 또한 때가 되면 도움을 받는다. 그러나 아직은 준비가 돼 있지 못하다. 그때까지는 도움을 줘봐야 소용없을 것이다."

음성이 사라지면서 옆에 있던 듬직한 친구가 부상병들을 잠에 빠지게 하는 방법을 가르쳐주었습니다. 그리고는 평야에 모여든 수많은 별빛들을 가리키더군요. 우리처럼 사랑과 자비의 사명을 띠고 이곳에 온 형제단원들의 불빛이었습니다.

머지않아 괴로움으로 몸부림치며 신음하던 이들이 모두 무의식 속으로 빠져 들어갔습니다. 그리고 잠시 뒤에 정말 이상하고 신비로운 광경을 보게 됐지요. 죽은 듯이 누워 있는 자들 위로, 예전에 구해줬던 영혼에게서 봤던 희미한 안개 같은 기운이 떠오르더니 점점 단단하게 굳어지면서 해방된 영의 모습이 되는 것이었습니다. 그들은 우리 머리 위로 모여든 밝은 영들의 품에 안겨 하나둘씩 어디론가 사라졌습니다. 마지막 한 명이 떠났을 때 우리의 임무도 끝났습니다.

26

어둠의 왕국을 떠나다

　부상당한 가엾은 영들을 돕는 희망의 형제단원들은 모두 나와 같은 원정대에 속해 있었습니다. 각자가 지닌 작은 별빛들이 한곳에 모이자 어둠 속에 피어난 희망의 상징처럼 보였습니다. 듬직한 친구와 나는 성공적으로 작전을 수행하고 귀환하는 부대원들처럼 그들과 축하인사를 나눴습니다.

　이제 지옥의 불길을 통과해 귀환하기 전에, 원정대장이 우리를 까마득히 높은 바위산의 정상으로 데려갔습니다. 그곳에선 우리가 그동안 여행한 도시와 평야와 산들이 내려다보였습니다. 우리는 발아래 펼쳐진 지옥의 전경을 조감할 수 있었습니다. 대장이 엄숙한 어조로 말했습니다.

　"우리가 바라보는 이 광경은 사람들이 흔히들 지옥이라 부르는 넓은 영역의 극히 일부분에 지나지 않습니다. 이 위쪽에도 어둠의 영역들이 존재하는데, 이곳에 와보지 않은 사람들에겐 거기가 바로 지옥처럼 보일 겁니다. 그러나 막상 이곳에 와보면 인간이 얼마나 저급한 수준까지 떨어질 수 있으며 얼마나 끔찍한 죄와 고통에 빠져들 수 있는지를 새삼 실감하게 됩니다. 영계의 가장 낮은 곳이라 할 수 있는 이곳은 어둡고 거친 물질 원자의 거대한 벨트라 할 수 있는데, 우리 주변으로 수백만 마일에 이르며, 물질계의 삶을 마친 죄 많은 영혼들을 빨아들이고 있습니다.

이곳의 존재는 아득한 옛날 지구가 처음 인간들을 거두어들이기 시작했을 때로 거슬러 올라갑니다. 인간은 지상의 모든 오점과 낮은 본성의 더러움에서 정화될 때까지 죄를 짓고 고통받다가 구원을 성취하도록 운명지어져 있습니다. 그러한 존재들의 수는 하늘의 별, 바닷가의 모래알만큼이나 많으며, 앞으로도 그럴 것입니다. 그들은 각자 자신이 살 곳을 높은 영역이나 낮은 영역에 만들게 되므로 영계에는 광대한 거주지가 형성되고 수많은 도시들이 존재합니다.

인간이 도저히 상상할 수 없을 만큼 무수한 거주지들이 있고, 각 지점은 그곳에 사는 영의 개인적 특질과 연관돼 있습니다. 영의 지상의 삶이 그 장소를 창조했기 때문입니다. 지상에 살았던 수많은 사람들 중에 얼굴이나 마음이 똑같은 사람은 존재하지 않는 것처럼, 영계도 마찬가지입니다. 각각의 장소, 심지어 각각의 영역마저 특정한 계층의 마음이 창조한 것입니다. 기질이 비슷한 사람들끼리 서로를 끌어당기기 때문에 모든 장소엔 거주자들의 독특한 특징이 배어 있습니다.

그러므로 이곳이나 또 다른 영역을 묘사할 때, 여러분은 자신이 본 것만을 말하거나 자신이 끌렸던 장소만을 묘사할 수 있을 것입니다. 반면에 같은 장소의 다른 부분을 보았던 또 다른 영은 매우 다르게 묘사할 것입니다. 그러다 보니 인식의 제약 속에 있는 지상의 인간들이 그런 상반된 묘사들을 들으면, 자기만의 기준으로 평가하여 서로 모순된 내용들이므로 둘 다 틀린 이야기라고 판단할 것입니다.

그들은 로마가 제노바나 밀리노, 베니스는 아니지만, 그 도시들이 모두 이탈리아에 있다는 공통점을 인식하지 못합니다. 리옹은 파리가 아니지만 둘 다 프랑스에 있습니다. 두 곳 모두 나름대로 독특한 특징을 갖고 있으나, 동시에 같은 나라에 속한 비슷한 특징을 공유하기도 합니다. 좀더 비유를 확대해보자면, 뉴욕과 콘스탄티노플은 둘 다 지구상의 도시지만, 두 도시와 그 거주자들 사이엔 큰 차이가 있습니다. 차이가 워낙 크다 보니 두 도시 사이엔 인간이 거주한다는 정도의 공통점 밖에 없는 것입니다.

여러분이 지금까지 이곳을 돌아다니며 봐왔던 불행한 존재들 또한 그 안에 소멸되지 않고 파괴되지 않는 영혼의 배아가 담겨 있다는 사실을 알아야 합니다. 영혼의 힘을 잘못 사용하여 성장이 오랜 세월 지체되긴 했지만, 각자에겐 희망을 품을 타고난 권리가 있으며 모두가 언젠가는 각성의 시기에 이른다는 사실을 여러분 모두 깨달았으리라 믿습니다. 가장 밑바닥으로 떨어졌던 사람도 마치 시계추가 오가듯, 다시 깨어나 높은 곳으로 돌아가게 될 것입니다.

죄악에 빠진 영혼이 치러야 할 방종의 대가는 처절하고 무섭습니다. 그러나 한 번 치러진 대가가 다시 요구되는 일은 없습니다. 기도하는 사람의 호소에 귀를 막고, 회개하는 죄인에게 "썩 물러가라! 너는 이제 끝났다. 구원받을 시기를 놓쳤다" 라고 말하는 냉혹무정한 심판자는 존재하지 않습니다.

희망의 형제단원들이여! 비소한 인간이 전능하신 신의 권능을 어찌 감히 헤아릴 수 있겠습니까? 인간이 감히 신의 자비를 한정하여, 큰 잘못을 지어 한탄하는 죄인에게 '너는 죄가 깊어 자비를 받을 수 없다'고 말할 수 있습니까? 신만이 판결을 내릴 수 있고, 신만이 죄를 용서할 수 있습니다.

우리는 삼라만상에 담긴 신의 음성을 들을 수 있습니다. 풀잎 하나하나와 빛살 하나하나에 신의 음성이 있습니다. 신의 선함과 자비는 얼마나 위대합니까? 그 얼마나 인내하고 자제하는 분입니까? 그분의 음성은 천사와 수호령들을 통해 회개하고 자비를 구하는 모든 이들을 부릅니다.

자비는 그 언제나 주어집니다. 조건 없는 완전한 용서가 진심으로 그것을 구하려 애쓰는 모든 이에게 주어집니다. 무덤 저편에서조차, 지옥문 안에서조차도 자비와 용서가 존재하고 희망과 사랑이 전해집니다. 인간에게 주어져 살아 있는 개체를 형성하는 영혼은 깨알만큼도 상실되거나 파괴되지 않으며 영원한 비참함 속에 놓이지도 않습니다.

그러므로 이와 반대되는 가르침, 영원한 지옥을 운운하는 자들은 오류에 빠져 큰 죄를 짓는 것입니다. 그런 잘못된 가르침으로 인해 죄지은 자들이 자포자기하고 절망에 빠져 아무런 노력도 기울이지 않게 되기 때문입니다. 이제 여러분은 각자 지상 영계로 돌아가면 이곳에서 배운 실상을 모두에게 알리기 바랍니다. 각자 희망을 잃지 않고, 주어진 시간 동안 최선을 다할 필요가 있음을 주지시키도록 노력해야 합니다. 지상에 있을 때 잘못을 속죄하는 것이 훨씬 쉽습니다. 자신으로 인해 피해를 본 사람과 자신 사이에 죽음으로 인한 건널 수 없는 장벽이 생기면 속죄가 그만큼 어려워집니다.

지옥에서 여러분이 본 모든 것은 인간 자신의 삶이 만들어낸 결과물입니다. 지상에서건 영계에서건 모든 건 자신이 지어낸 업입니다. 신은 죄지은 이들에게 티끌만큼의 짐도 지우지 않습니다. 아무리 끔찍하고 충격적인 환경일지라도 결국은 자신이 만들어낸 창조물일 뿐입니다.

마찬가지로 자신의 죄업을 되돌려놓는 것도 각자의 몫입니다. 자신이 무너뜨린 걸 자신의 손으로 쌓아올리고, 자신이 더럽힌 것을 자신의 손으로 정화시켜야 합니다. 그럼으로써 이렇게 더럽혀진 주거지와, 타락한 형체들, 이 모든 끔찍한 환경들이 더 밝고 행복한 분위기, 정화된 육체, 안락한 공간으로 바뀌는 것입니다.

그리고 마침내 충분한 시간이 흐르면, 지상과 모든 영계의 선은 악을 이겨냅니다. 사악한 장소와 지역들은 해변가의 물거품이 파도에 밀리듯 사라지고 정결한 생명수로 넘쳐날 것입니다. 단단한 검은 산들과 탁하고 무거운 대기와 더러운 대지가 회개의 정화된 불 속에 녹아버릴 것입니다. 단단한 화강암 덩어리마저 모두 녹아 대기 속을 떠돌아다니다 다른 곳에서 또 다른 암석을 형성합니다. 아무것도 사라지는 것은 없습니다. 파괴되는 것도 없습니다. 모든 것은 불멸입니다.

지금 여러분의 육체를 형성하는 원자들은 장차에 다시 흩어져 시간이 흐른 뒤 다른 육체를 이룰 것입니다. 인간에게서 나오는 발산물이 영계의 환경을 이루는데, 낮은 영계를 구성하는 거친 입자를 끌어당길 만한 자기력이 더 이상 충분히 존재하지 않을 때, 그 원자들은 지구의 영계에서 떨어져 나와 우주의 빈 공간을 떠돌다 파동이 비슷한 거친 차원을 가진 또 다른 행성으로 끌어당겨집니다.

그러므로 지금 이 바위들이나 대지는 먼 옛날 다른 행성의 낮은 차원을 구성했던 것이라 볼 수 있습니다. 그 행성은 영적으로 진보한 나머지 이러한 원자들을 끌어당길 만한 자기력이 결핍되게 되었고, 그에 따라 원자들은 해체되어 그 일부분이 지구로 온 것입니다. 지구도 진보해가면 이 원자들을 더 이상 한데 모아놓을 수가 없게 되고, 흩어진 원자들은 또 다른 행성의 영계를 구성하게 됩니다.

높은 차원의 영계도 영묘하긴 하지만 역시 물질로 구성되어 있습니다. 그 물질들은 우리보다 앞선 행성의 영계로부터 발산된 것들입니다. 똑같은 과정을 통해 이 원자들은 우리를 떠나 다음 차례의 행성으로 재흡수됩니다. 아무것도 사라지거나 소모되지 않으며, 완전히 새로운 것도 존재하지 않습니다. 새롭다고 불리는 것들은 이미 존재했던 것들의 새로운 조합일 뿐이며, 본질적으로 물질은 영원무궁합니다.

우리가 궁극적으로 어떤 단계까지 발전할지는 아무도 알 수 없습니다. 지식과 진보에는 한계가 있을 수 없기 때문입니다. 그러나 우리보다 발달된 주변 행성들을 보면서 우리 행성의 궁극적인 미래를 내다볼 수 있으리라 믿습니다. 우리는 발전이 가장 더딘 삶, 지금 이곳처럼 낮은 차원의 탐사를 영적인 발전의 디딤돌로 삼을 수 있어야 합니다.

희망은 영원하며, 가장 비천하고 타락한 영혼에게도 진보는 가능합니다. 이는 불변의 위대한 진리입니다. 여러분이 지상 영계로 돌아가 임무를 수행할 때, 이 진리를 지상의 인간과 영계의 영들에게 전해주었으면 하는 바람입니다. 여러분도 그간 우리의 도움을 받고 힘과 가르침을 얻었기 때문에, 어려운 이들을 돕는 우주적 형제애에 감사와 연대의식을 가져야 합니다. 이제 이 어둠의 땅에 작별을 고할 때가 왔습니다. 그들의 슬픔과 죄악을 애통해하는 대신, 그들의 미래에 희망을 품고 진심 어린 기도를 올리도록 합시다."

지도자의 연설이 끝나자 우리는 어둠의 나라를 마지막으로 둘러본 뒤 산을 내려와 불벽을 다시 한 번 통과했습니다. 전처럼 의지의 힘으로 양옆을 물리치면서 무사히 빠져나갈 수 있었습니다. 이로써 지옥의 왕국에서의 여정은 막을 내렸습니다.

회한의 나라(1)

새벽의 나라에선 형제단의 뜨거운 환영과 축제가 우리를 기다리고 있었습니다. 각자의 방에는 새 옷도 준비되어 있었지요. 매우 밝아서 거의 흰색에 가까운 회색이었습니다. 가장자리 장식과 허리띠, 왼쪽 소매에 있는 형제단의 문장은 짙은 황금색이었습니다.

나는 새 옷이 정말 마음에 들었는데, 영계에서는 옷이 영의 발전 단계를 나타내기 때문입니다. 옷은 각자가 성취한 것을 서로에게 보여주는 의미를 갖고 있습니다. 그러나 새 옷보다 훨씬 마음에 들었던 것은, 그녀의 그림을 테두리처럼 두르고 있는 순결한 백장미의 화환이었습니다. 이 화환은 절대로 시들지 않고 빛이 바래지도 않습니다. 나는 눈처럼 하얀 소파에 누워 새벽빛에 비친 평화로운 언덕을 내다보며 은은한 꽃향기를 맡고 있었습니다.

그때 친구가 들어와 나를 축하연으로 데리고 갔습니다. 거대한 홀에 들어서자 원정기간 중에 알게 된 친구들과 아버지가 기다리는 게 보였습니다. 우리는 반갑게 인사를 나누고, 이곳에 처음 왔을 때와 비슷한 만찬을 즐긴 뒤 홀의 낮은 쪽 가장자리로 모였습니다. 사방의 벽들이 온통 회색과 황금색의 커튼으로 덮여 있었지요. 무슨 일이 있을까 기대감을 품고 기다리고 있는 동안 산들바람처럼 부드러운 음악이 들려왔습니다. 음악은 점점 강하고 웅장한 선율로 변하여 군대의 행진곡 같은 장엄한 느낌이 들었습니다. 승리와 환희의 행진곡이 아니라, 전사한 전우들에게 바치는 비장하고 장중한 곡이었습니다.

이윽고 커튼이 스르르 열리더니 검고 윤기나는 대리석으로 만들어진 큰 거울이 드러났습니다. 음악 또한 다른 선율로 바뀌었습니다. 여전히 엄숙하고 웅장했지만, 어딘가 음조가 안 맞는 것 같았습니다. 부조화가 심하고 선율도 고르지 않은 것이 마치 스텝이 엉켜 비틀거리는 것 같달까요?

어느덧 주변이 어두워져 옆 사람 얼굴을 분간할 수가 없었습니다. 빛이 서서히 사라지면서 보이는 거라곤 거대한 거울의 검고 반질반질한 표면뿐이었지요. 그리고 그 안에 원정대원 두 사람의 모습이 보였습니다. 그들은 움직이면서 말을 했는데, 그들 주변의 경관이 점차 뚜렷해지면서 우리가 떠나온 지옥의 광경들이 보였습니다. 괴상한 음악이 깔리면서 깊은 내면으로부터 동요가 일었습니다. 눈앞에 펼쳐지는 광경을 보고 있으려니 내가 어디에 있는지조차 잊어버리고 그림에만 몰입하게 되었습니다. 모든 것이 망각 속으로 사라지면서 지옥의 어둡고 깊은 곳을 다시 떠돌아다니는 듯한 느낌이었습니다.

그림이 계속 바뀌는 가운데, 신입 단원에서부터 대장에 이르기까지 각 대원들의 다양한 경험이 보였습니다. 마지막 장면은 산 위에 대원들이 모여 대장의 고별사를 듣는 광경이었습니다. 그리스 비극의 합창처럼 요란한 음악이 그 모든 상황을 대변하듯 배경에 깔렸습니다. 음악은 거울 속 사건이 바뀔 때마다 때론 구슬프게, 때론 잔잔하거나 당당하게 변했지요. 그리고는 흐느끼고 절규하는 듯한 선율이 되었다가, 구출된 영혼이 안식에 들 때는 나긋나긋한 자장가처럼 변했습니다. 그러더니 다시 시끄럽고 요란한 선율, 사나운 전투의 울부짖음 같고 귀에 거슬리는 저주 같은 선율로 한껏 고조되었다가, 부조화 속에서 점점 잦아들더니 마지막 장면에서는 애잔한 분위기의 절묘하게 아름다운 선율로 바뀌면서 서서히 사라져 갔습니다. 음악이 멎자 어둠도 사라지고, 검은 거울 위로 커튼이 다시 쳐졌습니다. 우리는 모두 그 끔찍한 곳을 무사히 벗어난 데 대한 감사와 안도의 한숨을 쉬며 서로 임무의 완수를 축하했습니다.

나는 아버지에게 내가 본 움직이는 그림이 어떻게 만들어진 건지 여쭤봤습니다.

"네가 본 것은 과학지식을 적용한 것일 뿐이다. 그 거울은 일련의 얇은 금속판, 그러니까 지상에 있는 금속의 영적 대응물이라 할 수 있는 금속의 박막들인데 영상을 받아 반사시키도록 고안되어 있단다. 그 금속판들은 빛을 민감하게 흡수하는 성질을 갖고 있어서, 지상의 축음기가 소리의 파동을 받아 보존하는 것과 같은 방식으로 이러한 영상들을 받아들이고 보존할 수 있지.

네가 어두운 영역을 돌아다닐 때, 너를 비롯한 모든 대원들의 모습이 이 기구를 통해 전자기적으로 전달되었다. 그리고 각 대원들의 정서가 음악과 문예의 영계에 공명을 일으켜서 각 장면의 정서에 어울리는 소리의 파장을 유도했단다. 너는 예술과 음악, 문학의 영계에 속해 있기 때문에 그러한 영역으로부터 보내지는 진동을 보고 들거나 느끼고 이해할 수 있다. 영계에서는 모든 감정과 말과 사건들이 저 자신을 객관적인 형태로 복제하여 그것과 조화를 이루는 영상이나 선율, 이야기가 된다. 영계는 영혼의 생각과 행위에 의해 창조되기 때문에, 모든 행동이나 생각이 영적인 대응물을 형성하지. 너는 앞으로 이곳에서 지상에 아직 알려져 있지 않은 많은 것들을 보게 될 게야. 수많은 신기한 발명품들이 언젠가는 지상으로 보내져서 물질의 외피를 입게 된다. 그건 그렇고 저길 보거라. 너는 이제 종려나무 가지를 받게 된단다. 너희 대원들 각자에게 승리의 보상으로 주어지는 거야."

순간 홀의 큰 문이 열리더니 형제단의 단장이 전처럼 준수한 청년들의 행렬과 함께 들어왔습니다. 이번엔 청년들의 손에 월계관 대신 종려나무 가지가 들려 있었습니다. 단장이 의자에 앉고, 우리는 한 사람씩 불려 나가 가지를 받았습니다. 수여가 모두 끝난 뒤 다 함께 음악에 맞춰 종려나무 가지를 흔들며 기쁨에 찬 승리의 찬가를 불렀습니다. 우리의 음성은 승리의 화음과 함께 홀 안을 가득 메웠습니다.

****

축제가 끝나고 나는 이제 길고 조용한 휴식을 취하게 됐습니다. 반은 깨어 있고 반은 잠들어 있는, 마음의 활동이 정지되어 있으면서도 주변 환경을 완벽하게 의식한 상태의 휴식이었지요. 이 상태가 몇 주간 지속되면서 나는 어두운 영계의 후유증에서 완전히 회복되었습니다.

깨어나자마자 떠오른 첫 번째 생각은 그녀를 보러 가야겠다는 것이었습니다. 그녀가 나를 볼 수 있는지, 그리고 나의 성장한 모습을 인식할 수 있는지 알고 싶었기 때문입니다. 그녀를 만나 주고받은 대화는 일일이 설명하지 않으렵니다. 다만 나는 죽음이 사랑을 갈라놓지 못한다는 사실을 말씀드리고 싶을 뿐입니다.

그동안 그녀의 영능력이 향상되어서, 이제는 생각만으로도 서로 대화가 가능하다는 것을 알게 됐습니다. 더 이상 삼자의 개입이나 도움이 필요치 않게 된 거지요. 그리하여 부담이 한결 가벼워졌고, 늘 곁에 있는 듯한 그녀의 애정에 큰 힘을 얻게 됐습니다.

이 무렵 나의 임무는 지옥에서 봤던 도시들과 대응되는 지상영계의 지역을 방문해서, 몰려드는 영들에게 내가 지옥에서 본 것을 알려주는 것이었습니다. 그것은 쉬운 일이 아니었습니다. 현재의 잘못된 행동은 미래에 응보를 받는다는 약간의 경각심을 일깨웠을 뿐이지요. 그러나 그 정도만으로도 그들이 이기적인 만족감에 완전히 굴복하는 것을 어느 정도 막을 수 있었습니다. 게다가 그 도시들에 묶인 영들 중에 내가 그간의 여행에서 얻은 지식과 힘으로 도움을 줄 수 있는 이들이 꽤 됐답니다.

지상 영계에는 늘 할 일이 많고, 또 많아야만 했는데요. 육체적인 죽음을 맞은 사람들이 시시각각 올라왔기 때문입니다. 그런 이들에게 도움을 주면서 그렇게 또 몇 달이 흘렀습니다.

그러자 나는 다시 영적으로 성장할 필요성을 느끼기 시작했습니다. 지금까지 도달한 수준을 훨씬 뛰어넘어, 그녀가 죽은 뒤 가게 될 영역의 근처에라도 미리 가 있어야 영계에서 다시 만날 희망을 가질 수 있기 때문입니다. 이 무렵 나는 그녀가 생각보다 일찍 죽어서 다시 생이별을 하게 되기나 하면 어쩌나 하는 두려움에 시달리고 있었습니다. 그 두려움이 지금까지 나를 성장하도록 몰아붙인 셈이지만, 이제는 그동안 이룬 진보에 만족하지 못하도록 자극했습니다. 나는 성장하기 위해 안간힘을 써왔고 놀랍도록 빠르게 발전해왔지만, 그럼에도 불구하고 타고난 기질과 지상에서 몸에 밴 의심 때문에 여전히 고통받고 있었습니다.

심지어 그녀의 본심을 의심한 적도 있었습니다. 그녀가 내게 준 사랑의 숱한 증거에도 불구하고, 내가 멀리 있는 동안 누가 그녀를 가로채지 않을까 하는 두려움에 빠지곤 했지요. 그리고 그녀를 항상 지켜보고 싶어하는 부질없는 욕망으로 인해 지상에 묶일 염려도 있었습니다. 사람이 죽으면 그가 가진 모든 생각과 욕망 또한 함께 사라진다는 생각은 정말 잘못된 것입니다. 죽음 저편의 세계에 무지하기 때문에 그런 생각을 갖게 되는 거지요. 우리가 지상에서 살면서 키워온 생각의 습성들은 정말 서서히 변해갑니다. 얼마나 오랫동안 영혼에 들러붙어 있는지 모릅니다.

나는 지상에 있었을 때의 성격을 상당 부분 유지하고 있었습니다. 그런 생각이 근본적으로 잘못된 것이고 편견으로 가득 찬 것이란 점을 차츰 깨우치긴 했지만 그저 약간만 개선됐을 뿐입니다. 나는 의심과 두려움에 빠져 있는 동안에도 그런 마음을 품고 있는 나 자신이 부끄러웠습니다. 그게 얼마나 잘못된 태도인지도 알고 있었지요. 그럼에도 불구하고 나는 그런 것들로부터 자유로워질 수 없었습니다. 지상에 있을 때의 경험들이 나에게 의심과 불신을 품게 했고, 그런 망령들은 좀처럼 떨어져 나가지 않았습니다.

자학에 빠져 괴로워하고 있을 무렵, 아린지만 선생이 나에게 과거의 그림자로부터 자유로워질 수 있는 방법을 알려주더군요.

"이곳에서 멀지 않은 곳에 회한의 나라라 불리는 곳이 있다. 그곳에 가면 많은 것을 얻을 수 있을 것이다. 그곳의 언덕과 계곡을 넘나들며 많은 난관을 넘기고 나면 네 지상 생활의 참다운 본성과 과오를 명확히 깨닫게 된다. 네 영혼의 진보에 가장 좋은 수단을 사용해보게 되는 것이다. 그 여행은 쓰라림과 비통함으로 가득 찰 것이다. 과거의 행위들, 네가 부분적으로 속죄했지만 아직 높은 영적 지성의 눈으로 보지 못했던 많은 행위들이 적나라하게 드러나기 때문이다.

지상에서 온 사람들 중에서 자신의 행위를 자극했던 진정한 동기를 제대로 아는 사람은 드물다. 많은 이들이 그것을 깨닫는 데 몇 년씩 걸리고, 심지어 몇백 년이 걸리기도 한다. 자신들의 과오를 변명하고 정당화하는 성향을 가진 사람이라면 방금 내가 말한 곳을 가볼 필요가 있다. 그런 사람을 일깨우는 데 적격이라고 할 만한 곳이다. 물론 그 여행은 자발적으로 이뤄져야 하며, 성공리에 마치면 진보의 과정을 몇 년 단축시킬 수 있을 것이다.

그곳에서는 인간의 생애가 영상처럼 저장되어 불가사의한 영적 대기 위에 반사된다. 수많은 실패의 이유라든가, 각자의 삶을 형성해온 미묘한 심리적 원인들을 볼 수 있다. 그것은 통과하기에 험난한 자성의 과정이 될 것이고, 너 자신의 본성을 직시해야만 하는 고역스러운 경험이 될 터이나, 입에는 써도 몸에는 좋은 약이라서 지상의 삶으로 인해 생긴 독기 같은 영혼의 병을 치유해줄 것이다."

"그곳이 어디인지 가르쳐주십시오. 기꺼이 가겠습니다."

아린지만 선생은 나를 창문 너머로 보이는 멀고 희미한 언덕 중

하나로 데려갔습니다. 그 언덕 너머에 다시 넓은 평원이 있고 그 너머로 다시 언덕이 보였는데, 나를 그곳까지 안내했지요.

"저기 멀리 보이는 언덕 너머에 내가 말한 그 신비로운 나라가 있다. 엄청난 비애와 회한의 삶을 살아온 영들이 가는 땅이다. 자잘한 과오를 범한 자들, 인간이면 누구나 저지를 법한 일상적인 나약함이 문제되는 자들은 그곳에 갈 필요가 없다. 그런 이들에겐 그에 걸맞은 교화의 과정이 따로 있다. 저곳은 너처럼 의지가 강하고, 자신의 과오를 기꺼이 인정하고 받아들이며 환경을 개선하고자 하는 이들에게 특히 효과적이다. 저곳은 강력한 강장제와 같아서, 나약한 이들에게는 적합지 않다. 그들은 자신의 죄가 너무 빠르고 생생하게 재현되면 기가 꺾여서 위축되고 좌절감만 맛보게 된다. 그러한 영들은 단계를 밟아가며 서서히 조금씩 배워나가야 한다. 너는 정신력이 워낙 강하고 용기가 충만해서, 네 영혼에 채워진 족쇄의 본질을 인식하는 순간 빠르게 성장할 수 있을 것이다."

"과정을 다 마치려면 긴 시간이 필요한가요?"

"아니다. 지상의 시간으로 2, 3주면 된다. 네 앞날을 내다보니, 네가 들어가는 모습과 돌아오는 모습이 잇달아 빠르게 보이는구나. 두 사건이 넓은 간격으로 분리돼 있지 않다는 뜻이다. 영계에서는 시간이 날짜나 주, 시각 등으로 계산되지 않기에, 한 사건이 완결되기까지 얼마나 오래 걸리는지, 혹은 한 사건이 가깝게 나타나는지 멀게 나타나는지를 보고 그 사건이 언제 일어날지를 판단한다. 또 다가올 사건의 그림자가 지상에 이미 드리워졌는지, 아니면 아직 멀었는지 등을 관찰하여 판단할 수도 있다. 그리고 나서 우리는 그 시간이 지상의 기준으로 어느 정도가 될지를 어림잡는다.

우리 중에 가장 현명한 사람조차도 이런 일을 늘 완벽하게 해내지는 못한다. 지상의 사람들과 소통하는 영들이 미리 내다본 사건의 정확한 날짜를 가르쳐주지 않으려 하는 것도, 많은 변수가 작용하여 일을 지연시키고 날짜를 틀리게 만들기 때문이다. 한 사건이 가까이 와 있는 게 보이지만, 보이는 것과 같은 속도로 일이 전개되는 대신 늦춰지거나 정지되는 경우도 있고, 심지어는 아예 일어나지 않는 경우도 생긴다. 그 일을 추진하는 사람보다 더 강력한 힘을 가진 존재에 의해 방해를 받기 때문이다."

나는 아린지만 선생의 조언에 감사를 드린 뒤 그분과 헤어졌습니다. 성장의 욕구가 워낙 강한 탓에 대화가 끝나자마자 곧바로 여행을 떠난 것입니다. 그러나 이번은 종전의 여행들처럼 빠르게 이동할 수가 없었습니다. 과거에 저지른 죄가 무거운 짐처럼 온몸을 짓눌러 움직임이 둔하고 힘겨워졌기 때문입니다.

나는 순례자처럼 회색의 거친 옷을 입었습니다. 발은 맨발이었고, 머리에는 아무것도 쓰지 않았습니다. 영계에서는 마음의 상태가 의복과 환경을 만들어냅니다. 그 당시 나는 질긴 삼베옷을 걸치고, 머리에 재와 먼지를 뒤집어쓴 참회자의 심정이었지요.

마침내 그 까마득한 언덕들을 넘어가자 광활한 모래사막이 눈앞에 펼쳐졌습니다. 모래들이 어딘가 모르게 내 메말랐던 지상의 삶을 의미하는 것 같았습니다. 나무도 관목도, 풀도 없는 그곳은 그 어디에도 눈 둘 곳이 없고, 시원하게 목을 축일 물도 보이지 않았습니다. 피곤한 몸을 눕힐 그늘조차 없었습니다. 이 사막을 건너는 사람들은, 진실과 순수함, 이타적인 사랑과 자기부정이 결여된 삶을 살았기에, 그들이 가는 길엔 아름다운 꽃이나 청량한 샘물이 보이지 않는 것입니다.

나는 이 건조한 사막으로 내려가 멀리 언덕으로 나 있는 길로 들어섰습니다. 이제 내가 짊어진 짐은 거의 견딜 수 없을 만큼 무거워졌습니다. 내려놓고 싶었지만 잠시도 몸에서 떨어뜨려 놓을 수가 없었지요. 뜨거운 모래로 인해 발에 물집이 잡혀 한 걸음 한 걸음이 이루 말할 수 없이 힘겹고 고통스러웠습니다. 그렇게 미적미적 나아가고 있을 때, 눈앞에 내 과거가 담긴 그림이 나타났습니다. 그 그림들은 내 바로 앞에 있는 것처럼 보였는데, 사막 여행을 하는 이들이 가끔 보는 신기루처럼 공중에 떠 있었지요.

장면 장면이 연달아 나타났다 사라지면서 다음 광경이 보이곤 했습니다. 내가 아는 사람들이 죄다 모습을 드러냈는데, 내가 그들에게 했던 불친절한 생각과 말들, 오랫동안 까맣게 잊고 있었던 일들이 마치 나를 비난하듯 줄줄이 등장했습니다. 내가 남들에게 흘리게 만든 눈물, 어떠한 폭력보다도 혹독하고 날카로웠던 폭언 등, 주변 사람들에게 상처를 줬던 것들이었지요. 수천 가지 가혹하고 비열한 생각들, 이기적인 행동들, 오랫동안 잊어왔거나 합리화해온 그 모든 것들이 다시 재현되는 동안 나는 참담함에 압도된 나머지, 체면 따위는 아랑곳 없이 땅바닥에 주저앉아 부끄러움과 회한의 눈물을 흘렸습니다.

뜨거운 모래 위, 눈물이 떨어진 자리에 하얀 별 같은 작은 꽃들이 피어났습니다. 작고 가냘픈 꽃송이 안엔 이슬방울이 맺혀 있었습니다. 슬픔을 주체 못해 쓰러졌던 그 공간이 어느덧 메마른 사막의 작고 아름다운 오아시스가 된 것입니다.

나는 이 경험을 다시는 잊지 말자는 생각에 꽃을 몇 송이 꺾어 가슴속에 꽂아두었습니다. 그리고 다시 일어나 걷기 시작했습니다. 놀랍게도 그림들은 더 이상 보이지 않았습니다. 그때 내 앞에 어떤 여자가 아이를 안고 가는 게 보였습니다. 아이는 그녀가 안기엔 너무 무거워 보였는데 지치고 두려운 듯 울며 보채고 있었습니다.

회한의 나라(2)

나는 그쪽으로 달려가 가엾은 아이를 대신 안아주겠다고 말했습니다. 아이의 겁에 질린 얼굴과 축 늘어진 고개를 보고 마음이 아팠기 때문입니다. 여자는 잠시 나를 노려보더니 아이를 내게 안겼습니다. 내가 옷자락으로 아이의 머리를 가려주자 아이는 곧 곯아떨어졌지요.

여자는 그 아이의 엄마였는데, 지상에 있을 동안 모성애를 별로 느끼지 못했다고 했습니다. "사실 저는 그 아이를 갖고 싶지 않았어요. 어린애들을 별로 좋아하지 않았거든요. 아이가 생겼을 때 귀찮아 제대로 돌보질 않았지요. 아이가 점점 자라면서 말도 안 듣고 말썽을 피우길래 매를 대기도 하고 어두운 방에 가두기도 했지요. 늘 야단치고 쌀쌀맞게 대했어요. 아이가 결국 다섯 살 때 죽었는데, 저도 얼마 있다 같은 열병으로 죽었습니다. 그런데 영계에 온 뒤로도 늘 이렇게 따라다니네요. 결국 아이와 함께 이곳으로 여행을 떠나라는 충고를 듣게 됐어요."

"이 가엾은 어린 것한테 아직도 사랑을 못 느끼시나요?"

"네. 솔직히 말하면 그래요. 다른 엄마들처럼 그 아이를 사랑할 수 없을 것 같아요. 정말 저는 엄마가 되어서는 안 되는 여자인가 봐요. 아무리 생각해도 모성 본능이 부족한 것 같아요. 저는 그 아이를 사랑하지 않지만 아이에게 더 잘해주지 못한 게 후회되긴 해요. 아이를 제대로 키우고 잘못을 고치려 한 행동들이 사실은 아이를 돌보면서 생긴 울화와 짜증을 합리화하는 구실에 불과했다는 걸 알게 됐어요. 제가 뭘 잘못했는지, 왜 그런 잘못을 저질렀는지 이젠 알 것 같아요. 하지만 아직도 이 아이에게 사랑을 갖고 있다고 말할 수는 없어요."

"계속 아이를 데리고 다닐 건가요?"

나는 가여운 마음에 허리를 굽혀 아이에게 입을 맞추며 물었습니다. 나도 모르게 눈물이 핑 돌았습니다. 지상에 있는 그녀 생각이 나면서, 그녀라면 이런 아이를 보물처럼 소중히 여기고 사랑했을 거란 생각이 들었기 때문입니다. 내가 입을 맞추자 아이는 반쯤 잠든 상태에서 작은 손으로 내 목을 감싸 안으며 미소를 지었습니다. 그 모습에 그녀는 한결 누그러진 표정으로 상냥하게 말했습니다.

"조금만 더 아이를 데리고 가면 될 것 같아요. 아이를 좋아하는 영들이 있는 영계로 데려갈 생각이거든요. 이 아이처럼 부모가 돌보지 않는 아이들을 대신 돌봐준다더군요."

"다행이네요."

우리는 좀더 걸어가다가 작은 연못 옆의 돌무더기에 이르렀습니다. 다들 그 옆에 앉아 휴식을 취했지요. 잠시 후 얼핏 잠이 들었는데 깨어보니 여자와 아이는 어디론가 가버리고 없었습니다.

나는 일어나 다시 길을 걸었습니다. 얼마 뒤 어떤 산 어귀에 도착했습니다. 그 산은 인간의 교만과 야심이 쌓아 올린 산이었지요. 험한 바위틈으로 가파른 오솔길이 나 있었는데 발 디딜 곳이 잘 보이지 않았습니다. 이기적인 오만이 쌓여 생긴 암석들은 확실히 오르기가 힘들었습니다. 내 생전의 오만함이 지금의 이 고생길을 만들어놓은 것입니다.

우리들 중에 마음의 비밀을 아는 사람은 거의 없습니다. 우리는 약한 이들을 제치고 입신출세하려는 집착을 고결한 야망으로 간주하곤 하지만 부질없는 짓입니다.

나는 내 앞에 놓인 거대한 바위 하나가 생전에 내가 만들어낸 어떤 장애물의 영적 상징물이란 것을 깨닫고는 부끄러운 마음으로 과거를 돌아보았습니다. 그 장애물이란, 나보다 못한 사람들의 미숙한 노력을 볼 때마다 진정한 예술을 위해 사라져야 할 것들이라 업신여긴 가운데 생겨난 것입니다. 나는 인생을 다시 살고 싶은 갈망을 느꼈습니다. 비난을 퍼붓는 대신 어깨를 두드려주고, 희망을 꺾는 대신 도움을 주는 삶을 왜 살지 못했을까 후회가 막급했지요.

나는 나 자신에게 엄격했고 늘 최고의 경지에 오르려 했기에, 노력의 결과에 만족하는 법이 없었습니다. 주변 사람들의 찬사를 받을 때에도, 경연에 나가 그랑프리를 휩쓸 때에도 늘 그런 식이었지요. 나는 화가 지망생들에게 높은 기준을 강요할 자격이 있다고 자부했습니다.

거장에 비하면 어린아이에 불과한 변변찮은 실력을 가진 이들을 볼 때마다 나는 아무리 노력해봐야 헛일일 뿐이라고 비웃곤 했습니다. 재능 있는 천재들에겐 머리를 조아리고 진심 어린 찬사를 보냈지만, 제멋에 겨워 예술을 하는 범재들에겐 호의를 보여준 적이 없습니다. 도우려고 해본 적도 없었습니다. 나는 그런 사람들이 작은 씨앗과 같아서, 지상에서는 뛰어난 예술가로 발전하기 어렵지만 몇 번의 환생을 거치면 완벽하게 개화할 수 있다는 사실을 모르고 있었습니다.

이른 나이에 성공한 나는 인생의 파국을 맞기 전까지는 안하무인이었고, 말년에 슬픔과 좌절을 겪으면서 다른 이들의 어려움에 약간의 동정심을 갖게 되긴 했지만 평범한 재능을 가진 사람들과 그들의 노력에 동정심을 느껴본 적은 없습니다. 그리하여 이제 나의 전형적인 오만이 만들어낸 이 암석들과 마주하게 된 것입니다.

이러한 깨달음을 통해 슬픔과 자책에 빠진 나는, 때늦은 감은 있지만 근처에 도움을 줄 만한 약한 사람은 없는지 둘러보았습니다. 위를 올려다보자 바위를 오르려고 기를 쓰다 탈진한 젊은이가 보이더군요. 그 젊은이 앞을 가로막은 바위들은 귀족과 부자들 틈에 껴보려 했던 그의 야심과 오만이 쌓아 놓은 것이었습니다. 야심을 이루기 위해 그는 자신에게 가장 소중한 사람들을 희생시켰던 것입니다.

그는 바위의 돌출부에 매달려 있었는데 너무 지쳐 밑으로 떨어질 것 같았습니다. 나는 그에게 꼭 잡고 있으라고 소리치고는 그쪽을 향해 올라갔습니다. 그리고는 힘겹게 그를 바위 위로 끌어올렸습니다. 내 힘은 그의 곱절은 족히 됐으므로 거뜬히 도와줄 수 있었고 약자를 짓밟았던 과거의 죄책감에서 약간이나마 위로받을 수 있었습니다.

정상에 올라 쉬려고 앉아보니, 그를 끌어올리다가 날카로운 바위 모서리에 긁힌 상처가 온몸에 나 있었습니다. 그러나 그렇게 발버둥 치는 동안 나의 이기적인 자만심의 짐이 많이 떨어져나갔다는 것을 알 수 있었습니다.

나는 올라온 길을 돌아보면서, 옷깃을 여미고 다시 지상으로 돌아가 초심자들이 예술을 이해할 수 있도록 도와야겠다고 결심했습니다. 내가 할 수 있는 한 최선을 다해 도움이 될 만한 지식을 주어야 할 것입니다. 전에는 꿈에 부푼 초심자들을 깔아뭉개느라 바빴다면 이제는 격려해줄 것이고, 전에는 가시 돋친 말과 따끔한 지적으로 사람들에게 상처를 입혔다면 이제는 그 상처를 치유하는 말을 해주기로 했습니다. 이제 나는 초심자들이 아무리 보잘것없고 하찮아 보여도 절대로 경멸하거나 희망을 꺾어서는 안 된다는 것을 알게 됐습니다.

나는 이러한 생각들을 떠올리며 산 위에 오랫동안 앉아 있었습니다. 내가 도와준 그 젊은이는 먼저 내려가고 없었지요. 나도 슬슬 일어나 길을 내려갔습니다.

부서진 다리가 놓인 깊은 골짜기를 지나 거대한 문 앞에 도착했습니다. 많은 사람들이 그 주변에 모여 문을 열고 들어가려 안간힘을 쓰고 있었습니다. 힘으로 밀어붙이는 사람, 기어 오르려는 사람, 감춰진 틈을 찾는 사람들도 있었고, 거듭되는 실패에 낙담한 자들을 위로하는 사람들도 있었습니다. 내가 다가서자 주변을 서성대던 예닐곱 명이 뒤로 물러나 호기심 어린 눈으로 쳐다보더군요.

내게는 그 문이 철벽처럼 단단하게 느껴졌습니다. 그 문의 실제 모습이 어떤 건지는 알 수 없었지만 말입니다. 그 문은 높고 매끄러워 아무도 올라갈 수 없었습니다. 게다가 너무 단단해서 뚫고 들어가는 건 상상도 못할 일이었습니다. 굳게 잠겨 있어 열 수도 없었습니다.

이제 뭘 어떻게 해야 하나 절망감에 사로잡힌 채 그 앞에 서 있었지요. 그때 근처에 있던 한 여자가 몹시 서럽게 흐느끼기 시작했습니다. 그녀는 그곳에 오랫동안 있었지만 끝내 문을 열지 못했던 것입니다.

나는 그녀를 위로하고 희망을 주려고 최선을 다했습니다. 그때 갑자기 그 문이 서서히 사라지면서 우리는 그곳을 통과할 수 있었습니다. 그러자 없어졌던 문이 우리 뒤로 갑자기 다시 생기더군요. 그리고 그 여자도 어디론가 사라져버리고, 다리 옆에 허리가 구부러진 노인이 서 있었습니다. 내가 여전히 문을 보며 놀라워하고 있을 때 음성이 들렸습니다.

"그 문은 친절한 행동과 생각의 문이다. 문 저편에 있는 사람들은 그들의 친절한 생각과 행동이 충분히 자라 문을 열 수 있을 정도가 될 때까지 기다려야만 한다. 그들도 네가 다른 사람들을 도우려고 애쓴 것처럼 행동해야만 비로소 문이 열릴 것이다."

나는 지팡이로 길을 더듬는 노인이 서 있는 다리 쪽으로 갔습니다. 노인은 길을 찾지 못해 신세한탄을 하고 있었습니다. 나는 노인이 다리의 부서진 틈으로 떨어지지 않을까 염려되어 도와드리겠다고 말하며 달려갔습니다. 그러나 노인은 고개를 저으며 말했습니다.

"아니, 아닐세 젊은이! 다리가 너무 낡아서 자네와 나의 무게를 감당하지 못할 걸세. 나는 신경 쓰지 말고 자네 일이나 보게."

"아닙니다. 이렇게 약하고 연세도 많으신데 그냥 가면 썩은 부분으로 떨어지십니다. 저는 젊고 팔팔하니까 같이 건너시지요. 안 그러면 둘 다 힘들어질 겁니다."

대답을 기다리기도 전에 나는 노인을 들쳐 업고 어깨를 꼭 잡으시라 말하고는 다리를 건너기 시작했습니다. 아뿔싸! 노인은 너무도 무거웠습니다. 신밧드 이야기에 나오는 바다의 노인은 저리 가라 할 정도였습니다. 다리도 무게를 견디지 못해 삐거덕거리며 휘어졌습니다. 아무래도 다리 밑으로 둘 다 빠질 것만 같았지요. 그런데다 노인은 계속 자기를 놓치지 말라고 애원하고 있었습니다.

나는 손으로 온 힘을 다해 노인을 붙들고 거의 기어가다시피 하며 파손이 가장 심한 부분에 이르렀습니다. 그곳엔 큰 구멍이 나 있었고 들보 두 개만 달랑 위로 걸쳐져 있었지요. 정말 난감했습니다. 나 혼자라면 어떻게든 건너볼 수 있겠지만, 노인이 워낙 무거운데다 질식할 듯 목을 조르며 매달려 있어서 건너기가 쉽지 않아 보였습니다.

순간 노인을 포기하고 혼자 건너는 게 낫겠다는 생각이 뇌리를 스쳤습니다. 그러나 그건 노인에게 너무 잔인한 일이어서 위험을 무릅쓰기로 마음을 고쳐먹었습니다. 불쌍한 노인은 어떤 상황인지 눈치챈 듯 크게 한숨을 쉬며 말했습니다.

"자네 그냥 나를 두고 가는 게 좋겠네. 나를 업고는 도저히 건널 수 없어. 그냥 혼자 가게. 나 혼자서 어떻게든 해보겠네."

노인의 말투엔 낙담한 기색이 역력했습니다. 나는 결코 노인을 버려둘 수 없었습니다. 그래서 사력을 다해보기로 하고 노인에게 꼭 붙잡으라고 말했습니다. 나는 한 손으로 들보를 잡고 점프를 했습니다. 예전에 공중부양을 했던 의지력으로 구멍 건너 맞은편에 아무 탈 없이 내려앉을 수 있었습니다.

건너온 곳을 보려고 고개를 돌린 순간, 나는 놀라서 비명을 지르지 않을 수 없었습니다. 구멍은 온데간데없고 보기 드물게 튼튼한 다리가 대신 놓여 있었던 것입니다. 그리고 내 옆엔 연약한 노인 대신 아린지만 선생이 있었습니다. 그가 내 어깨에 손을 올리며 말했습니다.

"프란체쏘, 이건 네가 위험한 상황에서도 무거운 노인을 포기하지 않을 만큼 이타적이 됐는지를 떠보기 위한 작은 시험이었다. 이제 너에겐 마지막 시험이 남아 있다. 네가 품어온 의심의 본성을 판단할 수 있는 좋은 기회가 될 것이다. 성공을 빈다."

그는 몸을 돌려 어디론가 사라졌습니다. 나는 다시 또 다른 깊은 계곡으로 향했습니다. 계곡은 깎아지른 듯한 두 언덕 사이에 있었습니다. 회색 안개의 거대한 소용돌이가 언덕 주변을 스멀거리며 떠다니다 신비스러운 유령 같은 형체를 만들며 위를 맴돌았습니다.

내가 골짜기 사이로 나아갈수록 이 유령 같은 형체들은 점점 짙고 뚜렷해지더니 마치 살아 있는 생물처럼 변했습니다. 내가 지상 생활을 할 때의 상념이 만들어낸 창조물이었습니다. 그것들이 이렇게 살아 있는 생생한 형태로, 마치 유령처럼 따라다니며 나를 떼거리로 비난하는 것 같았습니다.

내가 키웠던 불신과 의심, 내가 품었던 고약하고 비속한 생각들, 그 모두가 주변으로 모여들어 나를 위협하고 비아냥거리며 귀에 대고 조롱을 퍼붓고, 거대한 검은 파도처럼 머리 위를 넘실거리기도 했습니다. 인생이 그런 부정적인 생각들로 가득 차면서 내가 가는 길도 계속 막혔던 것입니다. 그 오싹하고 가증스런 모습들이란! 그것들은 죄다 나 자신의 생각들이었고, 주변 사람들에 대한 내 마음의 상태를 반영하고 있었습니다.

이 당혹스럽고 음침한 망령들은 내 마음의 실상을 고스란히 보여주었습니다. 나는 선에 대한 믿음이 거의 없었습니다. 다른 사람을 신뢰하는 일도 없었습니다. 과거에 비정하게 배신당한 경험이 있었기에 '인간은 전부가 거짓말쟁이'라는 섣부른 말을 습관처럼 내뱉곤 했습니다. 주변 사람들의 나약함과 어리석음에 코웃음 치면서 '모두가 그놈이 그놈'이라고 생각하곤 했지요.

그리하여 이러한 생각의 창조물들이 거대하게 물질화되어 나에게 달려들었던 것입니다. 그 유령들은 나를 안개 같은 거대한 형체로 에워싸면서 꼼짝 못하게 만들고 질식시키려 했습니다. 나는 그것들을 쫓아내려 했지만 아무 소용이 없었습니다. 그것들은 살아생전의 의심과 불신이 늘 그랬듯이 나를 칭칭 에워쌌습니다. 나는 공포에 사로잡힌 채 파멸적인 기세로 덮쳐오는 그것들에 맞서 싸웠습니다.

그때 내 앞에 깊은 구렁텅이가 보였습니다. 유령들이 나를 그곳으로 몰아넣으려 하고 있었습니다. 내가 이 끔찍한 망령들로부터 벗어나지 못한다면 꼼짝없이 구덩이로 떨어질 판이었습니다.

나는 망령들과 미친 듯이 사투를 벌였지만 그것들은 나를 에워싸며 어두운 구멍으로 계속 밀어 넣었습니다. 나는 도와달라고 소리치며 두 팔을 뻗어 맨 앞에 있는 망령을 움켜잡고서 온 힘을 다해 내던졌습니다. 그러자 마치 바람에 흩날리듯 의심의 망령들이 사방으로 흩어졌습니다.

나는 탈진한 채 쓰러져 의식을 잃었습니다. 그리고는 꿈을 꿨습니다. 짧막하면서도 아름다운 꿈이었습니다. 그녀가 나에게 다가와 못된 사념체들을 쫓아버리더니 내 옆에 무릎 꿇고 앉아 마치 엄마가 아이에게 하듯 내 얼굴을 품에 안았습니다. 나는 그녀가 나를 두 팔로 감싸고 안전하게 지켜주는 것을 느낄 수 있었습니다. 꿈은 거기서 끝났고 나는 아주 깊은 잠에 빠졌습니다.

정신을 차려보니 아직도 그 골짜기에 누워 있었습니다. 그러나 유령들은 사라졌고 의심과 불신의 시간도 끝난 것 같았습니다. 나는 골짜기 끝의 부드럽고 푸르른 비탈 위에 누워 있었습니다. 맑고 투명한 강물과 강 옆으로 난 풀밭이 보이더군요. 일어서서 굽이치는 강줄기를 따라가다가 아름다운 나무들이 늘어선 작은 숲에 이르렀습니다. 나무들 사이로 수련이 떠 있는 맑은 연못이 모습을 드러냈습니다. 연못 가운데 투명한 물줄기가 반짝거리며 안개처럼 떨어지는 샘이 있었습니다. 머리 위로 나뭇가지가 드리워져 있고 그 사이로 푸른 하늘이 보였습니다.

나는 휴식을 취하기 위해 샘물 근처로 갔습니다. 그때 초록색의 얇은 비단 같은 옷을 입고 수련으로 만든 관을 쓴 요정이 다가왔습니다. 그녀는 샘물의 수호령이었는데 나처럼 지친 방랑자들이 기운을 차리도록 돕는 일을 하고 있었습니다. "나는 지상에 있을 때 숲 속에서 살았어요. 이곳 영계에서도 숲 속에 집이 있답니다."

그녀는 나에게 먹을 것과 마실 것을 주었습니다. 내가 기운을 차리자 나무 사이에 나 있는 넓은 길을 알려주었습니다. 그 길은 휴식의 집이란 곳으로 나 있었는데, 나는 그곳에 들어가 쉬기로 했습니다.

이 빛나는 요정에게 감사 인사를 하고 길을 따라 담쟁이덩굴로 덮여 있는 큰 건물에 도착했습니다. 그 건물은 창문이 많은데다 문들도 활짝 열려 있어서, 누구든 환영하는 듯한 분위기였습니다. 거대한 철제 대문엔 실물과 똑같은 새와 꽃들이 그려져 있었는데 마치 쉬기 위해 모여든 진짜 새들처럼 보였지요.

문 앞에 서자 마법처럼 문이 열려 대문 안으로 들어갈 수 있었습니다. 흰 옷을 입은 몇몇 영들이 나를 맞았습니다. 나는 창밖으로 잔디밭과 아름다운 나무들이 보이는 방으로 안내를 받았습니다. 그들은 나에게 휴식을 취하라고 말한 뒤 방을 나갔고 나는 곧바로 침대에 쓰러져 잠이 들었습니다.

잠에서 깨어나자 내가 입었던 순례복 대신 밝은 회색 옷이 놓여 있는 게 보였습니다. 이 옷은 순백색으로 된 세 겹의 테두리를 갖고 있었습니다. 나는 옷이 정말 마음에 들어 얼른 입어 봤습니다. 흰색은 내가 영적으로 성장했다는 징표였기 때문입니다. 영계에서 흰색은 순결과 행복을 상징하고 검은색은 그 반대를 상징한답니다.

이윽고 나는 같은 옷을 입은 사람들이 있는 넓고 쾌적한 방으로 안내되었습니다. 그중에 회한의 나라 벌판에서 도움을 줬던 여자가 보여 반갑게 인사를 나눴습니다. 그녀는 전보다 훨씬 상냥한 미소로 아이를 대했습니다. 내게도 인사를 하며 도와준 것에 감사를 표했습니다. 그 사이에 아이는 여느 아이들처럼 내 무릎 위로 기어 올라와 앉았습니다.

어느덧 과일과 케이크와 영계의 순수한 와인이 마련된 푸짐한 식사가 나왔습니다. 덕분에 우리는 모두 기력을 되찾고, 신께 자비를 내려주심을 감사했습니다. 그곳의 주인이 우리에게 신의 은총을 빌어주었습니다. 우리는 모두 기분 좋게 작별인사를 나누고 각자의 집을 향해 길을 떠났습니다.

28

새 집을 얻다

나는 새벽의 나라에 더 이상 머물지 않고 '아침의 나라'란 곳으로 거처를 옮기게 됐습니다. 친구들이 그곳까지 바래다주었습니다. 그곳은 새벽의 나라에서 보이던 아름다운 호수와 언덕 너머에 있었습니다. 새벽의 나라에서는 빛이 어느 정도 이상은 밝아지지 않았는데, 그 빛은 바로 이 아침의 나라에서 오는 것이었습니다. 아침의 나라는 회한의 나라와 반대 방향에 위치해 있습니다.

이곳 아침의 나라에서 나는 작은 집을 갖게 됐습니다. 이 집은 조촐하지만 나에겐 몹시 소중했습니다. 더할 나위 없이 평화로운 곳이었고, 정면을 제외한 나머지 방향은 언덕으로 둘러 싸여 있었습니다. 정면으로는 경사진 푸른 초원이 펼쳐져 있었지요. 새 집 주변엔 나무가 없었고 눈을 즐겁게 해줄 꽃도 피어 있지 않았습니다. 나의 노력이 아직은 꽃으로 결실을 맺지 못했기 때문입니다.

그러나 작은 현관 주변엔 담쟁이덩굴이 탐스럽게 얽혀 향기가 방 안까지 들어왔습니다. 그것은 그녀가 나에게 보내준 선물이었습니다. 그녀의 달콤한 사랑이 영적으로 성장하여 내 거처를 감싸며 변함

없는 사랑과 진실을 속삭여주었습니다.

집 안에는 작은 방이 둘 있는데, 하나는 손님을 맞거나 공부를 하는 곳이었고 또 하나는 지상 영계에서 일을 하고 돌아와 피로를 푸는 곳이었지요. 이 방에는 장미로 테두리를 한 그림을 비롯해 내가 아끼는 것들이 전부 있었습니다.

창밖의 푸른 하늘엔 해맑은 햇살이 내리쬐었습니다. 나는 싫증 날 때까지 그 빛을 보고 또 봤습니다. 오랫동안 어두운 곳을 헤매던 나에게 부드러운 푸른 잔디와 향긋한 담쟁이덩굴은 모두 너무 기분 좋고 흡족한 것들이어서 나는 하루하루를 감사의 마음으로 살게 됐습니다.

그러던 어느 날 잠결에 따뜻한 목소리와 다정한 손길이 느껴져 눈을 떴더니 아버지가 계셨습니다. 아, 얼마나 기쁘고 행복했는지 모릅니다. 게다가 아버지가 나와 같이 지상에 내려가 이 집을 그녀에게 영상으로 보여주자고 말씀하시는 거였습니다.

영계에서 처음으로 집이 생겼던 때를 돌이켜보면 지금도 마음이 행복해집니다. 나는 집이 생겼다는 사실이 너무도 자랑스러웠습니다. 지금의 집은 그때보다 훨씬 좋고 환경도 모든 면에서 한결 아름다워졌지만 처음 집이 생겼을 때만큼 행복하지는 않은 것 같습니다.

이 무렵에 내가 지상 영계에서 했던 일들, 서글프게 사는 사람들을 행복의 길로 이끈 그 많은 일들을 다 이야기하면 독자들이 아마 지루해하실 겁니다. 다 비슷비슷한 일들이므로 한 가지만 말씀드리도록 하지요.

지상에서와 같이 영계에서도 시간은 흐르고 늘 새로운 성장이 일어납니다. 남들을 도우면서 내겐 가장 깨닫기 어려웠던 교훈들을 하나씩 배워나갔지요. 원수를 용서하는 것에 대한 가르침은 단순히 그들에게 해를 입히려 들지 않을 뿐만 아니라, 한 걸음 더 나아가 도움을 주고 악을 선으로 갚기를 부추깁니다. 복수의 열망이나, 상처를 준 사람에게 징벌이 내려지길 바라는 마음을 극복하는 건 어려운 일이었지만 한술 더 떠서 그들에게 복을 빌어주는 것은 그보다 더 어려웠습니다.

시간이 흘러 지상 영계에서 일하는 동안 나는 종종 원수를 찾아가곤 했습니다. 그에겐 내가 보이지도 느껴지지도 않았지만, 불현듯 내 생각이 나도록 만들 수는 있었지요. 그리고 매번 그의 심경이 나만큼이나 괴롭다는 걸 느낄 수 있었습니다. 우리 사이엔 아무런 사랑도 없었습니다. 그의 옆에 서면 그와 나를 엮었던 사건들이 하나하나 영상이 되어 보였습니다. 나의 타오르는 증오심의 어두운 그림자가 영상에 흐릿하게 끼어들어 마치 여름날 폭풍우에 먹구름이 끼듯 침침해지곤 했지요. 나는 영적인 지식이 차츰 쌓이면서 원수의 잘못 못잖게 내 잘못 또한 컸다는 사실을 깨닫게 됐습니다. 그러한 방문을 마치고 쓰라린 후회와 번민 속에 집으로 돌아오면 슬픔과 해악만 끼친 그의 삶에 분노가 느껴지곤 했습니다.

그러던 어느 날 마침내 나는 그에게 연민에 가까운 새로운 감정이 솟아나는 것을 느낄 수 있었습니다. 이 사람 또한 심한 압박감에 시달리고 있었기 때문입니다. 그의 마음에도 나와의 과거를 후회하는 마음이 있다는 것을 알 수 있었지요. 나와의 일이 다른 식으로 흘러갔으면 얼마나 좋았을까 때늦은 후회를 하고 있더군요.

그리하여 우리 사이에 처음으로 동정의 마음이 싹트게 되었습니다. 미약하고 희미한 감정이었지만 분노를 극복하려는 나의 노력이 거둔 첫 번째 결실이었지요. 증오심의 단단한 벽이 그제야 녹아내리기 시작한 것입니다. 그리고 전에 그를 해칠 수 있는 기회가 왔던 것처럼, 그를 도와 이익을 얻게 해줄 기회가 찾아왔습니다. 나는 부정적인 감정을 이겨내고 이 기회를 잘 살릴 수 있었습니다. 그를 저주하고 파괴하려 했던 나의 손이 이번엔 그를 돕는 손이 된 것입니다.

그는 내가 개입해서 도움을 준 것을 전혀 인식하지 못했습니다. 그러나 희미한 방식으로 나와의 사이에 있었던 증오심이 사라졌다는 것을 느낄 수 있었습니다. 그리고 내가 죽었으니 이제 나와 반목했던 기억은 잊는 게 좋겠다는 생각을 하게 됐지요. 마침내 우리는 서로를 용서하게 되었고, 우리의 삶을 오래도록 묶어놨던 인연의 사슬도 끊어졌습니다.

이제 그가 지상에 살아 있을 동안 다시 만날 일은 없을 것입니다. 그러나 내 친구 베네데토의 경우와 마찬가지로, 지상의 삶을 벗어나면 그와 나의 영은 서로 용서를 구하기 위해 다시 한 번 만나게 될 겁니다. 그때까지는 다시 만날 일이 없고, 그 이후에 각자의 영역으로 돌아가서도 마찬가지일 것입니다.

사랑과 미움이 영혼에 미치는 영향은 매우 크고 오래 갑니다. 지상의 삶이 끝난 뒤에도 오랫동안 우리를 따라다닌답니다. 내가 봤던 영들 중에 많은 이들이 서로 단단히 묶여 있었습니다. 사랑이 아닌 미움으로 말입니다.

29

행성이 태어나는 과정

나 자신을 이겨냄으로써 무거운 마음의 짐으로부터 자유로울 수 있다는 교훈을 얻게 되자, 나는 영계의 이런저런 상황과 환경에 대해 새로운 관심을 갖게 됐습니다. 이 무렵 나는 하세인을 종종 만났는데 그는 내가 영계에 있으면서 궁금해하던 여러 일들에 대한 이해를 넓혀주었습니다.

한번은 집에서 담소를 나누다가 내가 그에게 영계와 지구의 관계에 대한 질문을 한 적이 있습니다.

"영역(sphere)이란 말은 당신이 보아왔던 것처럼, 지구와 그 밖의 다른 행성들을 에워싸고 있는 영적인 물질의 거대한 권역圈域을 뜻합니다. 영역이란 말은 또한 그보다 더 크고 광활한, 우주 전체를 감싸고 있는 사념의 파동들을 뜻하기도 하지요. 그러니 두 종류의 영역이 있다고 말할 수 있는데, 하나는 물질적 의미의 영역입니다. 이 영역은 행성이나 태양을 둘러싸고 있고, 각 행성에 사는 영들의 주거지를 형성하지요. 영역은 다시 하위의 계(circle)들로 나뉩니다. 이 계들은 사다리의 계단처럼 영들의 도덕적인 성장수준을 나타내지요.

다른 종류의 영역은 그 성분이 물질적이 아니라 정신적이에요. 그것은 그 이떤 행성이나 태양계에도 속하지 않고 우주만큼이나 끝이 없습니다. 그것은 우주의 중심으로부터 방사되어 끝없이 넓혀지면서 돌아가는 생각의 흐름으로, 온 우주를 감싸고 있지요. 그 중심부는 신의 공간이라 일컬어지는데, 신 즉 절대자로부터 이러한 생각의 파동들이 발생되는 것이지요. 그 중심을 축으로 온 우주가 회전하고 있어요. 좀더 분명히 말하자면 본질적으로 영혼에 속하는 지성적 기능, 혹은 속성을 지닌 거대한 하나의 영역이 있고, 그 영역은 다시 철학, 미술, 음악, 문학 등의 하위 계들로 나뉘는 겁니다.

이들을 영역이라 부르는 것은 일반적인 표현법일 뿐, 내 생각엔 계로 부르는 편이 더 정확한 것 같아요. 이러한 지성의 계들은 마치 거대한 바퀴처럼 작은 바퀴들, 즉 나선형의 고리들을 에워싸고 있습니다. 그 고리들은 다시 각각의 태양계, 혹은 부모 행성을 둘러싸고 있고요. 작은 바퀴들을 품은 큰 바퀴들이 하나의 거대한 중심 주변을 끊임없이 돌아가고 있는 것이지요.

영계에서는 서로 공감대가 형성되는 사람들끼리만 모여 지냅니다. 관계의 결속 혹은 기억의 유대로 인해 때때로 아무런 공통분모가 없는 사람들이 끌어당겨질 때도 있지만 그것은 잠시 동안의 방문일 뿐이고, 각각의 영역과 계가 생성하는 강력한 자기력에 이끌려 모두 원래의 영역과 계로 돌아가게 됩니다.

음악이나 철학의 영역에 속하는 영은 비슷한 기질을 지닌, 영적 발달수준이 비슷한 사람들에게로 이끌리지만 음악이나 철학 수준이 발달했다고 해서 자신의 도덕적 수준이 허용하는 것 이상의 도덕 영역 혹은 행성 영역들로 상승하는 것은 아니에요.

정신적인 영역의 광활한 지성계 각각의 중심에 있는 태양은 잘 닦은 자석처럼 빛납니다. 거대한 프리즘처럼 순수하고 진실한 천상의 불로써 빛을 발하여 그 지식의 찬란한 빛을 사방으로 쏘아 보내지요. 그러면 이 빛줄기들 속에서 자신의 램프에 불을 붙이려는 영들이 모여듭니다.

그 빛줄기들은 순수하고 온전한 상태로 지구까지 도달합니다. 그러한 지식의 보석이 인류사의 전시대에 걸쳐 인간의 마음을 밝혀 주었지요. 그리고 마치 벼락이 화강암을 부수듯 오류와 무지를 산산조각냈지요.

가장 진보한 영들은 중심부의 힘, 그 눈부신 빛에 가장 근접한 존재들입니다. 지적, 도덕적 능력의 이 거대한 영역을 '우주적(universal)' 영역이라 부릅니다. 각 행성의 주변을 감싸는 영역들은 '행성' 영역, 태양 중심을 에워싸는 영역들은 '태양' 영역이라고 하지요. 우주적 영역들이 생각이나 영혼의 본질을 이룬다면, 나머지 영역들은 영화된 물질의 다양한 단계라고 할 수 있습니다."

"행성과 그 주변 영역들은 어떻게 생성된 건가요?"

"행성의 생성은 모태가 되는 태양에서 불타는 성운의 형태로 빠져나오면서 시작된다고 할 수 있어요. 이 단계에서 행성은 강력한 자성을 띠기 때문에, 우주의 에테르 공간을 떠다니는 미세한 입자들을 끌어당기지요.

지상의 인간들은 에테르를 그냥 텅 빈 공간, 즉 행성의 대기 속을 떠다니는 것과 같은 물질 원자가 없는 공간이라 여겨 왔는데 이는 잘못된 가정이에요. 물질 원자들이 훨씬 미세한 입자들로 다시 분할된 거지요.

이 입자들이 얼마만큼 미세한지 비유로 설명하자면, 태양을 지구로 줄이는 정도만큼 모래알을 축소시킨 것이라 할 수 있어요. 이처럼 미세입자들이 행성의 자기력이 당기는 힘에 의해 뭉쳐져서 원자가 되어 지구의 대기 속을 먼지처럼 떠다니지만, 역으로 미세하게 쪼개져 우주로 흩어진 원자의 조각들은 일반적인 장비로는 탐지되지 않아요. 그들은 사실상 에테르화되었다고 할 수 있고, 영혼 에센스의 일정 부분이 좀더 거친 원소들과 융합되어 첫 단계의 영 물질이 탄생되지요.

이러한 원자들은 태아 단계 행성의 빛을 발하는 물질에 끌어당겨져 서로 단단히 뭉칩니다. 그러면서 원래 있던 영묘한 성분들은 밖으로 밀려 나가 우주공간으로 다시 돌아가고, 뒤에 남은 단단하고 거친 부분이 새로운 원자들을 끊임없이 끌어당기면서 그 결과 압력을 증가시켜 암석과 같은 형제를 이루지요.

이 원자들은 영원히 존재하며, 우주를 구성하는 다른 원소들과 마찬가지로 파괴되지 않아요. 그리고 행성이 형성되었다가 존재의 다양한 단계를 거쳐 소멸하고 또 다른 행성이 태어나기까지 흡수와 해체를 되풀이하지요.

물질의 원자들은 크게 세 가지로 분류할 수 있는데, 이 세 종류의 원자는 다시 밀도 면에서 순화의 정도에 따라 무한대로 나눌 수 있습니다. 세 가지 주요한 부류란 '물질 혹은 행성 물질', '물질계의 사람들에겐 보이지 않는 영, 혹은 영혼의 외피 물질', 그리고 '영혼의 에센스'입니다. 마지막 부류는 너무 순화된 상태라 나도 그 본질을 묘사하기가 불가능해요.

먼저 첫 번째 부류인 행성 물질에 대해 말씀드리자면, 이중에 가장 낮고 거친 형태가 바위나 흙 같은 것을 이루는 광물이에요. 이것들은 자연계의 어디서나 끊임없이 되풀이되고 있는 과정을 통해 대기 속에 먼지처럼 배출되었다가 다시 흡수되어 행성의 일부가 되지요.

암석과 식물의 중간 단계는 액체입니다. 액체엔 단단한 입자들이 다양한 가스의 형태나 기화된 형태로 녹아 있지요. 행성 물질의 두 번째 단계는 식물인데, 이것들은 액체 속에 녹아든 거친 물질의 혼합 성분에 의해 자라지요.

이렇게 지상 물질의 무한한 등급의 끝에는 뼈와 살과 근육으로 이루어진 육체가 있어요. 그것이 인간의 영혼을 감싸든, 더 낮은 동물의 영혼을 감싸든, 육체는 물질의 가장 높은 단계라 할 수 있어요. 이 단계에는 더 낮은 단계를 이루는 원소들이 모두 포함되어 있지요.

물질의 두 번째 형태는 이미 말씀드렸다시피 첫 번째 형태, 즉 지상의 물질이 영묘한 형태로 발달한 것인데요. 영혼의 에센스는 이 두 가지 물질에 생명을 불어넣는 원리입니다. 신성한 배아라 할 수 있는 이것이 없이는 처음 두 물질 형태가 존재할 수 없지요.

물질이 영혼의 에센스를 감싸야만 하는 것은 자연의 법칙이에요. 그러지 않으면 응집력을 잃고 원소로 나뉘어서 흩어져버리지요. 영혼의 에센스는 영속적인 정체성을 갖는 유일한 물질입니다. 이것이야말로 진정한 자아(Ego)라 할 수 있지요. 어떠한 힘으로도 해체되거나 개체성을 잃지 않기 때문이지요. 그것은 온갖 낮은 형태의 물질들을 살아 있게 만드는 진정한 생명이라 할 수 있습니다. 그리고 낮은 형태의 물질이 다양한 모습으로 변화하면서도 자신의 정체성을 잃지 않도록 해주지요.

영혼의 에센스는 광물에서부터 식물과 인간에 이르기까지 생명의 모든 형태에 존재해요. 그리고 각각의 생명 형태들은 최상의 거룩한 형태로 발전할 수 있습니다. 각각의 행성과 태양계 최고의 영역에 그러한 단계가 존재하지요.

만물은 높은 형태건 낮은 형태건 그 안에 영혼이 존재하기 때문에, 영계에 나무와 꽃들이 있고, 암석과 사막이 있고 짐승과 새들이 존재하는 것도 이상할 게 없는 것입니다. 그 모든 것은 각자의 발달단계에 맞는 영계의 적절한 곳에 존재하는데, 발달해가는 동안 그 상태가 점점 더 영묘해진답니다. 이는 가장 높은 형태의 영혼인 인간에서부터 가장 낮은 형태의 영혼에 이르기까지 동일한 원리를 따릅니다.

식물이 죽거나, 단단한 바위가 먼지가 되어 흩어져 대기 속으로 흡수될 때 그 영혼의 에센스는 자신에게 속한 영적 물질과 함께 영계로 건너가서 각자의 발달단계에 맞는 영역으로 들어갑니다. 가장 물질화된 부분은 지구로 흡수되고, 가장 순화된 입자들은 지구의 인력에 끌리지 않기 때문에 밖으로 떠돌아다니게 되지요.

그러므로 영혼 에센스는 조금밖에 없고 대부분이 거친 물질인 형성 초기단계의 행성에서는 우선 태양에서 가장 먼 쪽으로 영계의 영역들이 펼쳐지지요. 이 영계는 굉장히 물질적이고 거주자들의 발달단계도 매우 낮아요.

초기에는 동물이나 인간들뿐 아니라 식물들의 영혼도 매우 거칠고 조잡해서 진보한 행성에서 볼 수 있는 순화된 아름다움을 찾아볼 수가 없습니다. 그러다가 점차 식물들도 변화하고 동물들과 인류도 서서히 높은 단계로 진화되어 점차 완벽해지면 그 결과 방사되는 영적 발산물도 그에 상응하여 고차원적인 것으로 변합니다.

행성의 초기단계에는 영계의 영역들이 거의 존재하지 않아요. 초기 영계의 형태는 원뿔형으로, 꼭짓점은 행성 자신이 됩니다. 이 시기엔 물질계인 행성이 가장 발달된 최고의 영역이 되며, 원뿔의 넓은 끝에 해당하는 나머지 부분은 행성 거주자들의 저속한 취향과 낮은 지적 수준으로 인해 저급한 영역이 되지요. 행성이 진화하면 영역들의 크기와 수가 증가하고 점차 높은 영역들이 형성되기 시작합니다. 높은 영역들이 생겨나면서 원뿔의 꼭짓점도 행성으로부터 태양 쪽으로 밀려나게 되지요.

인류의 지적이고 이기적인 성향이 도덕적이고 이타적인 성향보다 높게 발달한 단계에서는 낮은 영역들의 크기가 높은 영역들을 압도하는데, 이러한 시기를 암흑기라 할 수 있지요. 압제와 잔혹과 탐욕이 온 인류에 어두운 그림자를 드리우는 시기입니다.

세월이 흐른 뒤에 만물의 진화 법칙에 따라 높은 영역과 낮은 영역들이 크기와 수효 면에서 대등해지는 시기가 오는데, 선과 악의 힘이 균형을 이루는 이 시기가 행성의 전성기라 할 수 있습니다. 그다음 인류의 점진적인 발전에 따라 원뿔의 형태가 점차 역전되는데, 낮은 영계의 수축과 소멸로 인해 행성이 다시 뾰족한 꼭짓점으로 돌아갑니다. 반면에 높은 영계는 점점 팽창해서 마지막 단계엔 가장 높은 영역만 남고 행성 자체는 점점 오그라들다가 모든 물질 입자들이 방사되면서 결국은 사라지지요. 그러면 행성의 거친 원자들은 보이지 않는 형태로 떠다니다가 형성 단계에 있는 다른 행성에 재흡수됩니다.

그리고 영계의 영역들과 그 거주자들은 태양계의 거대한 영역들로 흡수되는데, 그곳엔 각 행성의 영들이 공동체를 이루어 살고 있습니다. 각각의 행성 공동체는, 지구에서도 나라마다 고유의 정체성을 갖고 있듯이 출신 행성의 특성과 개체성을 간직합니다. 그러나 그 개체성들은 태양계의 거대한 개체성 속으로 점차 녹아들어가지요.

이러한 발전과정은 굉장히 점진적이어서 소요되는 시간이 상상할 수 없을 만큼 깁니다. 따라서 인간이 그 엄청난 변화의 스펙트럼을 제대로 헤아릴 수 없는 건 당연하다고 하겠습니다. 행성들은 수명이 제각기 다른데, 태양계에서의 위치와 크기, 그 밖의 다른 이유들로 인해 발전양상의 차이가 있을 수 있기 때문이지요. 그러나 대략적인 특성은 각 행성을 구성하는 물질이 다른 행성의 물질들과 화학적 차이를 보이지 않는 것과 마찬가지로 대동소이합니다. 그러므로 우리는 주변 행성들의 상태로부터 우리 행성의 과거 역사와 궁극적 미래를 알 수 있지요."

"당신이 말한 것처럼 우리의 영역들이 태양의 영역들로 흡수된다면, 우리의 영으로서의 개체성도 태양의 개체성에 흡수되는 건가요?"

"아니에요. 영혼의 배아가 가지는 개체성은 불멸입니다. 물론 그것은 넓은 대양과도 같은 영혼들의 전체 삶에서 아주 작은 단일체일 뿐입니다. 그러나 분명한 하나의 단일체이며, 사실상의 자아에 해당한다고 볼 수 있지요. 불멸의 요소를 구성하는 영혼은 분산시키거나 파괴하는 게 불가능해요. 바로 그 불가능성으로부터 비롯되는 개체성이 영혼과 다른 물질을 구분하는 특성이 되지요. 그러나 영혼의 본질을 설명하거나 분석하기란 매우 어려운 일입니다.

당신은 희망의 형제단원이 되었지만 그럼에도 당신의 개체성을 간직하고 있고 그 개체성은 어떠한 존재 단계를 거치든 당신의 영혼과 함께 영원히 유지되지요.

가장 영묘한 기체조차도 그 옆에선 무겁게 느껴질 정도로 가벼운 몸이 있다고 상상해보세요. 그럼에도 그 몸은 응집력을 갖고 있기 때문에 입자들을 분해하기란 불가능하지요. 그 몸이 모든 물질이나 물질의 영적인 형체에 대해 갖고 있는 저항력은 수중기가 쇠막대기에 대해 갖고 있는 저항력과도 같아요.

이 점을 생각해보면 당신이 영으로서 물질계의 단단한 문이나 벽을 통과하는 원리를 이해할 수 있을 겁니다. 당신보다 높은 차원의 영이 우리 주변 물질의 벽을 쉽게 통과할 수 있는 것도 마찬가지 원리예요. 영혼은 거친 물질로부터 자유로울수록 원소들에 얽매이는 정도도 줄어들고, 그만큼 힘이 강력해지지요. 물질계나 영계에 갇히는 건 영혼의 에센스가 아니라 그것의 밀도 높은 외피이기 때문입니다.

현재 당신에겐 지상의 건물 벽들이 출입에 아무런 장애가 되지 않아요. 마치 지상의 인간이 안개를 통과하는 것처럼 쉽게 벽을 뚫고 지나갈 수 있지요. 안개의 밀도가 인간에게 불쾌감을 줄 수는 있지만 통과를 막지는 못하지요. 게다가 인간이 안개를 지나갈 때 통과한 자리가 뻥 뚫린 채 남아 있지도 않은데요. 안개를 구성하는 성분들이 빠른 속도로 서로를 끌어당겨 흩어진 공간을 메우기 때문이지요. 우리 영들이 물질계의 문이나 벽을 통과할 때도 같은 일이 일어납니다. 문이나 벽을 구성하는 물질 원자들은 안개보다 훨씬 빨리 서로를 끌어당겨 빈틈을 메우지요."

"알겠습니다. 지금 말씀하신 대로 영혼 에센스가 자기만의 고유한 개체성을 갖고 있다면, 동물의 영혼이 인간으로 환생하거나, 거꾸로 인간의 영혼이 동물로 환생하는 것을 신봉하는 사람들의 견해에는 동의 못하시겠군요?"

"물론입니다. 각각의 영혼은 그 고유의 부류 내에서 최고 단계의 발전을 이룰 수 있는 것으로 알고 있어요. 그러므로 가장 높은 단계인 인간의 영혼은 가장 높은 발달단계, 즉 천사라 부르는 진화된 영이 될 수 있지요. 천사들은 행성에 거주하는 인간의 가장 낮은 단계에서 시작하여 모든 영역들을 거쳐서 태양계에 있는 천상의 영역들, 즉 천국 중의 천국이라 할 수 있는 곳에 도달한 영혼들입니다. 그곳은 행성뿐 아니라 행성의 최상의 영역보다도 진보해 있지요.

영혼은 점점 확장되는 나선형의 고리 모양으로 상승을 거듭해서 우주의 중심이라 불리는 곳까지 이르게 된다고 우리는 믿고 있어요. 하지만 우리가 목표로 하는 정상에 이르렀을 때, 그 지점이 또 다른 거대한 중심 주변을 회전하는 유한한 것임을 깨닫게 될지는 우리도 알 수 없습니다. 제 개인적인 느낌으론, 우리는 중심 너머 또 다른 중심을 향해 중중첩첩 나아갈 것 같고, 그 각각의 세계에서 우리의 열망이 계속 더 높은 곳을 향하게끔 만드는 데는 수백만 년이 걸릴 것 같습니다.

이 주제에 대해서는 생각하면 할수록 끝없이 광대하게 펼쳐집니다. 그렇다면 끝도 없고 시작도 없는 우리의 여행에 어떻게 종착점이 보이기를 기대할 수가 있겠습니까? 우주의 전지전능한 지배자인 신의 본질과 속성을 우리가 감히 어떻게 정확히 헤아릴 수가 있겠어요? 신의 창조물인 이 우주의 크기조차 제대로 헤아리지 못하는 주제에 말입니다."

30

영의 물질화

하루는 하세인과 대화를 나누다가 최근 지상에서 유행하는 강신술 현상에 대해 설명을 부탁한 적이 있습니다. 그 주제는 내가 아주 흥미롭게 여기는 것으로, 그중에서도 특히 물질화 과정에 관한 세부적인 사항을 알고 싶었습니다.

하세인이 대답했습니다. "최근에 지상의 인간들에 의해 밝혀진 원자 이론은 물질이 물질을 통과하는 현상에 대한 가장 쉽고 논리적인 설명을 제공하지요. 원자론의 의미를 충분히 이해할 수 있도록 몇 가지 설명을 드리는 게 좋을 것 같은데요. 물질을 잘게 나눈 조각들은 이미 말씀드렸다시피, 엄청나게 작아요. 햇빛이 비치지 않는다면 보이지도 않을 작은 먼지조차 무한한 수의 입자들로 이루어져 있지요. 먼지는 물질의 인력과 척력을 지배하는 법칙에 따라 작은 입자들이 모여서 이루어져 있습니다. 영들은 이런 법칙들에 대한 지식을 이용해서 요즘 강신술 집회에서 흔히 나타나는 '물질화' 현상, 즉 영이 형체를 띠고 나타나는 현상을 일으키는 겁니다.

자신을 물질화하려는 영들은 그러한 목적에 적합한 원자들을 끌어모웁니다. 그 원자들은 모임에 참석한 사람들의 방사물에서 나오기도 하고, 대기 속에서 나오기도 하지요. 대기는 원자들로 가득 차 있기 때문입니다. 이러한 원자들이 영의 의지력에 의해 육체의 형상을 이루게 됩니다. 그리고 정도의 다소간에, 모든 생명체에 존재하는 특정 화학물질의 결합력을 통해 유지됩니다. 지상의 화학자들이 잘 연구하면 모든 생명체로부터 이 화학물질을 추출하여 저장해뒀다가 필요할 때 쓸 수 있을 텐데요.

이 물질 혹은 에센스는 사실상 생명의 신비한 영약입니다. 이것을 추출하여 저장하는 비결은 동서고금의 현자들이 연구해왔지요. 하지만 너무나 영묘해서 아직도 지상의 과학자들은 그것을 추출해서 저장하는 과정에 대해 모르고 있어요. 존재 자체를 모르니 분석도 할 수 없지요. 몇몇 사람들에 의해 '자성을 띤 오라'로 인식돼오긴 했지만 말입니다. 그러나 이것은 그중 하나의 — 가장 영묘한 형태의 — 원소일 뿐이에요.

생명을 주는 태양빛도 이 원소를 함유하고 있지요. 과학자들 중에 태양광선의 일부분을 분리해서 병 속에 담을 수 있는 사람이 누가 있겠어요? 이것은 모든 성분들 중에서도 가장 미묘하고 섬세한 것입니다. 진보한 영들은 그러한 지식을 갖고 있어요. 지금은 전기가 발견되고 그에 관한 과학적 지식도 알려졌지만 그 이전의 사람들에겐 그것이 기적처럼 보였을 것과 마찬가지로, 언젠가는 지상의 과학도 발전해서 이 기적 같은 현상에 대한 지식을 얻게 될 겁니다.

이쯤에서 '오라'에 대해 언급해보지요. 강령회에 참석한 사람들의 오라를 구성하는 성분들도 영매의 오라만큼이나 물질화 과정에 영향을 미쳐요. 그런데 가끔 특정인의 오라 성분이 다른 참석자들의 오라와 전혀 섞이지 않을 때가 있습니다. 이렇게 조화가 어긋나면 물질화가 일어나지 않아요. 극단적인 경우엔 그처럼 적대적인 성분이 너무 강력하게 반발하는 나머지 다이너마이트가 단단한 벽을 부수듯 영적인 폭발이 일어나는 수도 있어요.

이러한 반작용은 그 사람의 윤리나 정신적 수준과는 아무 상관 없어요. 모든 면에서 존경받는 정직한 사람일 수도 있지요. 하지만 오라가 다른 이들과 섞이지 않는 사람은 절대로 이런 모임에 나가서 영적인 접촉을 해서는 안 돼요. 조화를 이루려는 어떠한 시도도 실패로 돌아갈 겁니다. 혼자서라면 만족할 만한 결과를 얻을 수도 있겠지만, 다른 사람들과 함께 하는 것은 절대로 불가능합니다.

단순히 물리적인 영매로 알려진 사람들, 즉 탁자를 움직이는 묘기 같은 물리적 현상만을 일으키는 영매들에게도 이처럼 특별한 물질의 에센스가 존재하지만 물질화 작업에 쓰기엔 너무 거친 형태라서 어느 정도 정제와 순화를 시켜야 합니다. 물질의 에센스가 정화될수록 물질화는 완벽해지지요. 많은 영매들이 물리적 현상과 물질화 현상 양쪽을 다 보여줄 수 있지만, 조잡한 물리적 현상 능력이 계발돼 있을수록, 물질화 능력의 정교한 솜씨는 떨어진다고 볼 수 있어요.

물질화 현상이란 영매와 똑같은 형체가 생겨나서 그것이 잠시 동안 죽은 사람과 비슷한 형체로 변하는 것일 뿐이라든가, 참석자들로부터의 방사물질이 나타나는 영의 외관에 영향을 미친다고 생각하는 사람들이 있는데, 그건 오해입니다. 어떤 이유로 물질의 특정 에센스가 불충분하거나, 영이 그것을 이용할 능력이 없을 때만 그런 일이 생기지요. 영이 방사된 원자들을 밀랍처럼 녹여서 자신의 모습으로 찍어내지 못하면 원자들이 원래 속했던 사람의 모습을 유지하고 있게 되거든요.

물질의 특정 에센스가 충분히 확보되어 있으면 영은 자신이 모은 원자들을, 말하자면 그 밀랍을 녹일 수 있을 만큼, 충분한 시간 동안 껴입고 있음으로써 거기에 자신의 모습을 찍어낼 수 있어요. 반면에 에센스가 모자라면 과정이 완성될 때까지 원자들을 모아놓고 있을 수가 없지요. 그러면 영이 불완전한 모습으로 잠시 나타나거나 아니면 전혀 나타날 수가 없게 되지요.

친숙한 비유로 설명해 보겠습니다. 물질계에서 육체를 갖고 있는 사람은 이미 형태를 갖춘 고기와 채소, 유동식 등을 먹는데요. 그러한 음식들은 육체를 재생하는데 필요한 성분들을 이미 준비된 상태로 함유하고 있지요. 그것이 소화과정을 거쳐 육체의 일부분으로 변형됩니다. 마찬가지 방식으로 영은 영매와 주변 사람들로부터 방사된 이미 준비된 원자들을 순식간에 물질적 외피로 소화, 변형시켜 자신의 모습을 그 위에 새깁니다.

인간의 몸을 구성하는 모든 원자들이 직간접적으로 끌어당겨져서 하나의 형체 속으로 흡수되어 영의 외피 역할을 한 다음에는 다시 방출되어 또 다른 영의 형체 속으로 흡수되는 것이지요. 사람의 육신을 이루는 물질이 계속 변화해가고 있다는 것은 주지의 사실입니다.

그러나 아직도 많은 이들이 그릇된 주장들을 하고 있어요. 영이 물질화에 이용하는 건 물질적인 원자와 더불어 정신적인 요소들이라느니, 영이 정신적인 사념체를 발산시켜 물질을 형성하는 거라느니 하는 사람들이 많은데요. 영이 자신을 드러낼 때 필요로 하는 건 거친 물질이지, 정신적인 원자가 아니라는 것을 모르기 때문에 하는 소리입니다.

이러한 가설이 오류임을 입증하는 가장 확실한 증거는, 아무도 생각지 않았던 영이 강령회에 모습을 드러내는 일이 비일비재하다는 점, 그리고 죽었다는 사실이 알려져 있지 않은 사람들이 모습을 드러내는 경우 등이지요.

이미 말씀드린 에센스 혹은 유동적인 에테르는 물질적 몸을 지탱하는 성분이에요. 사람이 죽을 때, 좀더 정확히 표현하자면 영혼이 몸에서 철수해 나가서 육체와 영혼 사이의 연결선이 끊어질 때, 영혼은 주변 영계로 돌아가고 몸의 입자들은 해체되지요. 낮은 기온은 이 유동적인 에테르의 해체를 지연시키는 반면, 더운 열기는 가속시킵니다. 따라서 동물이나 식물의 몸은 추운 날씨보다 더운 날씨에 빨리 부패합니다. 미생물은 이처럼 버려진 외피에 남아 있는 낮은 등급의 생명 자기력을 섭취해서 살아가지요.

이 에센스 혹은 유동적인 에테르는 과학자들에게 알려져 있는 전기 유체(electric fluid)와 비슷하지만, 전기는 광물과 식물 성분의 산물이라 이 인간의 전기에 비해 등급이 낮고 질적으로도 조악합니다. 인체에 흡수되려면 또 다른 성분들과 결합돼야만 하지요.

이 차원 높은 에센스는 영혼 생명소, 아스트랄 생명소 등과 구분되는 고등동물 생명소라 불리는 것의 중요한 성분이지요. 트랜스 상태가 인공적으로 유도됐건, 영적으로 민감한 사람이나 영매의 영적 진보의 결과로 생겼건 간에 생명의 에센스는, 여전히 몸속에 남아 있기는 하지만, 많은 부분이 몸 밖으로 빠져나가 육신을 뒤집어쓰려는 영에게 이용됩니다. 어떤 영매들에게서는 이 생명의 에센스가 무방비로 방사되기 때문에 다시 돌려받기 위해 지속적으로 주의를 기울이지 않으면 육체가 죽음을 맞게 되지요. 또 어떤 사람들에게서는 추출하기가 매우 어렵답니다. 그리고 어떤 이들에겐 양이 너무 적어서 그것을 추출하는 게 적절치 못하고 그다지 유용하지도 않지요.

질이 좋고 순수한 에센스를 다량으로 갖고 있는 영매들의 오라는 빼어나게 아름답고 선명한 은빛을 내는데, 투시가들은 이 오라를 볼 수 있습니다. 영매에게서 은빛이 별빛처럼 발산되지요. 이 빛이 많이 발산되는 곳에서는 물질화를 시도하는 영들이 더 이상 다른 빛을 필요로 하지 않게 됩니다. 영들은 은빛 후광에 둘러싸인 것처럼 나타나고, 자신들의 의복을 비추는 이 아름다운 빛과 함께, 성인이나 천사 같은 모습으로 등장하지요. 고대의 현자들은 이런 종류의 오라를 가진 영매를 통해 성인이나 천사들을 보았던 것이 틀림없습니다.

영매와 참석자들의 도움이 물질화 과정을 수월하게 해주기는 하지만, 가장 높은 차원의 영들은 인간의 도움 없이도 스스로를 물질화시키는 게 가능합니다. 그들은 화학적 원리를 잘 알고 있고 의지의 힘을 적절히 사용할 줄 압니다. 그리고 식물이나 광물, 동물뿐 아니라 지구의 대기 또한 인체를 구성하는 물질을 함유하고 있기 때문에, 공기 속에서도 생명의 에센스가 추출되지요. 인간의 몸은 지표면과 대기 속에 있는 모든 물질과 기체들의 결합체입니다. 그러므로 영이 인간과 비슷한 육체를 입고 그 상태를 일정 시간 유지하려면 다양한 물질들의 결합에 관련된 원리만 알면 됩니다.

그러한 지식은 높은 영역을 제외하곤 알려져 있지 않습니다. 이 문제와 관련된 수많은 자연법칙의 세세한 부분까지 정통해 있으려면 높은 수준의 진보가 필요하기 때문입니다. 하지만 고대인들이 인간을 만들어낼 수 있다고 주장한 것은 허무맹랑한 얘기가 아닙니다. 실제로 그런 일이 가능했어요. 자신들이 만든 창조물에 특정 단계의 낮은 생명소를 불어넣음으로써 생명력을 갖게 할 수가 있었지요. 그러나 낮은 생명소를 모으는 일이 극도로 어렵기 때문에 그 생명체를 계속 존속시킬 수는 없었습니다. 게다가 그 인공적인 생명체는 지능과 이성이 결여된 존재였어요. 지능과 이성은 영혼에게만 속한 성질이기 때문입니다. 인간과 영 누구도 육체에 영혼을 불어넣을 수는 없습니다.

그렇게 인공적으로 만들어진 육체는 영의 외피로서의 역할을 할 수 있는데, 이 경우 사람과 대화를 나눌 수도 있어요. 그 영이 물질적인 외피를 완벽한 상태로 보존할 수 있는 능력이 어느 정도냐에 따라 대화할 수 있는 시간이 달라지는 것이지요. 그러므로 이러한 지식을 갖고 있었던 고대인들이 자신의 물질적 외피를 새롭게 갱신할 수 있었으리란 건 의심의 여지가 없어요.

그들은 실질적으로 지상에서 영생을 누릴 수 있었어요. 몸을 구성하는 물질적 원자들을 해체하고, 육신의 장애에서 벗어난 영의 상태에서 자신에게 맞는 육체를 다시 창조할 수 있었지요. 그러한 영들은 대성인들로서, 비전의 지식을 통해 놀라운 능력을 발휘할 수 있었습니다.

그러나 우리는 지식을 적용하는 면이라든가, 자칫 위험할 수도 있는 지식을 인간들에게 얼마만큼 전수할 것인가 하는 점 등에서 그들과 다른 입장을 갖고 있어요. 우리는 이러한 지식을 이해하고 적용할 수 있을 정도의 존재라면, 인간이든 영이든 전수해도 크게 문제될 게 없다는 생각을 갖고 있습니다. 이것이 아린지만 선생의 확고한 견해예요. 이 분야에 관한 한 위대한 스승인 그분은 동양 출신이고 신비학을 살아 있을 때뿐 아니라, 지상을 떠난 뒤에도 2천 년 이상이나 연구해왔습니다. 서양인들에겐 아직 생소한 이 분야 지식의 이론과 실제 양쪽을 두루 통달한 분이시지요.

원자들만으로 육체를 창조할 능력을 갖고 있다 해도, 진보한 영들은 그 능력을 좀처럼 사용하는 일이 없습니다. 일반적인 물질화 과정에서는 그런 능력까지는 필요하지 않기 때문이지요.

모임에 참석한 사람들로부터 나오는 방출물과 영매의 오라가 이미 육체를 만드는 데 필요한 에센스를 충분히 함유하고 있고, 과정을 단순화시켜서 시간과 노고를 줄여줍니다. 이미 만들어진 옷감이 있으면 옷을 만드는 과정이 단순해지는 것과 마찬가지지요. 재단사가 직접 양모를 거둬 일일이 가공해서 옷감을 짜는 과정을 생략할 수 있다면 옷 만드는 과정이 얼마나 간단해지겠어요?

어떤 경우엔 영매의 몸에서 상당히 많은 물질이 나오기 때문에 체중이 눈에 띄게 줄어들 수도 있습니다. 또 심한 경우에는 육체를 구성하는 물질이 거의 전부 이용되기 때문에, 영매가 사라진 것처럼 보일 수도 있지요. 투시가들의 눈엔 영매가 아스트랄 형태로 여전히 의자에 앉아 있는 모습이 보이겠지만 말입니다. 그 경우엔 거친 물질만이 이용되고 영적인 원자들은 건드리지 않은 상태입니다.

대체로 물질화 모임에 참석하는 영들은 그 자신을 물질화하거나 혹은 물질화하는 영을 옆에서 보조하는 영들인데, 어떤 과정을 통해 그런 결과가 일어나는지는 자신들도 모릅니다. 화학자들이 만든 물건을 이용하는 사람들이 그런 물질이 창조되는 원리를 모르는 것과 같지요.

모든 물질화 과정에는 진보한 영계에서 내려온 보이지 않는 감독자들이 있어요. 그들은 최고의 화학자라 불릴 만한 존재로, 아스트랄계와 물질계의 제어력을 가진 영들에게 지시사항을 전달하지요. 그 영들이 영매와 접촉해서 물질화 과정을 지도하고요. 가끔은 자신들이 직접 물질화되어 나타나기도 합니다.

지금 영계에서는 이 분야의 지식을 키우려는 움직임이 강하게 일어나고 있는데요. 영이나 인간 중에, 그리고 동서양을 막론한 근본주의 종교가들 중에 이러한 지식의 확산을 막으려는 자들이 새로운 움직임에 맞서 싸우려들 테지만 소용없는 일입니다. 워낙 강력한 움직임이라서 막기엔 역부족이에요. 사방에서 모인 인간들이 지식의 거리로 통하는 입구에 몰려 있답니다. 조만간 그 문은 열릴 겁니다.

누구도 앎의 추구를 억압할 수는 없어요. 그것은 모든 영혼의 양도할 수 없는 타고난 권리지요. 어떤 계층도 그 권리를 독점할 수 없습니다. 지상에서도 곧 인식이 바뀌면서 그런 지식을 추구하는 사람들이 생길 것이고, 자잘한 결실을 맺기 시작할 겁니다. 지식의 욕구를 억압하거나 지식에 굶주린 영혼이 오류의 쓰레기더미를 뒤지며 헤매도록 방치하는 것보다는 조심스럽고 적절한 방법으로 잘 활용하도록 나눠주는 편이 낫지요.

인류는 줄기차게 진보를 거듭하고 있어요. 유아기의 보호감독은 성장기의 청소년들에게는 더 이상 맞지 않아요. 그들은 자유를 부르짖으며 유아기의 보호를 벗어나려 할 것입니다. 이러한 갈망에 부응하여 능력 있는 자들이 동원할 수 있는 모든 경로를 통해 가장 이해하기 쉬운 형태로 누대에 걸친 지식을 전수하는 것이 잘못된 일인가요?

이 행성은 이 우주 속의 한 작은 티끌에 불과합니다. 지금 전수하려는 지식 또한 광활한 우주의 지식에 비하면 티끌에 지나지 않아요.

인간의 지성을 확장시켜 새로운 지식을 얻을 수 있도록 늘 분발하지 않으면 안 됩니다. 고대의 지식을 억압하지 말고 새로운 통찰의 흐름을 통해 살려내야만 해요."

31

영계는 왜 보이지 않는가?

"하세인, 한 가지 더 묻고 싶은 게 있어요. 지상의 사람들이 종종 하는 말인데, 만일 영계가 지구 주변과 태양 사이에 존재한다면, 사람들은 왜 영계를 볼 수 없는 건가요? 왜 사람은 방 안에 있는 영들을 볼 수 없죠? 영시능력이 없기 때문이라든가 하는 단순한 대답 말고요. 명확한 설명을 해줄 수 없어요? 나 자신도 영이지만 그런 질문을 받을 때마다 대답을 할 수 없어서 난감하거든요."

하세인은 웃음을 터뜨렸습니다. "그에 대해선 수많은 설명을 해드릴 수 있지만, 영을 볼 수 있는 능력이 없는 이상 아무리 설명해도 못 알아들을 겁니다. 그러니 가능한 한 전문적이지 않은 설명을 드려야 할 것 같네요. 우선 그 전에 한 가지 질문을 해보지요. 영을 찍은 사진을 본 적 있으세요? 영매가 가끔 그런 사진을 찍지요. 사진 속에서 영들은 반투명한 모습으로 보일 겁니다. 물질계의 문이나 창문, 가구 등이 영의 뒤로 보이지요.

이 사실이 아스트랄체(영화된 물질의 첫 번째 단계)가 지닌 물질의 양이 얼마나 희박한지를 잘 말해주지요. 그것은 물질 입자가 희박해서 보이지 않는 에테르화된 미세 입자들의 섬세한 망과도 같이 너무나 승화된 상대이기 때문에 사진사가 쓰는 가장 민감한 감광판에도 찍히지 않아요. 사진에 찍힐 정도로 거친 원자들을 몸에 지니고 있지 못한 거지요.

그러므로 지상의 육체처럼 물질화를 시키거나, 아니면 영혼 사진을 찍을 때 통상적으로 쓰이는 특정한 방법을 이용하는데요. 이 방법을 쓰면 투시가들에겐 보이지만 육안으론 여전히 보이지 않습니다. 그 방법이란 전에 반물질 상태의 구름 같은 덩어리에서 생기는 현상을 설명할 때 말씀드렸는데요. 아스트랄 외피나 아스트랄체를 이용하는 겁니다.

그전까지 영혼의 외피로 사용된 적 없는 아스트랄 껍질은 형태를 자유자재로 만들 수 있기 때문에 조각가가 점토를 주무르듯, 영들이 자신의 형태와 똑같이 만들 수 있어요. 이 복제물은 육안으로는 보이지 않지만 사진으로 찍으면 영과 어느 정도 비슷한 모습으로 나오지요. 영은 의지력과 지식을 이용해 자신의 모습을 새기지요. 이때의 사진은 엄밀히 말하면 영혼 사진이라고 할 수는 없지만 그럼에도 불구하고 영이 자신의 능력과 존재를 입증하는 것이 됩니다.

물질화된 영의 사진을 찍는 경우라면, 영은 좀더 물질적인 원자들로 몸을 만들어 그 안에 들어갑니다. 아마 투시가들은 사진에 찍히려고 아스트랄 형체를 입은 영과 일반적인 영을 구별하지 못할 겁니다. 그럴 능력도 없거니와, 어떻게 영이 사진에 반투명체로 찍힐 만큼 고체화되는지도 모르고 있지요. 투시가들은 거친 아스트랄 원자들뿐 아니라 좀더 영화된 물질들도 볼 수 있는데, 그들에겐 그냥 멀쩡한 고형의 몸으로 보입니다. 만일 어떤 영이 투명한 그림자처럼 보인다면 그것을 단지 그림자, 즉 빈껍데기에 불과한 것으로 여기겠지요. 그처럼 투명한 모습으로 찍히는 이유는 현재 사용되는 사진기가 거친 입자들로 형성된 영혼의 형체밖에 포착할 수 없기 때문입니다.

완전히 물질화된 영을 사진으로 찍으면 투명한 모습으로 나오지 않아요. 형체가 완벽하고 살아 있는 사람과 똑같기 때문에 이게 무슨 영혼 사진이냐는 말을 듣게 되지요. 영매가 변장을 한 모습이라느니 하는 소리가 그래서 나오는 것이지요. 사실 영적인 현상들은 인간이 잘 모르는 기이한 불가사의로 가득 차 있음에도 불구하고 눈먼 사람들이 물질계에서나 통하는 억지설명을 갖다 붙이고는 중대한 과학적 의문에 최후의 답을 얻었노라고 강변하곤 하지요.

다시 원래 질문으로 돌아갑시다. 전형적인 유령의 모습을 지닌 영이 어떻게 사진에 나오는가를 설명했으니, 이제 인간들이 가끔 영들을 반투명한 모습으로 보게 되는 이유를 설명드리지요. 당신이 지상의 인간이라고 가정해보세요. 물질적인 시각과 영적인 시각을 두 눈에 비유해보겠습니다. 왼쪽 눈은 물질적인 시각, 오른쪽 눈은 영적인 시각입니다. 이제 불빛을 등지고 서서 오른쪽 눈앞에 손가락을 세워 오른쪽 눈으로만 볼 수 있는 위치에 갖다 놓습니다. 왼쪽 눈에는 오직 벽만 보입니다. 이제 오른쪽 눈을 감으면 손가락은 보이지 않지만 여전히 거기 있습니다. 단지 왼쪽 눈, 즉 물질적인 시각의 시선 안에 존재하지 않는 것일 뿐인데 말이지요. 이제 두 눈을 동시에 뜨면 손가락은 분명 보이지만 시각적인 착시 현상으로 인해 투명하게 보일 겁니다. 손가락 너머로 벽이 보이지요. 이와 동일한 원리로 단단한 고체인 영이 투명한 유령의 모습으로 보이는 겁니다.

그러므로 물질적인 시각만 열려 있는 사람은 영적인 시각으로 식별할 필요가 있는 물체를 볼 수 없고, 양쪽의 시각이 동시에 열려 있는 사람은 영을 볼 수는 있지만 손가락처럼 투명해 보이는 거지요. 유령은 형체가 투명하다느니 하는 인식은 이래서 생겨난 거예요. 영적인 시각으로 영적인 물체를 볼 수 있는 투시가들은 영능력을 통제하는 힘을 통해 물질적인 시각을 닫아놓은 상태에서 보거든요. 따라서 그들에게는 영적인 물체가 물질적인 시각만을 통해 보는 물질적인 손가락처럼 고형의 실체로 보이는 거지요.

그뿐 아니라 물질적인 시각조차도 지구의 대기를 채우고 있는 물질 원자들에 달려 있다는 것을 아는 사람은 거의 없습니다. 그러한 원자들이 없다면 우리는 아무것도 볼 수 없어요.

인간은 밤하늘의 별을 볼 수 있는데, 항성이 아닌 행성들도 볼 수 있습니다. 그것들은 빛이 반사되는 물질적 대상이기 때문입니다. 낮 동안에도 별들은 그 자리에 있지만 보이지는 않지요. 대기 속의 어마어마한 양의 물질 입자들이 태양빛을 반사하여 빛을 발하는데 그 빛이 너무 강해서 별빛이 가려지는 겁니다. 그러나 빛을 발하는 원자들이 존재하는 대기권을 지나 그 위로 올라가면 한낮에도 별들이 보입니다. 물질 입자가 없는 우주의 에테르는 매우 어두워요. 햇빛을 반사시키는 물질이 없기 때문이지요.

그러므로 인간이 태양에 가까이 다가간다 하더라도 그의 물질적인 눈에는 빛이 보이지 않아요. 육안은 태양빛을 반사해주는 물질이 조금이라도 있어야 뭔가를 볼 수 있으니까요. 인간은 어떻게 태양빛이 에테르 공간을 통과해서 지구로 온다는 것을 알게 됐을까요? 오직 이성과 유추를 통해서입니다. 직접 보고 안 게 아니에요. 실제로 지구 대기권을 넘어가면 태양 빛이 보이지 않거든요.

지금 인간은 달빛이 단지 달 표면에 반사된 태양 빛일 뿐이란 걸 알고 있습니다. 경험과 실험으로 이것을 입증해 지금은 보편적으로 받아들여지는 사실이 됐지요. 마찬가지로 대기 속을 부유하는 작은 물질 원자들도 태양빛을 반사시켜 지구를 밝게 비추는 지극히 작은 달들이라 할 수 있어요.

지구 표면에서 대기권으로 끝없이 방출되는 그 같은 입자들은 지구 주변의 영적 대기를 이루고 있는 미세한 영적 배아들을 감싸고 있는, 아니 그 주위를 도는 좀더 크고 거친 원자들에 지나지 않습니다. 태양 빛의 영적 원소를 반사하여 투시가들의 눈에 보이게 하는 것은 이 영적 배아들입니다. 이 영적 대기가 아스트랄계로 알려진 것을 형성하는데, 이것과 아스트랄체 사이의 밀도 차이는 물질계의 대기와 인간의 육체 사이의 밀도 차이와 같습니다.

그리고 이러한 영적 입자들에서 반사되는 태양의 영적 원소로부터의 빛이 아스트랄계의 빛이 됩니다. 그 빛에 의해 영들이 사물을 볼 수 있지요. 그들에겐 지구의 물질적인 대기가 보이지 않아요. 영적인 대기가 인간의 눈에 보이지 않는 것처럼요.

이제 영계가 지구를 감싸고 존재하고 있는 것을 상상하는 게 쉬워지지 않았나요? 지구와 태양 사이에 있는 영계를 인간이 볼 수 없는 것은 영적인 시각이 닫혀 있어서 오직 물질적인 것만 볼 수 있기 때문이란 걸 알 수 있을 겁니다. 영계와 그 거주자들은 인간의 눈에는 지금 우리 눈앞에 있는 손가락보다 투명하고 만져지지 않는 것처럼 보입니다. 그러나 그들은 손가락만큼이나 단단하고 실질적인 것입니다. 단지 상대적으로 밀도가 높은 물체밖에 볼 수 없는 인간의 불완전한 시각 때문에 보이지 않을 뿐인 것입니다."

32

황금의 문

나는 하늘을 떠다니는 구름이 내가 생각하는 대로 모양을 바꾸는 것을 즐겨 보곤 했습니다. 영계의 두 번째 영역으로 들어온 이래, 하늘엔 언제나 구름이 떠 있었지요. 사랑스러운 양털 같은 구름은 수천 가지 모양을 하면서 아름다운 색조를 띱니다. 그것은 이따금씩 무지 갯빛이 되었다, 눈부신 흰색이 되었다 하면서 시야에서 사라져가곤 합니다.

나는 영들로부터 영계의 하늘엔 구름이 없다는 말을 몇 번 들은 적이 있었는데요. 언제나 하늘이 맑게 갠 상태라는 겁니다. 그들의 세계에선 분명히 그럴 것입니다. 영계에서는 생각과 소망이 환경을 만들어내지요. 나는 구름을 보는 걸 좋아하기 때문에, 내가 보는 하늘에는 구름이 있습니다. 구름은 때때로 모습을 감추기도 하고 수줍은 듯 살포시 모습을 드러내기도 하고 어떨 땐 거대한 성처럼 하늘을 온통 뒤덮으며 나를 즐겁게 해줍니다.

아침의 나라에서 작은 집을 얻게 된 후 얼마 지나지 않아 나는 지평선 위에 사막의 신기루처럼 떠 있는 환영을 보기 시작했습니다. 꿍

장히 아름다운 황금의 문이 뚜렷하고 생생하게 나타났다가 얼마 뒤에 사라지곤 하는 것이었습니다. 요정 나라의 입구처럼 생긴 그 문 앞에선 맑은 물이 흘렀고, 문 주변에 빽빽이 들어찬 상쾌하고 푸르른 나무들이 문 위로 가지를 드리우고 있었지요. 이 환영이 계속 반복적으로 보였는데 하루는 내가 그걸 바라보고 있는 동안 아버지가 몰래 들어오셔서 내 어깨에 손을 얹고 말했습니다.

"프란체쏘, 그 문이 너에게 가까이 오라고 부르고 있구나. 두 번째 영역의 가장 높은 계로 들어가는 통로란다. 그 문 너머에 너의 새 집이 기다리고 있다. 네가 지금 이 작은 집에 머무는 것으로 만족하지 않았다면 벌써 저곳으로 갔을 게다. 이제 그만 가서 새로운 환경이 마음에 드는지 알아보는 게 좋을 거야. 나는 네가 알듯이 그보다도 더 높은 세 번째 영역에 있다. 네가 좀더 가까이 와 있으면 내가 찾기도 쉬워지고 같이 있는 시간도 많아지지 않겠니?"

나는 아버지의 말에 놀라 한동안 아무 말도 할 수 없었습니다. 내가 저 문을 곧 통과할 수 있다는 게 믿어지지 않았지요. 나는 아버지의 조언을 받아들여 나의 작은 집에 아쉬운 작별을 고했습니다. (그동안 살면서 많은 정이 들었기 때문입니다.) 그리고 그 새로운 나라를 향해 길을 떠났습니다. 이제 그 문은 전처럼 사라지지 않고 계속 내 앞에서 빛나고 있었습니다.

영계는 행성처럼 표면이 둥글지 않기 때문에, 지평선 너머로 물체가 사라지는 일이 없고 하늘과 땅이 맞닿는 일도 없습니다. 대신에 하늘이 거대한 덮개처럼 걸려 있고, 위에 있는 계들이 지평선 위의 산 정상에 펼쳐진 고원처럼 보이지요. 산 위에 올라가 앞에 모습을 드러낸 새로운 나라를 보면 언제나 지평선 위의 더 높은 곳에는 또 다른 산들과 새로운 땅들이 있는 것을 볼 수 있습니다. 마찬가지로 아래를 내려다보면 연속적으로 이어진 테라스처럼, 아름다움이 위만 못한 낮은 영역들이 계속 이어지다가 마지막에 지구를 감싸고 있는 지상 영계가 보입니다. 시력이 잘 발달된 영들은 거기서 다시 테라스처럼 연속적으로 이어지는 땅들이 지옥까지 펼쳐져 있는 것을 볼 수 있지요.

이처럼 계와 계, 영역과 영역들이 연속적으로 이어지고, 각각의 영역들 사이엔 자기적 파동의 장벽이 가로놓여 있어서 낮은 영역의 존재들이 높은 영역과 조화를 이룰 때까지 진입하지 못하도록 막아주는 역할을 합니다.

황금의 문을 향해 가는 동안 나는 두 번째 영역의 몇몇 계를 거쳤는데, 만일 내가 새 집을 보고 싶은 마음이 간절하지 않았다면 오랫동안 망설이고 떠나지 않았을 만큼 매혹적인 곳이었습니다. 나는 언제든 도중에 멈춰서 그러한 땅들을 탐사할 수 있다는 것을 알고 있었습니다. 영들은 자기보다 낮은 영역들을 원한다면 언제든지 방문할 수 있기 때문입니다.

마침내 나는 나와 황금의 문 사이에 있는 마지막 산의 정상에 도착했습니다. 눈 앞에 정말 아름다운 나라가 펼쳐져 있었지요. 나무들이 환영하듯 가지를 흔들며 서 있었고, 꽃들이 지천으로 피어 있었습니다. 발밑으로는 반짝이는 강물이 흐르고, 그 너머에 황금의 문이 있었지요.

나는 벅찬 가슴으로 아름다운 강물에 뛰어들어 헤엄을 쳤습니다. 상쾌한 물살이 머리와 몸을 적셨습니다. 옷이 젖는 것을 걱정하지도 않았지만, 강 건너편에 도착하자 흠뻑 젖었던 옷이 금세 뽀송뽀송 말라 있었습니다.

　그보다 더 신기했던 것은 세 줄의 단이 쳐져 있는 내 회색 옷이 황금빛 허리띠와 금빛 단이 쳐진 눈처럼 빛나는 순백색의 옷으로 변해 있었다는 것입니다. 목과 손목에도 작은 금줄이 걸려 있었습니다. 섬세한 결의 모슬린처럼 느껴지는 줄이었지요. 나는 믿어지지 않아서 몇 번이고 보고 또 보다가 떨리는 가슴으로 그 아름다운 문을 향해 다가갔습니다.

　문에 손을 대자 스르르 열리면서 이루 말할 수 없이 아름다운 빛깔의 나무와 꽃과 식물이 양옆에 만발한 넓은 길이 보였습니다. 그 향기와 빛깔의 아름다움이란 말로 도저히 표현할 수가 없습니다.

　길가의 나뭇가지가 하늘거리며 반기고, 꽃들도 사랑스러운 인사를 보내는 것 같았지요. 발밑엔 부드러운 푸른 잔디가 깔려 있고, 하늘은 너무나도 화창하고 산뜻했습니다. 나무들 사이로 비쳐오는 빛도 지상의 태양빛과는 달랐습니다.

　내 앞에 아름다운 진보라 빛 언덕들과 맑은 호수가 있고, 그 한복판에 나무들이 빽빽이 들어서 있는 작은 섬들이 보였습니다. 알록달록 다양한 빛깔의 옷차림을 한 영들이 작은 보트를 타고 호수 위를 미끄러지듯 지나가고 있었습니다. 그 모습을 보고 있자니 내가 사랑하는 지상의 남쪽 도시가 생각났습니다. 그러나 그것은 지상의 모든 더러움과 죄악에서 벗어나 영광스럽게 변모된 광경이었습니다.

　꽃들이 양옆으로 피어있는 넓은 길을 지나자 나를 맞으러 나온 한 무리의 영들이 보였습니다. 아버지와 어머니, 형제자매, 그리고 젊은 시절 알고 지낸 친구들이었지요. 그들은 나를 향해 붉은색, 흰색, 녹색의 나풀나풀한 스카프를 흔들며 내가 가는 길에 아름다운 꽃잎을 뿌리고 환영의 노래를 불렀습니다. 노래는 완벽한 화음을 이루며 산들바람처럼 울려 퍼졌습니다. 나는 감정이 북받쳐 숨이 막힐 것 같았습니다. 나 같은 사람이 받기엔 너무나 과분한 행복이었지요.

그리고 그 순간 나는 지상에 있는, 그 누구보다도 소중한 그녀가 생각났습니다. "아, 이처럼 기쁘고 영예로운 순간을 그녀와 함께할 수 없다니. 이 모든 게 그녀의 사랑 덕택인 것을!" 그런 생각이 들자 별안간 내 옆에 그녀의 영이 보이는 것이었습니다. 절반은 잠들어 있고, 절반은 깨어 있는 모습이었습니다. 잠시 지상의 육체에서 벗어나 수호령의 품에 안겨 있었지요.

영계에서 변모된 그녀의 옷은 신부복처럼 새하얗고 이슬방울처럼 빛나는 보석이 박혀 있었습니다. 나는 그녀를 꼭 끌어안았습니다. 그러자 그녀의 영이 잠에서 깨어 나에게 미소를 지었습니다. 나는 그녀를 사람들에게 약혼녀로 소개했습니다. 그녀가 모두에게 미소 짓는 동안, 수호령이 다가와 그녀를 크고 흰 망토로 덮은 뒤 다시 들어올렸습니다. 그러자 그녀는 피곤한 아이처럼 잠에 빠졌고, 수호령은 그녀와 함께 다시 지상으로 내려갔습니다.

그녀는 기쁨의 순간을 함께 나누고 축하해주기 위해 짧은 순간이나마 이곳에 왔던 것입니다. 그 짧은 만남에도 나는 그녀를 놓아주기가 힘들었습니다. 그러나 그녀의 지상의 삶이 아직 끝나지 않았고, 다른 이들처럼 순례의 여정을 마쳐야 한다는 것을 나는 알고 있었습니다.

그녀가 가버리자 친구들이 내 주변으로 몰려와 따뜻한 포옹을 해주었습니다. 일찍 돌아가신 바람에 어린 시절 이래 한 번도 본 적 없는 어머니도 마치 내가 어린아이인 양 머리를 쓰다듬으며 키스를 해주었습니다. 너무 오래전 일이라 나는 어머니에 대한 기억이 희미했습니다. 아버지가 어머니 역할까지 도맡아 하셨지요.

사람들이 나를 근사한 저택으로 안내했습니다. 벽과 복도의 흰 기둥이 장미와 재스민으로 덮여 있는, 나에겐 과분할 정도로 아름다운 집이었지요. 널찍한 방이 일곱 개나 되고 각각의 방에는 내 안에 내재된 성격이나 취향이 반영되어 있었습니다.

이 저택은 수십 미터 아래 있는 호수를 내려다볼 수 있는 언덕 위에 있었지요. 호수의 잔잔한 물이 자기력의 흐름으로 물결치고 있고, 주변 언덕이 수면에 거울처럼 비치고 있었습니다. 호수 건너편엔 넓은 계곡이 있었습니다.

산꼭대기에서 산 밑의 풍경을 내려다보듯, 나는 새 집에서 먼 지상 영계와 지구까지, 내가 그동안 거쳐온 영역들의 전경을 내려다보았습니다. 지구는 이곳에서 멀리 떨어진 별처럼 보입니다. 지구를 보고 있으려니 그녀가 살고 있는 그곳에서 내가 할 일이 아직 많이 남아 있다는 생각이 들었습니다. 나는 몇 번이나 그 외로운 별을 바라보며 내 과거의 삶을 떠올렸습니다.

내가 먼 지구의 모습을 볼 수 있는 방은 음악실입니다. 그 방엔 다양한 악기들이 있는데요. 벽에는 꽃 줄 장식이 걸려 있고, 창에는 부드러운 커튼이 달려 있습니다. 창틀에는 이 아름다운 땅의 산들바람이 언제든 들어올 수 있도록 유리가 끼어 있지 않습니다. 아침의 나라에 있을 때 늘 향기로 나를 기쁘게 해주었던 담쟁이덩굴이 창문 주변으로 뻗어 있습니다. 그리고 한쪽 벽에는 그녀의 그림이 걸려 있지요. 순결한 백장미 꽃으로 테두리를 한 그 그림은 나에겐 그녀의 상징과도 같은 것입니다. 이곳엔 내가 희망을 잃고 어둠 속을 헤매던 시절부터 모았던 보물들이 모두 보관되어 있습니다. 그리고 방 안이 사랑스런 꽃들로 가득하지요. 가구는 지상의 것과 같지만, 외관이 더 밝고 우아하고 모든 면에서 아름답습니다.

내가 좋아하는 소파도 있는데, 한쪽 무릎을 꿇은 나무 요정이 네 귀퉁이를 받치고 있는 소파입니다. 요정들이 내민 팔과 움켜쥔 손이 각 모서리의 위아래 부분을 이루고 있지요. 머리엔 나뭇잎으로 만든 관이 씌어 있고, 넉넉하게 주름 잡힌 옷이 너무도 우아하고 자연스러워 살아 있는 게 아닌가 착각할 정도입니다. 이 안락의자는 백조의 솜털 같은 부드러운 천으로 덮여 있는데, 옅은 금빛이 감돌고 몹시 부드러워 보기만 해도 앉아서 쉬고 싶어집니다. 나는 종종 거기에 앉아 아름다운 풍경을 바라보기도 하고, 멀리 희미한 지구를 내다보며 그곳에서 고생하는 사람들을 생각하기도 합니다.

그다음 방은 아름다운 그림과 조각들, 열대의 꽃들로 가득합니다. 방이라기보다 온실에 가깝다고 해야겠습니다. 그림들은 한쪽 끝에 모여 있고, 조각과 꽃들이 한데 어울려 아름다운 정경을 이루는데 그 자체로 한 폭의 그림 같지요. 돌로 만들어진 방도 있습니다. 분수대의 물이 반짝반짝 빛을 내며 뿜어져 나와 작은 수반水盤에 잔잔한 파문을 일으키며 큰 수반으로 흘러갑니다. 졸졸거리는 소리가 음악처럼 들리지요.

이 방 근처에는 눈길을 대번에 잡아끄는 그림이 걸려 있습니다. 지상에서의 내 삶의 한 장면을 그린 건데요. 어느 초여름의 한가로운 저녁 그녀와 내가 조용한 강물 위에서 보트를 타고 있는 그림입니다. 서쪽 숲 너머로 저녁노을이 불타오르고 어스름한 땅거미가 지고 있지만, 나와 그녀는 천국처럼 평화롭게 안식을 취하고 있는 모습이지요. 그 그림 주변으로는 또 다른 낯익은 그림들이 많이 걸려 있습니다. 모두가 아픈 기억이 없는 행복한 장면들입니다.

내 친구들의 그림과 영계에 온 뒤의 모습을 담은 그림들도 많이 걸려 있습니다. 그 방의 창밖으로 음악실과는 또 다른 풍경이 보입니다. 지금 내가 있는 곳보다 높은 영역의 모습들이지요. 탑과 첨탑과 산들이 밝고 어렴풋한 안개 사이로 빛을 발하고 있는데, 무지개색과 황금색, 푸른색과 흰색 등으로 변합니다. 나는 한 장면이 다른 장면으로 변해가는 것이 마음에 들었습니다. 과거의 장면은 뚜렷하지만 미래의 장면은 희미하고 어렴풋합니다.

그림이 있는 응접실에는 눈을 즐겁게 하거나 휴식을 취하는 데 필요한 모든 것들이 마련되어 있습니다. 지상에서와 마찬가지로 영계에서도 우리의 몸은 휴식을 필요로 하기 때문입니다. 그리고 지상의 사람들이 일해서 번 돈으로 좋은 가구를 사듯이, 우리도 우리의 노고로 얻은 거위털 침대에 누워 휴식을 취할 수 있습니다. 또 다른 응접실은 친구들과의 여흥을 위해 마련된 것입니다. 이곳은 더 낮은 영역과 마찬가지로 식탁이 있고, 조촐하지만 맛있는 과일과 케이크, 먹음직스러운 음식들이 마련되어 있지요. 지상의 음식들과 같지만 덜 물질적입니다. 그리고 전에 말한 적 있는 맛깔 나는 탄산 와인도 있구요.

또 다른 방은 나와 내가 존경하거나 사랑하는 사람들의 인생을 기록한 책들로 가득 차 있습니다. 그리고 그 밖의 다양한 주제를 담은 책들도 많습니다. 그 책들은 인쇄가 돼 있지 않습니다. 책을 쓴 사람의 생각이 말 대신 그림으로 훨씬 더 정확히 표현되어 있지요. 이 책들을 통해 상층 영계에 거주했던 위대한 시인과 학자들의 영감에 찬 생각을 전달받을 수 있습니다. 그리고 이곳에 앉아 내 앞에 놓인 책의 빈 페이지에 내 생각이 담긴 글들을 채워 넣을 수도 있습니다.

이 방에서 우리는 정원으로 나왔습니다. 이 정원은 집 안과 마찬가지로 꽃들이 사방에 피어 있습니다. 내가 워낙 꽃을 좋아하다 보니 마치 꽃들이 행복한 이야기를 귀에 대고 재잘거리는 것 같았지요. 집 주변엔 테라스가 있고, 정원은 거의 호수 위에 걸려 있는 것처럼 보입니다. 특히 한 귀퉁이는 양치류와 꽃이 핀 관목들로 자연스레 울타리가 쳐져 있습니다. 이 호젓한 공간은 집에서 약간 외진 곳에 있어서 내가 가장 즐겨 찾는 휴식처가 되었습니다. 바닥에는 지상에서는 볼 수 없는 부드러운 이끼가 융단처럼 깔려 있고, 사방에 꽃이 피어 있지요.

나는 그곳에 앉아 지구를 바라보면서 그녀가 살고 있는 곳은 어디일까 궁금해하곤 했습니다. 그녀의 생각이 나에게 닿는 것처럼, 내 생각도 수백만 마일을 가로질러 그녀에게 닿을 것입니다. 우리의 사랑이 자기력의 끈으로 연결되어 있어서, 어떠한 힘도 그 연결을 끊을 수 없기 때문입니다.

내가 이 모든 것을 바라보며 감탄하고 있을 때, 친구들이 다시 나를 집 안으로 데려가 미리 준비한 환영 만찬을 시작했습니다. 아! 얼마나 행복한 시간이었는지 모릅니다. 우리는 각자의 발전과 행복을 기원하며 건배를 했습니다. 그 와인은 먹어도 취하지 않고 술자리를 망치는 추태를 유발하지 않습니다. 과일도 너무 맛있었고, 요리 하나하나가 나에 대한 누군가의 사랑이 듬뿍 담긴 것이었습니다. 너무 행복해서 마치 꿈을 꾸는 것 같았지요.

마침내 친구들이 전부 떠나고 아버지와 어머니만 남았을 때, 나는 두 분을 따라 위층에 있는 침실로 안내되었습니다. 2층에는 세 개의 침실이 있었는데, 그중 둘은 친구들이 와서 묵을 방입니다. 둘 다 매우 잘 꾸며져 있고 몹시 평온한 분위기였습니다. 세 번째는 내 방인데 혼자 생각에 잠기고 싶을 때 쉴 수 있는 곳이었습니다.

방 안에 들어서자 깜짝 놀랄 정도로 눈길을 끌었던 것은 다름 아닌 침대였습니다. 백설처럼 하얗고 부드러운 천으로 만든 그 침대는 엷은 자색과 금색으로 테두리가 장식되어 있었습니다. 발치에는 눈부시게 흰 석고에 나무 요정 같은 두 천사가 조각되어 있었습니다. 그 두 천사는 나보다 크고 내가 본 어떤 영들보다도 커서, 그들의 머리와 펼쳐진 날개는 거의 천장에 닿을 듯했습니다. 그들은 완벽하게 우아한 자세를 취하고 있었는데, 발은 바닥에 닿을 듯 말 듯 했고 구부린 자세와 반쯤 편 날개가 마치 천상계에서 막 내려온 듯 침대 위에 떠 있는 것처럼 보였습니다.

그 천사들은 각각 남성과 여성의 형태를 취하고 있습니다. 남성은 머리에 투구를 쓰고 손에 검을 쥐고 있습니다. 다른 손으론 왕관을 높이 들어올리고 있지요. 그의 모습은 완벽한 남성미와 우아함을 갖추고 있습니다. 강함과 부드러움이 동시에 드러나는 얼굴은 신성한 제왕의 위엄을 갖춘 것처럼 보입니다.

여성상은 그보다 약간 작은데 전체적으로 더 섬세한 인상을 줍니다. 얼굴은 온화함과 상냥함, 여성적인 순결함과 아름다움이 넘칩니다. 눈매는 대리석으로 조각된 것인데도 부드럽고, 치렁치렁한 머리카락은 어깨를 반쯤 가리고 있습니다. 한쪽 손에 하프를 들고 있고, 다른 손은 남자 천사의 어깨에 올려놓은 것이 그의 힘에 의지하는 것처럼 보입니다. 반쯤 숙여진 아름다운 머리 위에는 흰 백합으로 만든 관이 씌어 있습니다. 얼굴 표정은 이루 말할 수 없는 단아함과 모성애적인 자애로움을 풍기고 있는데, 성모 마리아에게서나 볼 수 있을 법한 느낌이지요. 두 천사의 자태와 모습은 이제까지 본 천사의 모습 중 가장 완벽한 아름다움을 담고 있습니다. 나는 그들이 어디론가 사라지기라도 할 것처럼 한참을 뚫어지게 쳐다보았습니다.

나는 아버지께 어떻게 이런 아름다운 조각을 얻으셨는지, 그리고 천사들이 왜 날개를 달고 있는지를 여쭤보았습니다. 천사들은 날개를 갖고 있지 않다고 들었기 때문입니다.

"이 아름다운 조각상들은 네 엄마와 내가 너에게 주는 선물이란다. 네가 이 조각상들 밑에서 편히 쉬었으면 하는 게 우리의 바람이거든. 너를 늘 보호하려는 우리의 마음이 담긴 징표라 할 수 있지. 날개가 있는 이유는 그게 천사들의 상징이기 때문이다. 하지만 가까이서 보면 이 날개가 몸에 걸친 옷의 일부분이란 걸 알 수 있을 게다. 지상의 화가들이 그리는 것처럼 어깨에 달린 날개가 아니란다. 게다가 이 날개들은 하늘로 날아오르는 천사의 힘을 표현한 것이야. 빛나는 장검과 투구는 전쟁을 상징하는데, 투구는 과오와 암흑과 압제에 대한 지성의 투쟁을, 장검은 인간이 늘 겪는 저열한 본능과의 투쟁을 뜻한다. 백합 화관은 덕과 극기의 영광을 상징하지.

여자의 손에 들려진 하프는 그녀가 음악 영계의 천사임을 보여주고, 남자 천사의 어깨에 놓인 손은 그녀가 자신의 힘과 강인함을 그의 강한 본성에서 얻고 있음을 나타낸다. 침대를 굽어보는 자세와 표정은 모성애적인 사랑과 보호를 의미하지. 여자가 남자보다 작은 것은 네 안에 남성적인 요소가 여성적인 요소보다 강하기 때문이야. 남성성과 여성성이 동등하게 균형을 이룬 사람이라면 두 천사의 크기가 같도록 표현되겠지만, 너는 그렇지 못하기 때문에 여자가 남자에게 의지하는 모습으로 표현된 것이지.

남자 천사는 힘과 보호를 상징하고 여자 천사는 순결과 사랑을 상징한다. 그들은 함께 영혼의 영원한 이중성을 보여주는데, 어느 한쪽만으로는 완벽하지 못한단다. 그들은 네 영혼의 쌍둥이 수호천사를 의미하고, 그들의 날개는 너를 늘 지키기 위해 펼쳐져 있는 거라 할 수 있지."

이렇게 아름다운 집에서도 가끔 외로움을 느낄 때가 있다는 걸 고백해야 할까요? 나는 이 집을 내 힘으로 얻었지만, 이곳에서 함께 지낼 사람은 아직 없었습니다. 즐거움을 나눌 사람이 옆에 있으면 즐거움이 갑절이 되곤 합니다. 나의 반려자는 아쉽게도 아직 지상에 있고, 이곳에 오려면 긴 세월이 흘러야 하지요. 듬직한 친구는 나보다 위의 영역에 있는 그의 집에서 살고 있구요. 하세인은 그보다도 훨씬 위에 살고 있고, 부모님처럼 그들을 가끔씩 보긴 하지만 좋은 친구로 늘 곁에서 함께할 사람은 없습니다. 집에 와도 반겨줄 사람이 없고, 나도 기다릴 누군가가 없는 거지요. 종종 그녀를 보러 지상에 가지만 영계의 높은 곳으로 올라온 뒤론 그전처럼 오래 머물지 못합니다. 안개가 자욱한 곳이나 탄광 속 같은 느낌이 들어서 영계로 돌아오면 몸을 회복시켜야만 하지요.

나는 아름다운 방에 홀로 앉아, "아! 대화를 나눌 누군가가 있다면 얼마나 좋을까? 생각을 터놓고 지낼 만큼 마음이 맞는 사람이 있으면 좋을 텐데" 하며 한숨을 쉬곤 했습니다. 듬직한 친구가 그 무렵 정말 반갑게도 예상치 못한 방문을 했지요. 그가 나에게 제안을 하나 했습니다.

"방금 이 영역에 새로 들어온 친구가 있어요. 그 사람을 대신해 내가 이렇게 온 거예요. 그 사람은 아직 집이 없어 자신처럼 예술적 재능이 있는 사람과 같이 지낼 집을 찾고 있지요. 이곳에 별다른 친척도 없고 해서 당신이 그 사람과 같이 지내면 어떨까 싶은데요."

"당신 친구라면 저도 언제든지 환영이에요."

듬직한 친구가 웃음을 터뜨렸습니다. "그는 내 친구이지만 당신 친구이기도 합니다. 베네데토라고 아시죠?"

"베네데토!" 나는 너무 놀라고 기쁜 나머지 비명을 질렀습니다. "베네데토라면 더더욱 좋지요. 얼른 데려와주세요."

"지금 여기 와 있어요. 문 앞에서 기다리고 있지요. 당신이 어떻게 나올지 몰라 들어오려 하지 않더군요."

"말도 안 돼요. 어서 빨리 데려옵시다."

문밖으로 나가보니 그가 서 있었습니다. 예전에 무서운 도시에서 마지막으로 봤던 때와는 많이 달라진 모습이었습니다. 그땐 수척하고 가라앉은 모습이었는데 지금은 밝아져 있었고, 옷도 나처럼 순백색이었습니다. 아직 얼굴에 슬픔의 흔적이 남아 있긴 하지만, 그래도 평화로워 보이더군요. 우리가 남국 출신다운 뜨거운 포옹을 하는 동안 마주친 그의 눈에는 희망의 빛이 서려 있었지요. 베네데토를 다시 만난 건 정말 기쁜 일이었습니다. 둘 다 죄를 짓고 고통을 받았지만 이제부터는 형제처럼 지낼 것입니다.

그리하여 이제 내가 사는 집은 더 이상 쓸쓸하지 않게 됐습니다. 우리 중 하나가 일을 마치고 돌아오면 다른 사람이 맞아주고 즐거움과 위로를 함께하며 성공과 실패에 대해 이야기를 나눌 수 있었기 때문입니다.

33
미래의 환시

우리 집을 찾아온 많은 친구들과 내가 이곳에서 둘러본 도시들과 아름다운 풍경을 일일이 말하자면 책으로 써도 몇 권이 될 것입니다. 그러나 내 이야기도 이제 마무리를 지어야 할 때가 온 것 같습니다. 이제 내가 본 것을 한 가지만 말씀드리도록 하겠습니다. 이 일을 통해 내가 가야 할 새로운 길을 알게 되었고, 여기서 얻은 교훈이 다른 이들에게도 도움이 될 것 같기 때문입니다.

어느 날 나는 방에서 긴 잠을 자다 깨어났습니다. 늘 그랬듯이 눈앞에 아름다운 두 수호천사 상이 서 있었지요. 그런데 이날 따라 그들의 표정이 평소와 뭔가 다르게 느껴지는 것이었습니다. 그때 아린지만 선생이 멀리 그의 거처에서 나와 대화를 나누고 싶어한다는 직감이 들었습니다. 그래서 나는 온몸을 이완시키고 메시지를 받을 준비를 했습니다.

잠시 후 내 주변으로 눈부시게 빛나는 거대한 구름이 몰려들었습니다. 방 안이 온통 구름에 싸여 아무것도 보이지 않았지요. 그리고 내 영혼이 몸에서 빠져나왔습니다. 영혼의 외피는 침상에 그대로 누위 있는 상태였지요.

마치 스승이 급하게 부르기라도 하는 것처럼 내 영혼은 계속 그렇게 위를 향해 올라갔습니다. 나는 영계에 온 이후로 그렇게 가벼운 느낌을 받아본 적이 없었습니다. 마침내 높은 산의 정상에 도착했는데, 그곳에서 내 밑으로 회전하고 있는 지구와 낮은 영계, 높은 영계를 볼 수 있었습니다. 내가 사는 영역도 보였지요. 그곳은 내가 서 있는 곳에서 한참 아래에 있는 것처럼 보였습니다.

내 옆에 아린지만 선생이 있었습니다. 그리고 마치 꿈속인 것처럼 그의 음성이 들려왔습니다.

"보아라, 네가 다시 노력해서 나아가야 할 새로운 길이 여기 있다. 지구와 그 주변의 영계를 보거라. 내가 앞으로 너에게 참여시킬 일이 지구의 안녕을 위해 얼마나 중대한지를 알게 될 것이다. 지옥의 여정을 통해 네가 얻은 힘의 가치를 알아야 한다. 그 힘으로 너는 지옥의 공격으로부터 인간을 시시각각 지키는 위대한 군대의 일원이 될 것이다. 영계의 이 파노라마를 보며 네가 얼마나 강력한 도움이 될 수 있는지를 깨닫도록 해라."

나는 그가 가리키는 곳을 보았습니다. 둥근 지구를 감싸고 있는 거대한 영계의 벨트가 보였습니다. 자기력의 흐름이 대양의 조류처럼 파도치면서 헤아릴 수 없이 많은 영들에게 영향을 미치고 있었습니다. 이상한 아스트랄체들도, 기괴하고 섬뜩한 것에서부터 아름다운 것에 이르기까지 다 보였습니다. 지상의 거친 쾌락과 죄악에 몸이 묶여 있는 수많은 남녀의 영들도 보였습니다. 많은 영들이 지상 인간들의 몸을 이용해 비루한 욕망을 채우고 있었습니다.

그리고 또 어두운 영역으로부터 순식간에 올라와서 지상 영계의 죄 많은 영보다 몇 곱절 더 인간에게 치명적인 영향을 주는 영들도 보았습니다. 훨씬 무서운 이 영들이 인간 주변에 잔뜩 붙어 있으면, 지구 쪽으로 끊임없이 쏟아지는 영적인 태양의 빛이 차단됩니다. 그들의 사악한 사념이 먹구름처럼 빛을 가로막는 것입니다. 이처럼 먹구름이 끼는 곳에는 살인과 강도, 폭력과 음란, 온갖 형태의 억압이 끊이지 않으며 사망과 비애가 뒤따릅니다. 사람이 양심의 속박을 팽개치고 탐욕과 이기심, 교만과 야망에 스스로를 내맡기면, 이처럼 어두운 존재들이 몰려들어 진리의 빛을 차단하는 것입니다.

그리고 또 나는 지상의 많은 인간들이 사랑하는 이를 잃고 나서, 더 이상 그들을 볼 수 없다는 절망감에 빠져 눈물 흘리는 모습을 보았습니다. 그런 사람들 곁엔 여지없이 그들이 애도하는 장본인의 영이 서성대며 자신이 아직 살아 있음을 알리려 안간힘을 쓰고 있었습니다. 자신들의 노력이 허사로 돌아가 상심에 빠진 영들은 끝내 밝은 세상으로 가지 못했습니다. 지상에 남겨진 사람들이 슬픔에 빠져 있는 동안 차마 놔두고 떠나지 못해 발이 묶였던 것입니다. 그 영들의 빛이 슬픔으로 희미해지다가 사라지면 지상의 대기권에 꼼짝 못하고 갇히게 됩니다.

아린지만 선생이 내게 말했습니다.

"살아 있는 사람들과 죽은 이들 사이에 의사소통의 수단이 있어야 슬퍼하는 양쪽의 사람들이 위로받지 않겠는가? 또한 죄 많고 이기적인 사람들에게 악한 영들이 주변을 맴돌며 지옥으로 끌어내리려 한다는 것을 미리 알려줘야 하지 않겠는가?"

그러자 눈부신 영광의 빛이 태양처럼 장엄하게 빛나는 것이 보였습니다. 지상에서 볼 수 있는 태양빛과는 전혀 다른 빛이었습니다.

그 빛이 어두움과 슬픔의 구름을 몰아내자 천상계의 영광스러운 음악이 울려 퍼졌습니다. 나는 지상의 사람들이 이 음악을 듣고 빛을 보며 위로받을 거라 확신했습니다. 그러나 그들은 그러지 못했습니다. 그들의 귀는 그들이 쌓아놓은 잘못된 생각들로 인해 닫혀 있었고, 지상의 먼지와 찌꺼기가 눈을 막아 그 빛을 볼 수 없었습니다.

부분적으로 영안이 열려 있고 귀도 완전히 막히지 않은 지상의 사람들이 영계의 놀라운 아름다움에 대해 말하는 것이 보였습니다. 그들은 영계의 위대한 사상을 감지하고 그것을 지상의 언어로 표현하려 했습니다. 영계의 놀라운 음악을 듣고 그것을 어떤 식으로든 묘사하려 했고 영계의 아름다운 모습을 화폭에 담아내려 했습니다.

그들은 천재라 불리는 사람들입니다. 그들의 글과 음악과 그림들은 모두 인간의 영혼을 신과 가까운 곳으로 끌어올렸습니다. 가장 고귀하고 순수하고 뛰어난 것들은 모두 영계의 영감으로부터 나온 것들입니다.

그러나 그 모든 예술의 아름다움, 종교적인 열정에 대한 영감으로도, 지상의 인간들이 죽은 사람들과 교류할 수 있는 길은 열리지 않았습니다. 지상인들에게 영계란 한 번 가면 돌아올 수 없는 불확실한 곳일 뿐입니다. 마찬가지로 지상의 사람들을 고차원적이고 순수한 진리의 세계로 이끌고자 하는 영들도 그들과 직접 교류할 수 있는 수단을 갖고 있지 못했습니다.

영계에서 완벽한 정보를 지구로 보내도, 인류의 유아기에 형성되었던 낡은 이론 틀 속의 오류와 계속 뒤섞여 왜곡과 혼동이 생기다 보니 사람들은 계속 그렇게 불완전한 상태의 정보를 접하게 됩니다.

그리고 나는 물질계의 곳곳에 많은 통로가 열려 있고, 각 통로의

문에 천사가 지키고 서 있는 것을 보았습니다. 그리고 지상에 나 있는 각각의 문으로부터 최고의 영계에 이르기까지 영들의 사슬이 이어져 있는 것을 보았습니다. 한 단계에서 그보다 낮은 단계로 계속 고리처럼 이어지는데, 지상의 인간들은 그 문을 열어 영계와 교류할 수 있는 열쇠를 원하기만 하면 언제든지 받을 수 있었습니다.

그러나 안타깝게도 시간이 흐르면서 열쇠를 가진 많은 사람들이 신의를 저버리고 지상의 즐거움에 빠져서, 문의 존재를 외면하고 닫힌 채 그냥 내버려두는 것을 보았습니다. 어떤 이들은 문을 부분적으로만 열어놓기 때문에 빛과 진리가 전해지는 순간 오류와 왜곡이 바로 섞여듭니다. 그 더럽혀진 통로를 지날 때 영계의 빛이 또다시 오염되고 마는 것입니다.

그보다 더 슬픈 것은, 시간이 지남에 따라 빛이 더 이상 비추지 않고 낮은 차원의 어둡고 기만적인 영들이 보내는 탁하고 불순한 빛에 자리를 내어줘버린다는 것입니다. 그래서 마침내 천사는 지상의 문을 닫아버리게 됩니다.

나는 이 서글픈 광경에서 눈을 돌려 인간들에게 열려 있는 많은 문들을 보았습니다. 그들은 마음이 순수하고 이타적이어서 지상의 욕망에 때묻지 않았습니다. 그들이 열어둔 문들을 통해 지상으로 홍수 같은 빛이 쏟아 부어지고 있었습니다. 나는 눈이 부셔서 고개를 돌려야만 했습니다.

잠시 후 다시 그 문을 보자 아름답고 밝은 영들이 많이 모여 있었습니다. 어두운 옷을 입고 슬픔에 빠진 영들도 있었는데 그들은 생전에 죄 많은 삶을 살았던 이들입니다. 그러나 그들의 마음속엔 선에 대한 갈망이 남아 있었습니다. 밝고 아름답지만 슬픔에 빠진 영들도 있었습니다. 지상에 남겨둔 이들과 연락을 취할 수 없었기 때문입니다. 그러나 그 영들은 지상의 사람들과 교신할 수 있는 수단을 통해 결국 위안을 받았습니다. 지상의 사람들도 죽음의 어두운 장막이 걷히고 세상을 뜬 친지의 소식이 전해지자 무척 기뻐했습니다.

그리고 나는 모든 고차원의 영계에서 거대한 군대가 지나가는 것을 보았습니다. 순백색의 군복을 입고 은빛으로 빛나는 투구를 쓴 그들의 몸에서는 영광스러운 황금빛 광채가 뿜어져 나왔습니다. 그들 중 몇몇이 무리를 지휘하는 지도자인 것 같았습니다.

"저들은 누구인가요? 전에 지상에 살았던 사람들인가요?"

내 질문에 아린지만 선생이 대답했습니다. "그들은 지상에서 살았을 뿐만 아니라 상당수가 악한 삶을 살았다. 그로 인해 네가 전에 봤던 지옥의 왕국으로 떨어졌었다. 그러나 죄를 뉘우치고 속죄를 위해 많은 훌륭한 일을 함으로써 자신들의 저급한 본성을 완벽하게 극복한 사람들이다. 이제는 빛의 군대의 지도자들이 되어 낮은 영역의 사악한 자들로부터 사람들을 보호하는 강력한 전사의 역할을 맡고 있다."

그때 어두운 영의 무리들이 해변가의 파도처럼 지상의 곳곳으로 쇄도해 들어가는 것이 보였습니다. 인간의 악한 욕망과 탐욕스러운 이기심에 끌려온 무리였습니다. 그러자 빛의 군대가 몰려가 그들을 격퇴하는 것이 보였습니다. 두 세력 간에 끊임없는 전투가 벌어졌는데 그 싸움의 전리품은 인간의 영혼이었습니다. 그들은 무기가 아닌 의지의 힘으로 싸우고 있었습니다. 의지의 힘이란 자기력의 밀어내는 힘으로, 너무 극렬한 대립이 생기기 때문에 어느 쪽도 오래 대치하고 있을 수는 없었습니다.

아린지만 선생이 지상계의 어떤 여자가 서 있는 문을 가리키며 말했습니다.

"보아라, 저 여자가 있는 곳엔 사슬이 불완전하다. 저 여자와 영의 사슬 사이에 고리가 하나 빠져 있기 때문이다. 네가 내려가서 그 고리 역할을 하여라. 너의 힘이 그녀를 보호하고 강하게 만들어줄 것이다. 그녀 주변을 맴도는 어두운 영들로부터 그녀를 지키고 그녀가 문을 열어놓을 수 있도록 도와주어라. 낮은 영계를 돌아다닌 경험으로 인해 너에겐 그곳의 거주자들을 물리칠 힘이 생겼다. 네가 가진 것보다 강력한 힘이 요구되는 곳에선 그만한 힘이 너에게 보내질 것이다. 그리고 그녀를 통해 교신을 하려는 사람이 있다면 오직 네가 적절하다고 허락할 경우에만 그리할 수 있다. 네가 영계에서 휴식을 취하고 싶을 때엔 또 다른 안내자가 너를 대신할 것이다. 이제 다시 지상을 둘러싼 싸움을 보거라."

그 말에 지상을 보니 검은 뇌운(雷雲)이 하늘을 뒤덮어 밤같이 어두운데 지옥의 영계로부터 폭풍우가 밀려오는 소리가 들렸습니다. 그러더니 폭풍에 휘몰아치는 파도처럼 악령의 무리가 몰려와 밝은 영의 무리를 물리치고 마치 진리의 빛을 섬멸하려는 듯이 지상을 뒤덮었습니다. 그들은 빛이 통과하는 문들에 맹공을 퍼부었습니다. 머지않아 이 영계의 전쟁은 인간들 사이의 전쟁이 되어 국가들 간에 패권을 둘러싼 싸움이 벌어졌습니다. 마치 만국의 백성들이 부의 갈망과 정복의 야욕에 휘말려든 것 같았습니다. 이 전쟁은 가히 온 세계의 전쟁이라 할 만했습니다.

나는 도움을 주러 오는 사람이 없는지, 빛의 왕국으로부터 누군가가 나타나 악령들의 수중에 떨어진 지상의 지배권을 다시 찾아오지 않을지 궁금하여 두리번거렸습니다. 악령의 무리는 발광하듯 빛의 문들에 공격을 퍼부으며 그곳을 지키는 충직한 인간들을 쓸어내려고 전력을 다하고 있었습니다. 그렇게 되면 인류는 무지의 시대로 다시 돌아가게 될 것입니다.

그때 동쪽에서 별빛 같은 빛이 눈부시게 반짝이는 게 보였습니다. 그 빛은 점차 밑으로 내려오면서 커졌습니다. 알고 보니 그것은 천상계에서 온 빛나는 천사들의 대군이었습니다. 그들이 오자 악한 군대의 공격으로 쫓겨났던 밝은 영들이 다시 모여 빛의 전사들과 합세했습니다. 이 거대하고 강력한 군대는 밝은 빛의 광활한 띠로 지상을 에워쌌습니다.

사방에서 광선들이 창날처럼 날아와 악령의 무리를 산산조각냈습니다. 그 광선들은 화염의 검처럼 번득이면서 악한 군대의 진영을 사방으로 흩어버리고 바람에 날려버렸습니다. 악령들의 지도자가 힘을 모아 다시 반격하려 했지만 허사였습니다. 그들은 천상에서 온 강력한 군대의 눈부신 빛에 나동그라져, 검은 안개처럼 자신들이 올라왔던 어두운 영계로 휩쓸려 떨어졌습니다.

"이 빛의 천사들은 누구입니까? 그들은 결코 물러서지 않고 악령들의 강력한 대군을 몰아냈습니다. 파괴의 검이 아닌 강력한 의지의 힘, 영원한 선의 힘으로 말입니다!"

"그들 또한 어둠의 영역으로부터 구원받은 자들이다. 아주 먼 옛날, 죄로 더럽혀진 옷을 참회의 연못에 빨고 자신들의 노력으로 죽음의 잿더미를 딛고 일어나 높은 곳까지 올라온 사람들이다. 눈물 어린 노력을 통해 죗값을 치르고 기나긴 세월 동안 내면의 악을 정복하고자 안간힘을 썼기에 이제 죄지은 다른 이들을 도울 수 있게 됐다. 그들은 지구의 천상계에 있는 천사들이다. 그들도 한때 인간이었기 때문에 죄악에 빠진 인간들의 몸부림에 동정심을 가질 수 있는 것이다. 그들은 인류를 보호하고 구원하는 강력한 천상의 군대다."

이제 내가 본 지구와 그 주변의 환시가 사라졌습니다. 대신에 머리 위로 순수한 은색 빛을 발하는 별이 외로이 빛나는 게 보였습니다. 가느다란 은실 같은 별빛이 지구로 날아가 사랑하는 그녀가 살고 있는 곳에 쏟아졌습니다. 아린지만 선생이 말했습니다.

"저 별은 그녀의 운명의 별이다. 얼마나 맑고 순수하게 빛나는가. 사랑하는 제자여, 지상에 태어나는 모든 영혼을 위해 저처럼 영적인 하늘로부터 별빛이 비춘다는 것을 알아두어라. 저 별은 인간이 태어나는 순간부터 그를 운명의 정해진 길로 인도해준다. 인간이 자연의 섭리를 어기고 자살을 해서 스스로 엄청난 고통과 비애 속에 뛰어들지 않는 한, 정해진 길을 끝까지 따라가야만 한다."

"모든 영들의 운명은 고정되어 있다는 말씀인가요? 우리는 운명의 강물을 떠다니는 지푸라기와도 같은 존재들입니까?"

"그렇지만은 않다. 크고 굵직한 사건들만 미리 정해져 있을 뿐이다. 인간들은 지상에 살면서 불가피하게 특정한 시기를 맞게 된다. 천상계의 현명한 안내자들이 각자의 영에게 교훈을 주고 성장시키기 위해 마련한 사건들이다. 이러한 사건들이 그의 삶에 어떤 영향을 미칠지, 그 사건들이 선과 행복으로의 전환점이 될지, 아니면 악과 슬픔으로의 전환점이 될지는 인간 자신에게 달려 있다. 이것이 자유의지가 갖는 특권이다. 자유의지가 없다면 우리는 단지 꼭두각시에 지나지 않고, 자신의 행동에 책임질 필요가 없게 된다. 그리고 보상이나 징벌이 아무 의미도 없어진다.

다시 저 별의 이야기로 돌아가보자. 인간이 매사에 올바른 처신을 하려는 열망을 품고 운명 지어진 길을 가는 한, 그 마음가짐이 순수하고 이타적인 한, 저 별은 오염되지 않은 밝은 빛을 비추며 영혼의 여정을 밝고 생기 있게 만들어준다. 저 별의 빛은 영혼으로부터 나오는 것이며, 영혼의 순수함이 반영된다.

　　만일 영혼이 순수함을 잃고 고결한 속성 대신 저급한 속성을 키운다면, 운명의 별 또한 빛을 잃고 희미해져 도깨비불처럼 깜박거리며 어두운 수렁 위를 떠다니게 된다. 더 이상 든든한 등대 역할을 해내지 못하는 것이다. 그리고 마침내 영혼이 매우 사악한 지경에 이르면, 별빛은 완전히 소멸되어 지상의 길을 비추지 않게 된다.

　　천상계에서는 이 영적인 별을 보고 각자의 정해진 길을 읽어냄으로써, 인간의 운명을 예언할 수 있다. 그리고 별에서 나오는 빛을 보고 그 영혼의 삶이 선했는지 악했는지를 알 수 있게 된다. 자, 그럼 네가 새로 맡은 일들이 훌륭한 결실을 맺을 수 있기를 바란다."

　　그가 이야기를 마치자 나의 영혼은 아래로 내려가 내 영체가 누워 있는 침상에 도착했습니다. 나는 영체 안으로 들어가면서 잠시 의식을 잃었습니다. 깨어보니 방 안에 있었고 아름다운 천사들이 아버지의 말씀처럼 영원한 보호와 사랑을 상징하듯 우뚝 서 있었습니다.

34

맺음말

나의 임무는 이로써 일단락되었습니다. 이제 이 이야기도 마무리를 지어야 할 때가 온 것 같습니다. 이 책을 읽는 분들께 마지막으로 당부하고 싶은 말이 있습니다. 책의 내용을 있는 그대로 믿어달라는 것입니다. 여러분 각자에게 자문해보셨으면 합니다. 다른 사람의 경험을 통해 영혼이 지상으로 돌아올 가능성에 대해 곰곰이 생각해보는 것은 살아가는 데 큰 도움이 되지 않겠습니까?

그리고 죽은 죄인들에게 내려지는 자비가 지나치게 관대한 것 아니냐, 너무 간단한 것 아니냐고 생각하시는 분들께는, 양심이 깨어난 사람들이 받는 고통이 어떤지 아느냐고 묻고 싶습니다. 영혼이 신의 품으로 돌아가기 위해 기어올라야 하는 눈물의 길이 얼마나 처절하고 험난한지를 여러분은 모르실 겁니다. 어둠 속에서 기나긴 세월 동안 괴로움에 시달리며 죄 많은 행동과 말과 생각을 속죄하는 것이 어떤 건지를 아십니까? 아무리 작고 하찮은 잘못이라도 반드시 대가를 치러야만 합니다. 자기가 채운 잔을 마지막 한 방울까지 들이마셔야 하는 것입니다. 본인이 저지른 죄의 더러움이 자손들의 피에 스며들어 나쁜 영향을 미치는 것을 보면서, 무기력한 절망감에 빠져 지상을 떠돌아다니는 게 어떤 느낌인지 상상이 가시는지요.

이처럼 더럽혀진 삶, 태어나기도 전에 악업의 저주를 받은 후손의 삶은 양심에 엄청난 짐이 되어 계속 여러분을 어두운 세계로 끌어내릴 것입니다. 여러분이 충분히 속죄를 하고, 자신으로 인해 진탕에서 사람들이 헤어날 수 있도록 돕기 전까지 계속 그렇게 고통을 받게 됩니다. 죽은 지 몇백 년이나 된 영들이 아직도 지상에 남아 발버둥치고 있는 이유를 이제 아시겠습니까?

죽은 영이 무덤 속에서 아무리 도움을 청하고 울부짖어도 누구하나 듣는 사람 없을 때의 심정이 어떤지는 상상도 못하실 겁니다. 그 상황에서는 아무것도 할 수 있는 일이 없습니다. 그는 다른 이들이나 자신에게 주었던 고통의 결과를 조금도 피할 수 없습니다. 끔찍한 장벽에 가로막히고 거대한 심연이 그와 살아 있는 사람들 사이에 가로놓입니다. 누군가가 도움의 손길을 뻗쳐 돌아올 수 있게 해주고, 고통을 준 사람들에게 사과의 말을 전할 수 있도록 이끌어주지 않는 한 계속 그 상태로 남아 있게 됩니다.

그런데도 죽은 이가 형제들에게 경고를 하기 위해 다시 돌아올 필요가 없는 걸까요? 지상의 사람들이 죽음 뒤에 자신을 기다리는 운명에 대해 들을 필요가 없을 정도로 잘 살고 있을까요? 회개도 살아 있는 동안 하는 것이 훨씬 쉽습니다. 죽고 나면 하다못해 사과를 한마디 하려 해도 사람들과 접촉하기가 일단 어렵습니다.

나는 앤 여왕 시대에 문서를 위조하여 다른 사람의 재산을 가로챈 영을 만난 적이 있습니다. 그는 나를 만날 때까지 자신이 빼앗은 집과 토지에 묶여 있었습니다. 영매의 도움을 받아 진짜 문서가 있는 곳과 재산의 원소유자의 이름을 고백하지 않는 이상, 묶인 사슬을 끊을 수가 없는 것입니다. 이 가련한 영은 결국 고백을 하여 집에 묶인 사슬로부터 벗어났지만 지상 영계로부터 해방될 수는 없었습니다.

그는 그곳에 남아 자신이 죄악과 죽음으로 몰고 간 사람들을 돕고 그 노력을 인정받을 때까지 수고해야 합니다. 과거에 저지른 잘못의 영향력을 되돌려놓을 때까지 지상 영계를 떠날 수 없는 것입니다.

그가 받는 벌이 너무 가볍다고 말할 수 있는 사람이 있을까요? 인간이 어떻게 같은 인간을 심판할 수 있겠습니까? 신의 자비가 어느 한계까지만 허용되고 그 밑으로는 영원한 벌을 받아야 한다고 말할 수 있는 사람이 있습니까? 천만의 말씀입니다. 잘못을 저지른 사람은 영원한 처벌을 받는다는 믿음이 가져오는 무섭고 파괴적인 결과를 감당할 수 있는 사람은 없을 것입니다.

나는 이 책을 통해 교회가 소위 '잃어버린 영혼'으로 간주하는 이들이 실제로 겪는 일들을 보여주려 했습니다. 나는 죽을 당시 어떤 교회나 종교의 믿음도 갖지 않은 상태였고 신에 대한 어렴풋한 믿음만을 갖고 있었을 뿐입니다. 내 양심은 늘 나에게 신적인 절대자가 존재한다고 속삭이곤 했지만 나는 그런 생각을 억누르고 떨쳐내려 했습니다. 어리석은 타조가 모래 속에 머리를 묻고 아무도 자신을 못 볼 거라 생각하는 것처럼, 나도 나 자신을 속이고 별일 없을 거라 여기며 무심한 삶을 이어갔던 것입니다.

나는 죽은 후 영계를 돌아다니면서, 우주를 지탱하는 전지전능한 지배자가 존재한다는 사실을 배우긴 했으나, 신이 인간과 같은 구체적 형체를 지닌 인격체로 스스로를 변화시킬 수 있다는 얘긴 들어보지 못했습니다. 우리처럼 유한한 피조물들이 신의 속성에 대해 이러쿵저리쿵 논쟁을 하곤 합니다만, 내가 그동안 보고 들은 것은 어떤 한 종교의 믿음이 다른 것보다 우세함을 암시하는 그런 식의 내용이 아니었습니다. 내가 배운 것은 특정 교리나 틀로부터 사람을 자유롭게 만드는 것이었습니다.

인류의 유아기, 즉 인간이 어린아이 수준에 머물러 있던 때를 신앙의 시대라 부를 수 있을 것입니다. 어머니 역할을 했던 교회는 인간에게 불사의 희망과 위안을 주고, 인간이 자신의 근원인 신에 대해 스스로 생각해야 하는 부담을 덜어주었습니다. 신앙은 불완전하고 미숙한 영혼의 갈망을 어머니처럼 만족시키며 도움을 줬고, 인간은 왜 그래야 하는지 의문도 품지 못한 채 다짜고짜 믿기만 했을 뿐입니다. 이 미개한 인간들 중에서 그나마 영적인 존재가 사제가 되었고, 세월이 흐르며 교회 제도가 확립되고 교리가 공식화되었습니다.

그러다가 신앙의 시대가 점차 막을 내리고 이성의 시대가 왔습니다. 이제 인간은 지성이 발달해서 미지의 것에 대한 맹목적인 신앙에 더 이상 만족할 수 없게 됩니다. 어머니 교회가 주는 젖만으로는 정신적인 공복을 달랠 수 없게 된 것입니다. 이제는 어머니의 젖보다 단단한 음식을 원하는데 그 욕구가 계속 억압되면 결국 교회의 양육으로부터 달아나려 하게 됩니다. 한때 영혼이 성장할 수 있도록 부양해줬던 교회가 이제는 도리어 영혼의 성장을 속박하는 존재로 전락하는 것입니다.

인간의 이성은 더 큰 자유를 요구하면서 신앙이 도맡았던 양육권의 일부를 자신에게 떼어줄 것을 요구합니다. 그동안 아이에게 휘둘렀던 권력을 계속 쥐고 있으려는 어머니와 성장기의 반항적인 아이 사이에 갈등이 일어나는 거지요. 한때 만족스러운 양식의 역할을 했던 신앙이 이제는 구역질 나는 무엇으로 인식되고, 무슨 일이 있어도 거부해야 한다는 인식이 퍼집니다. 그리하여 이성의 시대는 오랫동안 품어온 신앙을 뿌리째 부정하게 됩니다.

그 후 청년으로 자라난 그 아이는 이성의 단맛과 쓴맛을 모두 겪고 그 혜택과 해악을 두루 체험했습니다. 그리하여 이성적인 능력의 위력과 한계를 좀더 공정히 평가할 수 있게 됐습니다. 그는 자신이 한때 경멸했던 신앙을 되돌아보고 그 안에도 나름대로 가치와 장점이 있다는 것을 인식하기 시작합니다. 유아기를 넘어선 영혼의 양육에는 신앙 하나만으론 부족하지만, 반면에 신앙이 결여된 이성은 지나치게 차갑고 딱딱한 음식이라 양육에 부적절하다는 것 또한 알았습니다.

게다가 자신을 둘러싼 우주의 무한함을 막 인식한 인간에게 이성은 우주 속에 담겨 있는 무수한 신비에 대해 아무런 설명도 해주지 못합니다. 인간은 다시 한 번 신앙을 되돌아보고 그것을 이성과 결합시켜 서로 도울 수 있게 하려 합니다.

영계에서 신앙과 이성은 두 가지 다른 사상 영역의 중심적 사고 원리입니다. 신앙은 종교 혹은 교회의 생명이 되는 원리이며, 이성은 철학의 생명이 되는 원리입니다. 사상의 이 두 체계는 얼핏 보기에는 서로 적대적인 듯하지만, 의식수준이 성장하면 조화를 이루고 융합되어 적절히 균형 잡힌 정신의 소유자에겐 양쪽이 동등한 비중을 갖습니다.

한쪽이 다른 쪽보다 지나치게 우세하면 사람이건 영이건 편협해져서 정신적인 문제가 생겨도 자각할 수가 없게 됩니다. 그런 사람의 마음은 하나의 축에 큰 바퀴와 작은 바퀴를 끼운 이륜마차와 같다고 하겠습니다. 그 상태로는 앞으로 전진할 수가 없듯이, 정신적인 마차도 결함이 바로잡힐 때까지 성장을 멈출 것입니다.

어떤 사람이 진리에 대한 갈망을 진지하게 품고 있다 해도, 도덕성과 지성이 균형 있게 발달하지 못하면 그의 마음은 거대한 오류로 막힌 통로와 같아 진리의 별빛이 통과하지 못하고 튕겨져 나갑니다. 진리의 빛은 인간의 영혼에 전혀 이르지 못하거나, 오는 동안 왜곡되어 편견과 오류의 근원이 될 뿐입니다.

지성은 영혼의 눈이라 할 수 있습니다. 만일 눈의 시력이 불완전하다면 빛에 대한 욕구가 아무리 진지한들 정신은 무지와 맹목 속에 머뭅니다. 정신적인 시각을 발달시켜 강하고 명료한 시야를 확보해야 합니다.

맹목적이고 무지한 신앙으로는 오류를 막을 길이 없습니다. 시대를 통틀어 종교 박해의 역사가 그 점을 여실히 입증합니다. 위대한 지적 발견을 이뤄낸 지상의 인간들은 도덕과 지성의 힘이 동등하게 균형을 이룬 사람들이었습니다. 완벽한 인간이나 천사는 영혼의 모든 자질을 최고로 발달시킨 존재들입니다.

영혼의 정신적이고 윤리적인 모든 속성들은 각각 그에 상응하는 색깔의 빛을 지니고 있습니다. 그것들이 서로 뒤섞여 무지개의 아름답고 다양한 색조를 형성하고, 각각의 색들이 섞여들어 완전한 전체를 이뤄냅니다.

어떤 영혼들은 잠재된 능력들을 다른 사람들보다 빠르게 발전시키는 반면, 어떤 영혼은 지성과 도덕성의 싹이 기미조차 보이지 않은 채 잠들어 있는 경우도 있습니다. 그러나 그들도 언젠간 지상이나 영계에서 싹을 틔우기 시작하여 완전히 꽃을 피울 것입니다.

악은 영혼의 도덕적인 자질들이 제대로 성장하지 못한 상태에서 다른 자질들이 과도하게 발전함으로써 생깁니다. 지금 저급한 영계에 거주하는 영혼들도 잠들어 있는 도덕적 능력들을 싹 틔우고 성장시키는 데 필요한 교육과정을 나름대로 거치고 있다 하겠습니다. 그 과정에서 일어나는 악과 고통은 끔찍하지만, 궁극적인 결과를 성취하는 데는 필요하고 유익합니다.

내가 지금 살고 있는 영역에는 희망의 형제단이 소유한 거대하고 아름다운 공관이 있습니다. 이 건물은 우리 형제단의 모든 단원들이 회합을 하는 장소입니다. 안으로 들어가면 흰 대리석으로 만들어진 아름다운 홀이 있는데, 우리는 그곳에 모여서 높은 영역에서 온 영들의 강의를 듣습니다.

홀 안에는 '완전한 인간'이라 불리는 거대한 그림이 걸려 있습니다. 말하자면 상대적으로 완전한 인간, 즉 천사를 묘사한 그림이라 하겠습니다. 내가 '상대적으로 완전한'이란 표현을 쓴 이유는, 상상할 수 있는 최고의 완전함이라 하더라도 영혼이 언젠가 도달할 그보다 더 위대한 영역에 비하면 완전하다고 할 수가 없기 때문입니다. '더 이상 정복할 땅이 없다'며 한탄했던 알렉산더 대왕과는 달리, 영혼이 그 지성과 도덕성으로써 정복할 수 있는 영역은 한계가 없습니다. 정신의 우주는 물질의 우주만큼이나 무한하고 영원합니다. 어느 누구도 '더 이상 불가능하다'는 의미로의 완전함이란 단어는 쓸 수 없습니다.

그 그림 속에서 '상대적으로 완전한' 천사는 천상계의 최정점에 오른 존재입니다. 지구와 그 부속 영계는 모두가 그 한참 아래쪽에 있습니다. 그의 눈빛은 인간의 이해력이 도달하지 못하는 아득히 먼 태양계 너머의 영역에 대한 경이와 환희, 외경으로 계속 바뀝니다. 그에게 그 영역은 새로운 약속이라 할 수 있습니다.

천사의 머리에는 영적인 힘과 정복을 뜻하는 황금빛 투구가 씌워져 있고, 한쪽 팔엔 지구의 보호를 의미하는 은색 방패가 쥐어져 있습니다. 그의 옷은 영혼의 순결함을 상징하는 눈부신 흰색이고, 넓게 뻗은 날개들은 우주의 가장 높은 사념의 영역으로 비상하는 지성의 힘을 나타냅니다. 천사 뒤에는 색조들이 완벽하게 조화를 이룬 무지개와 흰 구름이 있습니다. 그것은 천사가 영혼의 모든 지성과 도덕적인 자질들을 최고 수준까지 발전시켰음을 보여줍니다.

이 그림의 풍부한 색감, 눈부신 흰색의 순수함과 그 빛나는 광채는 어떠한 말로도 표현할 수 없고, 어떠한 붓으로도 흉내 낼 수 없습니다. 그럼에도 불구하고 그 그림은 가장 높은 영역에 걸려 있는 원래 그림의 아름다움을 제대로 담아내지 못한 것이라 합니다. 그 그림은 태양계 너머의 영역으로 떠난 우리 형제단의 전 단장을 그린 것입니다. 그림의 복사본이 각 영역의 가장 높은 계에 있는 형제단의 공관마다 걸려 있는데, 우리 형제단과 태양계의 천상계가 서로 연결되어 있음을 보여줍니다. 그리고 모든 이들이 영겁의 시간에 걸쳐 꿈꿀 수 있는 최고의 단계를 보여주기도 합니다.

최고의 단계로 가는 길은 우리 모든 이들, 지상의 가장 낮은 영역에서 고투하는 형제들로부터 심지어 극악무도한 죄악에 빠져 허덕이는 영들에게조차도 열려 있습니다. 모든 영혼은 신 앞에 평등하기 때문입니다. 누군가가 이미 도달한 영역이라면 다른 사람들도 얼마든지 도달할 수 있습니다. 진실한 마음으로 열심히 노력하기만 한다면 그것은 가능합니다. 그것이 내가 지상의 삶을 마친 뒤 갖게 된 지식이요 믿음입니다.

나는 영혼의 진보를 돕거나 저해하는 특정한 신조를 본 적은 없습니다만, 예외는 있습니다. 어떤 신조들은 사람의 마음을 속박하여 통찰력을 흐리게 하고, 옳고 그름의 분별을 왜곡시키는 경향을 갖고 있습니다. 그러한 신조는 사고의 자유를 얻어 편견으로부터 해방되지 못하게 하는 걸림돌이 됩니다. 사고의 자유, 편견으로부터의 해방은 영혼이 가장 높은 영역에 이르는 데 무엇보다 필요한 조건입니다.

나는 한 가지 소망을 갖고 이 이야기를 썼습니다. 이 글을 읽고 그 내용이 과연 사실인지 아닌지를 조사해볼 필요가 있겠다고 생각하는 분이 모쪼록 나와주었으면 하는 것입니다. 또한 소중한 사람의 죽음으로 인해 상심에 빠진 분들이 많을 텐데, 죽기 전의 삶이 그다지 희망적이지 못하여 교회에서 말하는 소위 '주님의 축복 속에 죽은 자'에 속하지 못하는 경우가 있을 것입니다. 선과 진리의 길에서 죽지 못한 소중한 사람들, 그들의 죽음을 애도하는 분들께 희망을 가지란 당부를 드리고 싶습니다. 자살을 했거나 그 밖의 어떠한 희망도 가질 수 없을 정도로 나쁜 상황에서 죽었다 하더라도 완전히 버림받는 사람은 없다는 것을 믿으셔도 됩니다. 나는 지상에 있는 분들이 내가 말한 내용들을 곰곰이 반추해보실 것을 당부 드립니다. 죽은 이들을 위한 기도와 동정심은 그들에게 더할 나위 없는 위로와 도움이 된다는 것을 꼭 명심하시기 바랍니다.

지금 나는 고향처럼 느껴지는 밝은 영역의 집에 거주하면서 지상 영계로 내려와 불행한 사람들을 위해 일하고 있습니다. 산 사람들과 소위 죽은 사람들 사이의 영적인 교류에도 도움을 주고 있습니다.

그리고 매일 일정 시간을 그녀와 보내고 있습니다. 나는 그녀를 다양한 방식으로 돕고 보호할 수 있습니다. 가끔 친구들과 동료들이 영계의 집에 놀러 와 즐거운 시간을 함께 보내기도 합니다. 사랑과 우정으로 아로새겨진 많은 추억들이 있는 빛의 나라에서, 나는 그녀가 지상의 순례를 마칠 날을 감사하는 마음으로 기다리고 있습니다. 그녀의 삶의 등불이 꺼지고 운명의 별이 질 때, 그녀는 지금보다 밝은 집에서 기다리고 있을 나와 함께할 것입니다. 그곳에서 우리는 희망과 사랑의 쌍둥이별로 영원히 빛날 것입니다.

역자 후기

'영매'는 어떤 존재들인가

1

죽은 영혼과 교류하는 샤머니즘의 전통은 유독 서구에서만 명맥이 끊겼다가 기독교의 권위가 급격히 쇠퇴한 19세기에 화려한 부활을 했다. '마녀'나 '마법사' 같은 부정적 용어 대신, '영매(medium)'란 중립적 명칭으로 역사의 전면에 등장한 이 근대적 샤먼들은 죽은 자의 영혼을 불러 대화를 나누기도 하고, 영혼의 몸을 즉석에서 물질화시키기도 했다. 이러한 강신술 모임은 미국과 유럽에서 폭발적 인기를 끌어, 링컨이나 나폴레옹 3세, 빅토리아 여왕 같은 당대의 유명 인사들까지 모임에 참석할 정도였다. 그러나 과학계에선 반감을 표했으며 급기야 일부 과학자들이 나서서 검증을 시도하게 됐다. 검증에 나선 과학자들의 면면을 살펴보면 진공관 발명으로 작위를 받은 윌리엄 크룩스 경, 무선전신의 개척자로서 역시 작위를 받은 올리버 롯지 경, 면역학의 창시자이자 노벨상 수상자인 샤를 리셰, 아르곤 가스를 추출해 역시 노벨상을 받은 존 레일리 경, 다윈과 함께 진화론을 공동 창시한 알프레드 월리스, 아일랜드 왕립과학원 물리학 교수인 윌리엄 바레트, 미국을 대표하는 철학자 윌리엄 제임스 등, 하나같이 학계에서 탄탄한 입지를 다진 인물들이었다.

이들은 속임수를 방지하기 위해 영매를 연구실로 불러 다양한 실험을 시도했고, 오랜 격론 끝에 미지의 세계로부터 정보를 전달받는 기술만큼은 속임수가 아니란 결론을 내렸다(이 결론이 내려지기까지 조사원이 영매의 집에 수 년간 상주했으며 사립탐정이 고용되어 영매가 정보를 은밀히 수집하는지의 여부가 조사됐다). 그러나 영매가 알아낸 정보들이 텔레파시로 받아낸 것인지, 아니면 정말 영혼으로부터 전달받은 것인지를 놓고 의견이 갈렸다. 초반엔 텔레파시설이 우세했지만, 검증에 참여했던 사람들이 하나둘 세상을 뜨면서 텔레파시설 대신 영혼설을 입증하는 메시지를 영계로부터 다양한 방법으로 전해오기 시작했다(영매가 전혀 모르는 라틴어나 희랍어로 메시지를 보내 다른 사람이 받은 메시지와 퍼즐처럼 짜맞추도록 하는 식이었다).

마침내 1922년 〈사이언티픽 아메리칸〉 지에서 거액의 현상금을 걸고 영능력의 실재 여부를 확인하기로 했다. 이때 외과의사의 아내인 미나 크랜던이 '마저리'란 가명으로 심사에 도전해 1924년에 상금을 받게 된다. 그러나 전직 마술사이자 엉터리 영매술 폭로 전문가인 해리 후디니가 이의를 제기하는 바람에 3회에 걸친 검증 실험이 재개됐다. 후디니는 머리와 손만 나오도록 만든 나무 상자를 가져와 크랜던을 가두고 검증을 했다. 그럼에도 불구하고 크랜던은 1차 실험을 성공시켰고, 나무 상자를 불가사의한 힘으로 열어젖혀 후디니를 당황케 했다. 2차 실험은 나무 상자에 갇힌 크랜던에게 상자 안에 있는 종을 울리게 하는 미션이 부여됐다. 그런데 실험 도중 크랜던의 죽은 오빠이자 지배령인 월터가 후디니의 속임수를 비난하고 나서는 일이 벌어졌다. 종소리가 나지 않도록 안에 고무를 끼워놓았다는 것이었다. 그뿐 아니라 후디니가 상자 안에 몰래 접자를 넣어뒀다는 말도 했다. 실제로 상자를 열어보니 종에 고무가 끼워져 있었고 접자도 발견됐다. 그러나 후디니는 크랜던이 몰래 감춰둔 그 접자를 이용해 1차 실험 때 마술쇼를 벌였다고 주장했다. 후디니의 사후에 그의 조수가 후디니의 지시로 자신이 접자를 상자에 넣었음을 고백했지만 결국 크랜던은 심사를 통과하지 못한다.

이 일로 크랜던은 강신술 신봉자들 사이에서 지탄의 대상이 됐고, 후디니는 자신의 성과(?)를 〈후디니, 보스턴 영매 마저리의 속임수를 잡아내다〉란 책으로 펴내며 기염을 토했다. 후디니는 회의주의자들 사이에서 전설적 인물로 추앙받고 있는데 1969년 영국의 BBC에서 그의 일대기를 다큐멘터리로 제작할 정도였다. 그러나 유가족의 반발로 다큐멘터리가 담지 못한 비화가 하나 있었다. 후디니는 크랜던 심사가 있고 2년 뒤 복막이 터져 52세의 나이로 죽는데 임종 직전 아내에게 사후세계가 정말 존재하면 저승에서 메시지를 보내 확인시켜 주겠다는 유언을 남겼다. 메시지를 전할 영매의 이름은 미리 지정하지 않았으며, 누구든 자신의 메시지를 받았다고 주장하는 사람에게 암호를 통해 확인하도록 했다. 후디니 부부가 사용한 암호는 매우 정교한 시스템을 갖춘 것이었는데 여기엔 사연이 있다. 이 부부는 젊은 시절 속임수로 강신술을 하며 생계를 이어간 적이 있었다. 이 시기에 아무도 눈치 채지 못하도록 의사교환을 할 수 있는 암호 시스템을 고안했는데 say, now, speak 같은 일상적 단어 열 개에 일련번호를 매겨놓은 것이었다. 후디니가 단어 몇 개를 나열하면 이것이 숫자를 거쳐 다시 알파벳으로 변환되는 시스템이었다. 두 사람은 오랫동안 파트너로 일하면서 암호를 이용한 대화를 능숙하게 주고

받을 수 있었다.

후디니가 죽고 2년 뒤 아더 포드란 젊은 영매가 나타나 후디니의 메시지를 받았다고 주장한다. 그가 받은 메시지는 암호 체계와 정확히 들어맞았으며, 부부만이 알 수 있는 은밀한 내용이 담긴 메시지로 변환되었다. 결국 후디니의 아내 베아트리스는 아더 포드를 통해 죽은 남편의 메시지를 전달 받았다는 공식 성명을 발표했다. 이 성명에 대한 증인은 〈유나이티드 프레스〉의 H. R. 잔더와 〈사이언티픽 아메리칸〉의 부편집장인 J. W. 스탠포드 등이었다. 그러나 후디니의 동료 회의주의자들은 사기꾼에 불과한 여자의 말을 믿을 수 없다며 비난과 조롱을 퍼부었다. 또한 후디니 부인이 아더 포드와 내연관계라는 등의 악성 루머를 퍼뜨렸다.

마저리 크랜던의 몰락 이후 강신술 모임에서 온갖 이적을 선보였던 '피지컬 영매'들은 점차 자취를 감췄으며, 영혼과 접촉해 필요한 정보만을 얻어내는 이른바 '멘탈 영매'들이 주류로 부상했다. 진지한 실험의 대상이 된 마지막 피지컬 영매는 '스텔라 C'로 알려진 스물두 살의 간호사 스텔라 크랜쇼였다. 가녀린 외모에 수줍은 성격의 크랜쇼는 손발이 묶인 상태에서 테이블을 공중에 들어 올려 산산조각 낼 정도로 강력한 염력의 소유자였다. 전문영매를 능가하는 능력에 놀란 연구자들은 3년에 걸친 엄격한 실험을 수행했다.

우선 속임수 방지를 위한 테이블이 특별 제작됐다. 이 테이블은 큰 것과 작은 것 두 개로 이루어졌는데, 큰 테이블 안에 작은 테이블을 끼워 넣을 수 있도록 돼 있었다. 작은 테이블 안에는 다시 물건을 넣을 수 있는 공간이 있어 하모니카와 오토하프 같은 작은 악기들이 담겨졌다. 이 상태에서 공간을 밀봉한 뒤 다시 거즈로 테이블 사면을 덮었다. 외부를 통해선 작은 테이블로의 접근이 불가능했다. 그러나 크랜쇼는 손발을 움직일 수 없는 상태에서 작은 테이블 안의 악기들을 연주했다.

가장 놀라운 건 연구진이 고안한 '텔레키네토스코프'가 작동된 것이었다. 이 장치에는 건전지가 들어 있어 스위치에 압력이 걸리면 밸브가 빛을 내도록 돼 있었다. 외부에선 보이지 않도록 스위치 부분을 비누 거품으로 덮고, 거품이 마르지 않도록 다시 판유리로 뚜껑을 만들어 밀봉했다. 그 상황에서 크랜쇼는 염력으로 스위치를 눌렀다. 그러나 비누 거품은 고스란히 남아 있었다. 또한 '그림자 장치'는 스위치를 누르면 빛이 나오면서 스위치를 건드린 사람의 그림자가 스크린에 곧바로 비추도록 고안된 장치였다. 크랜쇼는 염력으로 스위치를 눌렀는데 이때 사람의 형체를 한 계란형의 그림자가 스크린에 비쳐졌다. 크랜쇼는 이밖에도 미래를 예언하고 실험실의 온도를 섭씨 17도에서 6도로 갑작스레 떨어뜨리는 등 다양한 능력을 선보였다. 그러나 정작 그녀는 자신에게 일어나는 이상한 현상들의 원인을 알고 싶어 실험에 응했을 뿐, 심령 현상에는 무관심했다. 크랜쇼는 1928년 결혼과 함께 더 이상 실험에 응하지 않고 평범한 주부로 일생을 마쳤다.

피지컬 영매가 아닌 멘탈 영매의 능력에 관한 가장 최근의 연구는 미국 애리조나 대 심리학 교수인 게리 슈워츠에 의해 행해졌다. 슈워츠는 회의주의자들의 집요한 반박을 사전에 차단하기 위해 약간 황당한 실험을 준비했다. 실험에 동원한 영매들에게 아무런 사전 정보도 제공하지 않는 것이었다. 다시 말해 이 실험에서 누가 어떤 정보를 어떤 영혼으로부터 받길 원하는지 일체의 암시나 단서도 주지 않았다. 심지어 실험을 행하는 사람들에게도 정보를 제공하지 않았고, 정보를 받는 대상자를 영매와 멀리 떨어진 지역에 격리시키기는 등 이중맹검(double blind)과 삼중맹검(triple blind)으로 난이도를 높여갔다. 영매는 지배령의 도움을 받아 정보를 쥐고 있는 영혼을 스스로 찾아내야만 했다. 그러나 일급영매들은 이처럼 막연한 상황에서도 정보를 받아냈다. 이들이 받은 정보는 다시 과학적 통계 처리를 통해 결과가 분석됐다. 슈워츠는 2005년 〈The truth about medium〉이란 책에 그간의 연구 결과를 공개했다. 이 책은 소위 '회의주의자'들도 내용을 제대로 반박 못하고 있다. 반박을 할래야 할 수 없는 내용이기 때문이다. 회의주의자들은 이 책의 서문에 소개된 내용, 즉 슈워츠가 자신을 찾아온 영매에게 간단히 사전 테스트를 하는 부분을 콜드 리딩(cold reading)이라며 트집 잡고 있을 뿐이다. ('콜드리딩'이란 대충 분위기를 봐가며 눈치로 감을 잡은 정보란 뜻) 물론 이는 슈워츠가 정식 실험에 들어가기 전에 예비로 해본 테스트를 소개한 내용에 불과하므로 사실상 실험 내용에는 반박할 수 없었음을 실토한 셈이다.

2

교령회가 붐을 일으킬 당시 스스로를 영매로 칭했던 사람들은 — 후디니의 경우에서 알 수 있듯이 — 상당수가 트릭을 써서 순진한 사람들을 등치는 사기꾼에 지나지 않았다. 오락거리가 많지 않던 그 시절, 교령회는 서커스 입장료의 네 배를 받아도 사람들로 미어터지는 매력적인 비즈니스였다. 돈이 되는 일이라면 물불을 안 가리는 사람들이 몰려드는 것은 어쩔 수 없는 일이었다. 그러나 가혹하다 싶을 정도의 검증을 통과한 극소수의 영매들도 존재했으며, 이들은 영매술이 단순한 눈속임이 아님을 암시하는 많은 근거를 보여줬다.

그렇다면 이러한 영매들은 내세에 관해 어떠한 이야기를 남겼을까? 대부분 엇비슷한 내용들이었다. 이 책은 영매들이 그간 부분적으로 해왔던 많은 이야기들을 폭넓은 관점에서 종합한 결정판이라 할 수 있다. 놀라운 것은 이 책이 최근에 나온 것이 아니라, 영매들이 막 활동을 시작할 무렵에 나왔다는 것이다. 이 책은 영매들의 이야기가 지엽적인 부분에서 약간씩 틀릴 수도 있다는 점을 인정하면서 그 이유에 대해서도 설명하고 있다.

"이곳이나 또 다른 영역을 묘사할 때, 여러분은 여러분이 본 것만을 말하거나, 여러분이 끌렸던 장소만을 묘사할 수 있을 것입니다. 반면에 같은 장소의 다른 부분을 보았던 또 다른 영은 매우 다르게 묘사할 것입니다. 그러다보니 인식의 제약 속에 있는 지상의 인간들이 그런 상반된 묘사들을 들으면, 자신들만의 기준으로 평가하여, 서로 모순된 내용들이므로 둘 다 틀린 이야기라고 판단할 것입니다."

(26. 어둠의 왕국을 떠나다)

또한 이 책은 기독교와 불교 어디에도 속하지 않는 매우 독특한 사상을 담고 있는데, 정보를 주는 영들의 종교적 배경이 지금은 거의 사라진 조로아스터교이기 때문인 듯하다. 그러나 종교적인 도그마를 내세우지는 않으며, 오히려 자신들의 설명조차 절대성을 띠는 것은 아니라는 점을 시인하고 있다. 이 책에 따르면 영계에는 수많은 종파들이 있고, 세상을 보는 관점이 종파마다 제각기 다르다. 그러므로 인간이 존재하는 이유와 영혼의 본질, 창조의 신비를 완벽하게 설명하는 이론이 영계에 있을 거라 넘겨짚는 것은 오산이라는 것이다. 물질계와 마찬가지로 영계도 절대적인 확실성은 존재하지 않으므로 인간은 자신의 지식에 대해 겸손한 태도를 가져야 한다는 말도 한다.

"누가 감히 한계가 없는 존재의 한계를 논할 것이며, 무한히 깊은 생각의 심연을 헤아릴 수 있겠는가. 신은 만물에 내재되어 있으면서도 그 모든 것들의 우위에 있다. 아무도 그 본성과 본질을 알아낼 수 없다. 신은 모든 것이며 어디에나 있다는 사실을 제외하곤 말이다. ...영계에서 가장 진보한 지성조차 늘 자신의 제한된 능력을 염두에 두고 연구를 하는데 하물며 물질계의 인간이야 말할 나위가 있겠는가?" (15. 지옥의 원정)

이러한 겸손함은 이 책에서 묘사되는 영계의 실상을 보면 일견 당연해 보이기도 한다. 이들에 따르면 영계는 끝을 가늠할 수 없을 정도로 까마득한 위계를 가진 공간이다. 지구에서 윤회를 마친 영들은 태양으로 건너가 걸음마 단계부터 다시 윤회를 시작하고, 거기서 배움을 마친 영들은 다시 은하계의 중심으로 건너가는데, 어디까지 영혼의 진화가 계속되는지는 아무도 알 수 없다는 것이다. 윗단계로 올라갈수록 상상할 수 없는 지적 수준에 도달하지만, 우주의 모든 위계는 자연의 섭리로 생겨난 것이어서, 낮은 차원의 존재들을 돌보고 헌신하는 모습을 보인다고 한다. 그런데 위계를 이루는 고차원의 영적 존재들이 사슬처럼 서로 연결된 상태에서 모든 인간 개개인을 보살피고 있다는 것이다. 이처럼 엄청난 힘의 보호를 받고 있음에도 불구하고, 인간이 불행의 나락에 빠지곤 하는 것은 그만큼 자유의지가 존중되기 때문이다.

"인간은 꼭두각시처럼 조종돼서는 안 됩니다. 아무리 참담한 결과를 낳는다 해도 본인이 직접 경험해봐야 하는 거죠. 정보와 안내와 도움은 항상 주어지지만, 인간의 자유의지를 간섭하지 않는 선에서, 본인이 원하는 정도로만 주어질 뿐이에요. 영계에서는 어떠한 것도 강요되지 않습니다." (17. 아스트랄계의 거주자들)

뒤집어서 말해 인간이 선한 힘의 도움을 받으려 애쓴다면 어떠한 형태로든 도움이 주어지는 것이 우주의 섭리라고도 할 수 있다.

"영계에서는 모든 게 자유입니다. 모든 이들이 자신의 바람과 욕망이 인도하는 곳으로 가게 됩니다... 당신은 기도의 힘이 얼마나 엄청난지 모르고 있지만 이제 앞으로 배우게 될 겁니다. 의식적이든 무의식적이든, 진실한 기도를 통해서라면 어떠한 것도 얻을 수 있어요. 당신의 기도가 선한 것이든 악한 것이든, 그에 대한 응답으로 선한 힘 혹은 악한 힘이 당신 주변으로 몰려온답니다." (3. 방황)

악한 영들의 지배를 받는 것을 흔히 접신이나 빙의 등으로 설명하는 경향이 있지만, 이 책에 따르면 어떠한 인간도 혼자 고립되어 존재하지는 않는다. 다만 차원이 높은 영들은 존재가 너무 맑아 투시력을 가진 사람의 눈에도 보이지 않고 따라서 주변에 아무 영도 없다고 여겨지고 있을 뿐이다. 영들의 위계가 이처럼 천차만별이기 때문에 인간은 자신의 습성이나 생활방식에 어울리는 영들과 연결이 된다. 차원이 낮은 영일수록 인간을 지배하고 조종하려 들며, 그러한 관계를 통해 다시 악업을 쌓게 된다. 그러나 지옥이라 불리는 밑바닥 영계는 우리가 아는 것처럼 영원한 형벌을 받는 공간은 아니다. 이 책에서 가장 힘주어 전하고자 했던 메시지가 바로 이 부분이 아니었나 싶다.

"영원한 지옥을 운운하는 자들은 오류에 빠져 큰 죄를 짓는 것입니다. 그런 잘못된 가르침으로 인해 죄지은 자들이 자포자기하고 절망에 빠져 아무런 노력도 기울이지 않기 때문입니다. 여러분 각자 지상 영계로 돌아가면 이곳에서 배운 실상을 모두에게 알리기 바랍니다. 각자 희망을 잃지 않고, 주어진 시간동안 최선을 다할 필요가 있음을 주지시키도록 노력해야 합니다. 지상에 있을 때 잘못을 속죄하는 것이 훨씬 쉽습니다. 자신으로 인해 피해를 본 사람과 자신 사이에 죽음으로 인한 건널 수 없는 장벽이 생기면 속죄가 그만큼 어려워집니다. 지옥에서 여러분이 본 모든 것은 인간 자신의 삶이 만들어낸 결과물입니다. 지상에서건 영계에서건 모든 건 자신이 지어낸 업입니다… 마찬가지로 자신의 죄업을 되돌려놓는 것도 각자의 몫입니다. 자신이 무너뜨린 걸 자신의 손으로 쌓아올리고, 자신이 더럽힌 것을 자신의 손으로 정화시켜야 합니다." (26. 어둠의 왕국을 떠나다)

끝으로 이 책의 내용은 이른바 채널링 메시지들과 성격이나 내용이 전혀 다르다는 것을 알 수 있다. 채널링이란 20세기 후반에 시작된 현상으로, 영매와 달리 채널러('채널'의 잘못된 표현)가 접신 상태에서 메시지를 받는 것을 말한다. 영매가 죽은 사람의 메시지를 전달하는 일을 하면서 가끔 곁가지로 내세에 관한 정보를 받았던 것과 달리, 채널러들은 처음부터 죽은 사람의 메시지를 받는 일과 무관했으며, 보이지 않는 영적 존재로부터 주로 거대담론적인 메시지를 받았다는 차이점이 있다. 채널링 메시지들의 공통점은 자신의 지식에 대한 겸손함이 보이지 않는, 마치 우주의 섭리를 훤히 꿰고 있다는 투의 내용이 주종을 이룬다는 점이다. 흥미롭게도 그 많은 메시지들이 서로 모순된 내용을 담고 있다. 영매들이 전한 메시지들이 겸손하면서도 서로 조화를 이루는 것과 대비된다. 이 책에는 이러한 채널링 현상을 미리 예견한 듯한 내용이 담겨 있기도 하다. 주인공이 미래에 일어날 일에 대한 환시를 받는 대목이다.

"영계에서 완벽한 정보를 지구로 보내도, 인류가 유아기에 있을 시절 틀이 잡힌 낡은 이론들 속의 오류와 계속 뒤섞여 왜곡과 혼동이 생기다보니 계속 그렇게 불완전한 상태의 정보를 사람들이 접하게 됩니다. 그리고 나는 물질계의 곳곳에 많은 통로가 열려 있고, 각 통로의 문에 천사가 지키고 서 있는 것을 보았습니다. 그리고 지상에 나 있는 각각의 문으로부터 최고의 영계에 이르기까지 영들의 사슬이 이어져 있는 것을 보았습니다. 한 단계에서 그보다 낮은 단계로 계속 고리처럼 이어지는데, 지상의 인간들은 그 문을 열어 영계와 교류할 수 있는 열쇠를 원할 때면 언제든지 받을 수 있었습니다. 그러나 안타깝게도 시간이 흐르면서 열쇠를 가진 많은 사람들이 신의를 저버리고 지상의 즐거움에 빠져 문의 존재를 외면하며 그냥 닫아둔 채 내버려두는 것을 보았습니다. 어떤 이들은 문을 부분적으로만 열어 놓기 때문에 빛과 진리가 전해지는 순간, 오류와 왜곡이 바로 스며듭니다. 영계의 빛이 그 더럽혀진 통로를 지날 때 또다시 오염되고 마는 것입니다. 그보다 더 슬픈 것은, 시간이 지남에 따라 빛이 더 이상 비추지 않고, 낮은 차원의 어둡고 기만적인 영들이 보내는 탁하고 불순한 빛에 자리를 내어준다는 것입니다. 그래서 마침내 천사가 지상의 문을 닫아 버리게 됩니다." (33. 미래의 환시)

이 책의 진실성 여부는 결국 독자들의 판단에 맡길 수밖에 없다. 그러나 시대에 뒤떨어진 종교적 도그마나 어지러운 채널링 메시지들로 인해 마음의 혼란을 느껴온 사람들에게는 반가운 소식이 될 수 있을 것이다.